Xinling Duihua

心灵
对话

——大学生心理访谈录

Daxuesheng
Xinli
Fangtanlu

宋兴川 著

上海交通大学出版社
SHANGHAI JIAO TONG UNIVERSITY PRESS

内容提要

这是一本心灵对话之书。本书从生命关怀的视角出发，聚焦个体生命各个节点的心路历程，选取不同个体生命刻骨铭心的真实故事，并结合老师（心理咨询师）积极正能量的心理点评，为读者带来一份与“生命教育、心灵成长”相关的精神大餐。本书语言生动风趣，心理点评客观贴心，不仅抚慰读者心灵，还能助力心灵成长。本书阅读群体广泛，包括但不限于大学生，刚步入社会的成年人和心理学爱好者。

图书在版编目（CIP）数据

心灵对话：大学生心理访谈录 / 宋兴川著 .-- 上海：上海交通大学出版社，2023.11

ISBN 978-7-313-29263-6

Ⅰ．①心… Ⅱ．①宋… Ⅲ．①大学生—心理健康—健康教育 Ⅳ．① G444

中国国家版本馆 CIP 数据核字 (2023) 第 153320 号

心灵对话：大学生心理访谈录

XINLING DUIHUA: DAXUESHENG XINLI FANGTANLU

著　　者：宋兴川

出版发行：上海交通大学出版社　　地　址：上海市番禺路 951 号

邮政编码：200030　　电　话：021-64071208

印　　刷：广东虎彩云印刷有限公司　　经　销：全国新华书店

开　　本：710mm × 1000mm　1/16　　印　张：25

字　　数：353 千字

版　　次：2023 年 11 月第 1 版　　印　次：2023 年 11 月第 1 次印刷

书　　号：ISBN 978-7-313-29263-6

定　　价：78.00 元

生命再出发

参加方舟工作室[①]以来，我有幸从生命教育的视角关注学生的内心世界。

我是研究心理学的，二十多年的心理咨询经验，让我比较理解学生的内心世界。学生的内心世界非常丰富，就像一个百宝箱。

我深深地被学生的内心世界吸引，静下心来，结合方舟工作室的有利条件，我一边开讲座，一边组织学生参与绘画的心理治疗，努力让迷失的学生找回自我。我还从实际出发，引导学生从认识自我的成长路径入手，唤醒他们进行自我教育的积极性。在开讲座的过程中，我发现讲座不仅激发了学生对生命关怀的兴趣，而且能打开他们的心扉，使他们讲出埋藏在心底的话。一种被理解的高兴让这门课在学生间广泛讨论，这使得我开设的“生命教育”课比较火爆，选课的学生也比较多。为什么学生会有如此大的兴趣呢？因为从小到大，我们关注学生的成绩比较多，而关注学生本身比较少，这造成学生缺乏自我

①丽水学院为加强思政教育于2018年设立的名师工作室。

读书、学习，重新认识生命，走好明天的路。我们生命在这里来个转角，不忘初心，凤凰涅槃，让我们生命再出发。

认识，也缺乏自主目标设置的能力。上了大学以后，他们一旦没有了“拐杖”，便陷入了从未有过的困惑。他们想从迷茫中找到出路，他们的热情助推我开始了“生命关怀”的研究。

如何呈现这些动人的故事，达到思政育人目的呢？我想最好的方式是对话，通过现身说法，以心灵撼动心灵。于是我通过“生命会客厅”的虚拟平台，撷取学生心灵的感动，积极弘扬与践行社会主义核心价值观。我根据质化分析的十个主题，将其制作为十一天的课程，每个人在这里分享他们人生中感动的故事，然后我再对每个故事进行点评，以此对学生进行心理辅导。

研究促进了教学，推进了工作室的工作，我也从中学到了很多。在这种教学相长的过程中，我建构了生命关怀的框架①。

① 2022 乡村教育专项课题培育项目“乡村学生生命关怀研究”（RE202222）的结题成果。

生命关怀涉及生命的诞生、取名、生命的伟大、爱、长大不易、迷茫与困惑、励志、成长、感恩、向死而生等几个方面。

沿着这个框架，我寻找有在乡村上学经历的学生，倾听他们的故事；我还仔细阅读他们的作业，为他们提供心理咨询服务。这些心灵深处的互动，让我与他们的心灵距离更加近。他们的故事生动感人，经常萦绕在我的脑海中，激励着我以访谈的形式把它们写出来。一种教育者的使命与担当，让我满怀激情，又潜心思索着如何把与他们交流的这一份感动呈现给大家。

人们喜欢听故事，生动的故事能打动人，现身说法更能抓住人的心。于是，我投入了一项艰巨的研究与创作工作：撰写一本《心灵对话》的书。我回顾这些故事，撷取那些闪光的、朴实的故事作为原始材料。我反复阅读这些心灵的呼唤，努力把它们打磨成主题鲜明、层次分明、表达生动的文稿，这真的不是件容易的事。毕竟，这是一个内心触摸另一个内心、一个心灵感受另一个心灵的工作。好在，凭借自己长期从事心理咨询工作以及拥有良好文字表达能力的优势，我无所畏惧，乐在其中，虔诚问道。

凭借咨询师的敏锐和移情的能力，我沉下心来体验感情，斟酌表达，尽可能主题鲜明又忠于讲述者的初心。对有歧义的、不通畅的表达，我还找学生深入交流。为了强化主题，更好地促进学生的成长，我还有针对性地积极回应了每位学生。

为了尽快完稿，我起早贪黑，拿出了撰写博士论文的状态。多少年了，我已经少有这种忘我的体验，它让我辛苦并快乐着。

人生很短，我即将于 2024 年初退休，我很想到各地走走，看看祖国的大好河山。我想寻觅人生的初心，准备下一个阶段的“人生再出发”。

回首过往，我很想向我的学生分享人生必须要去的四个地方。去了这四个地方之后，人的思想会蜕变，生活目标会明确，人也会变得更加热爱生活，这也是一种“人生再出发”。无论是学生还是其他读者，如果你准备好了，那就随我走走这四个地方吧！

第一个地方是医院。去了医院后，我们才能意识到健康对我们是多么的重要。我们在生命会客厅听到太多这方面的事了，有疾病缠身慢慢长大的，有目睹亲人因癌症而去世的，还有出了事故胳膊腿儿受伤的，甚至还有因疾病久治不愈而含泪离世的，等等。现在的人生活压力大，容易忽视自己的身体健康，当生病去了医院，我们才后悔当初没有好好爱惜身体。要知道医学不是万能的，我们每个人都是自己健康的第一责任人。

第二个地方是监狱与看守所。一些人因思想出了问题，不仅心理不健康，还触犯了法律，成了社会的罪人。无论何时，我们都要立德树人。有位学生曾向我们分享："我们曾在老师的带领下参观了学校附近的看守所，全方位地感受到了犯人的生活。他们24小时都生活在监控之下，吃饭睡觉都是在那么一个小小的房间里，生活乏味单一。可以说，不管是身体上还是心理上都完全丧失了自由。"朋友，如果去监狱看看，我们便能体会到自由对我们是多么的重要。作为一个大学生，我们要坚持社会主义核心价值观，遵纪守法，做一个有理想、有担当的人，努力为中华民族的伟大复兴而读书。

第三个地方是火葬场。这是人生终结的地方，不管我们如何呵护自己的身体，死亡都会不约而至。生命是有限的，有个学生向我们分享："去年，我的爷爷离开了我们。我作为他最亲近的人，去了火葬场为他送行。那天早晨5点左右，天空阴沉沉的，还飘着断断续续的小雪，它不时地落在我的脸上，我的心头充斥着忧伤和恐惧。我们从山脚走进半山腰的告别厅，当看到爷爷的棺椁，大家泣不成声。"他说："回忆我爷爷的一生，他从小穷苦，还胆小。他从来不沾烟酒，连碗茶都不舍得去泡着喝。不是他不喜欢，主要是从小穷怕了。在他弥留之际，从他的言语中，我们都看得出他其实挺后悔的。他觉得自己应该想开点，子女给自己买吃的就应该放开吃。当躺在床上连说话的力气都快没了的时候，他才能感受到活着该有多好啊！”这个学生的讲述很感人，故人一旦化作青烟白灰就与我们永不再见。我们确实该去火葬场看看。

第四个地方是妇幼保健院。这是新生命诞生的地方。在这里，婴儿们一天一个样。刚来到这个世界时，他们满脸通红，全身都是皱纹。然而，经过母亲奶水的滋养，他们像是泡了水的豆芽一样，不到一个星期就变得白白胖胖。他们是父母甜蜜的负担。一位做了剖宫产手术的妈妈，忍着未完全愈合的伤口给孩子喂奶；而旁边的父亲为了照顾他们，一个星期都没睡个踏实觉。他们虽然疲惫，但脸上却洋溢着灿烂的笑容。

这四个地方让我们感受了生老病死，也让我们看清了生命的本质。珍惜生命，好好活在当下，盛年不重来，且行且珍惜。

在撰写这本书的过程中，我听到了太多的故事，它们滋养着我的心灵，也让我重新审视生命的问题。感谢这几年里参与名师工作室工作的学生，为了保护学生隐私，本书对部分学生的名字做了化名处理。

阅读完这本书，希望我们可以学会敬畏生命，热爱生活。这也是一种生命再出发，希望我们可以从此以崭新的姿态迎接未来。

关怀生命，不虚度光阴，我们一起同行！

衷心感谢我的学生，感谢他们分享自己的故事。

感谢刘海波、蒋思媛、黄晨、周李娜、张新柠、汪艺艺、夏诗媛参与校对。书中选用了潘思兴拍摄的几张照片，在此致谢！感谢陈亦宣、封烽、林红慧、施伟明老师做的辅助工作。感谢学校宣传部对名师工作室的后期资助，这是本书出版的部分经费来源。

感谢龚志伟教授、白臣教授以及杨军教授给予的鼓励和指导。

岁月无痕、沧桑有迹，我不忘陪伴我的课堂和学生，我感恩生活中体验的喜怒哀乐，也感谢潘思兴、上官玉彦、封长朝、李鹏程、张正民、高树昱、何振苓、刘海波、沈洋、宋兴健、张军虎、王卫民与我的心灵交流。有了这些丰厚的情感滋养，我怀着淡泊与几分憧憬，欣欣然走进花甲之年。

特别感谢李丽虹女士数十年来的帮助！

丽水学院3109室

2022年12月

目 录

第 一 章　呼 唤 生 命

生命是传承的，也是生生不息的，繁衍与创造是生命的本质。我们渴望生命的延续，我们积极迎接新生命的到来。生命的孕育是一个漫长的过程，它需要我们积极准备，怀着殷切的期待去召唤。不同地域各具特色的迎接礼俗和欢迎仪式，便是人们在期待新生命的到来，也是呵护生命、珍爱生命的印证。

第一节

我的出生

老师：同学们，欢迎大家来到生命会客厅，今天我们聚在一起，分享“呼唤生命”主题中关于“我的出生”的话题。生命的诞生是不易的，在我们出生之前，父母就开始为迎接我们而做准备。他们倾其所有，给我们提供最好的生活条件。他们宁肯苦自己，也不愿让我们受半点委屈。在孕育我们时，父母为了我们的健康改变了他们原有的生活方式，其他亲人甚至邻居也牺牲了许多。

他们呼唤我们的到来，也守护着我们的健康。

我们欢迎同学们讲讲自己出生的故事。

捡 来 的

在我很小的时候，我就好奇自己是怎么来的。有一天空闲，我就问妈妈，她先是有些惊讶，然后喘了口气，告诉我说是在厕所门口捡来的。当然，我是不接受这个回答的。小孩子都很天真，那时候我一直反复问妈妈，希望她能换个答案，可是她却没有，当时我急得都哭了。看见我哭了，我妈笑着对我说：“傻儿子，你当然是妈妈亲生的啦。”

现在想想挺好笑的。

我出生于一个伟大的妈妈的肚子里，我的妈妈是那么的勇敢、坚强，为了家庭，她曾一直工作到我出生。

我是在凌晨出生的。

那时，妈妈躺在待产室，期待我的到来。她正与爸爸开心地聊着我这个小生命出生以后的事情，聊到“等小家伙会走路后，我们每天要带他去逛公园……”

这时，妈妈突然不说了，眉毛拧成了一个结，她开始呻吟起来。爸爸脸上的笑容也僵住了，他慌忙去找医生。

妈妈被赶紧推进手术室，爸爸在手术室外焦急地等着。他坐立不安，来来

我是父母爱情的结晶。我一出生就是一个成功者，我有无限的发展潜力。

回回在医院的过道里走个不停。爸爸说，那是早上五点多钟，走廊里空荡荡的，一个人都没有，非常安静。忽然，他听到妈妈的喊声。过了一会儿，周遭安静下来，很快又传来了一声婴儿清脆响亮的哭声。

啊，我出生了，这就是我来到这个世界上的第一声啼哭吧。

“是个男孩。”护士说道。

那时的我，头发卷卷的，小脸皱皱的，脑袋只有爸爸的拳头那么大，有一只眼睛还没睁开呢。哈哈，这是后来爸爸说给我听的。

很快，爷爷、奶奶、外公、外婆全都围上来了，外婆笑得合不拢嘴。他们用关切的目光看着我，欢迎着我这个小家伙，我们这个家庭又多了一个新成员。

不一会儿，护士阿姨推着妈妈出了手术室，我躺在妈妈的怀里。妈妈累极了，她的脸色苍白，头发湿漉漉的。不用说，为了我平安出生，妈妈吃了不少苦啊！

听爸爸说，我刚出生的那天晚上，他一夜都没睡，一边看着我，一边照顾着妈妈。他第一次尝到当父亲的喜悦，同时也感受到责任重大。他精心照顾着我，不时帮我包好衣服，生怕我出一点点事。不久，爷爷、奶奶、外公和外婆都陆陆续续回家睡觉了，毕竟他们都守了一夜。只有爸爸还在我身边，他那种激动的心情是久久不能平复的。

小时候，我也常常轻轻地抚摸着妈妈肚子上的刀痕，怯生生地问妈妈：“妈，当时你开完刀是不是特疼？”妈妈笑着回答说：“当然疼啦，如果不切这么大个口子，你出得来吗？”是啊，多亏了妈妈，孕育了一个新的生命。爸妈为了迎接我来到这个世界，辛勤地工作，也放弃了许多爱好。伴随着我的一天天长大，亲人们的付出难以数清。我若不努力如何对得起他们呢？

光阴荏苒，岁月如梭。不管我到哪里，我将永远记得：1995 年 8 月的那一天。那是我出生的日子，也是妈妈的受难日。

我不是厕所捡来的！

老师：俊毅的故事让我们知道，在我们的出生过程中，妈妈扮演了怎样的角色。我们的出生日是妈妈的受难日，母爱是伟大的。

以后我们做了父母，不要对孩子说他是厕所捡来的，这会让孩子自卑，我们要大胆地说出你是妈妈十月怀胎生下来的。每个孩子都希望自己和妈妈有割舍不掉的联系，听到自己是妈妈生下来的，那孩子会是多么高兴啊，他也会更加珍惜来之不易的生命。

活 下 来

1993 年 2 月 4 日，世界上多了一个我，不对，还有我哥哥呢，我和他是同时来到世上的。说不定，当时爸妈搞错了，我才是哥哥！

我出生在一个很普通的家庭。小时候的生活平平淡淡，我爸和刘备早年一样靠打草席为生，我妈也没什么正式的工作，以务农为主。他们勤劳肯干，一直比较乐观，对生活怀有美好的期待。据说，婚后不久妈妈就怀上了我们。他们很高兴，妈妈干什么活都特别小心，每天一有空就会摸着肚子跟我们说话。意想不到的是，还没等到足月，我和哥哥就迫不及待地要从妈妈的肚子里出来。那时恰逢冬天，天气很冷。由于是早产儿，而且是双胞胎，再加上我妈妈个子很小，所以我和哥哥也很瘦小。出生时，我和哥哥两个人一共也不足八斤，可能比别人一个宝宝的体重还要轻，而我更轻，不足四斤。或许爸妈是通过体重来区分我们弟兄俩哪个是哥哥哪个是弟弟的吧！

听说，我出生的时候连叫都不会叫一声，眼睛也睁不开，头发也没有，医生马上把我放进了一个叫育婴箱的地方。当时医生还让我的家人做好心理准备，说我很可能活不下来。然而爸妈并没有放弃，他们期待我努力活下来，没想到，当天晚上奇迹就发生了，我居然哭出了声音。

虽然我活了下来，但却苦了爸妈。由于我体弱多病，爸妈经常带着我往医院跑，他们四处借钱为我看病，使得家里债台高筑。为了养我们两个，爸妈真是倾其所有。记得有一次，村里出现了大范围的疟疾传染，很多小孩子都被感染，我和哥哥也不例外。爸妈就把我们带到医院治疗，当时治疗疟疾的药物十分昂贵，以我们的家庭状况是负担不起的。为了我俩能健康地活下去，爸妈还是选择了给我们治疗。在那场疟疾传染中，有许多孩子因为没有及时接受治疗断送了性命。我非常感激爸妈为我们所付出的一切。

除了那场疟疾，我还有其他许许多多的小毛病。邻居的老人说，光救护车我都坐过三趟了，然而爸妈至今也没告诉我具体情况。还好，我还有一点记忆。有一次，我应该是上小学了，去村里的卫生所配感冒药，医生翻出一本厚厚的记账本，查找我们家还有没有没还清的债。由此可以看出，我们家当时的处境是多么艰难啊！

如今我已经长大成人，家里的生活也有所改善。这一切都离不开父母的努力工作和对我的悉心照料，也离不开国家的支持和帮助。妈妈偶尔也会感叹说，我能活下来真是个奇迹，只要我能平平安安，她别无他求。

可怜天下父母心，我会记住我出生的故事。时代在变，如今国泰民安，我会不忘自己的出生，多勉励自己，努力做事，努力创造更好的生活！

老师：佳伟，活下来不易，你的故事让人感叹不已。父母为了我们倾其所有，甚至是他们宝贵的生命。我们是母亲身上掉下的肉，也是父母生活的寄托。只要一生向阳，无论遭遇多少困难，我们都能克服。

“大难不死，必有后福。”佳伟，珍惜来之不易的生命，学习父母不向困难低头的坚韧，你要勇敢、坚强，一切都会好起来。希望你坚守梦想，砥砺前行。

酸儿辣女

每个人的出生都有一段故事，一段仅属于他自己的故事。

二十一年前的夏天，也不知道天气究竟热不热，总之我出生了。当然，这没少让我妈受苦。

听我妈妈说，怀胎十月，她没少遭罪，孕吐极其折腾人。后来怀孕时间长了，肚子慢慢大了，晚上睡觉也不得安稳。人说酸儿辣女，这话一点也不假。怀孕时期妈妈特别爱吃辣，因为我们龙游的特产是小辣椒，我们本来就很能吃辣，但妈妈那种能吃辣的程度，恐怕要吓坏不少人了。

以前回老家，常听邻居念叨，似乎离我妈妈挺个大肚子穿条碎花裙的日子还不是很远，没想到转眼我就长成一个大姑娘了。听他们说，我出生那天一大早，我妈刚一起床，就感觉肚子一阵阵地痛，这是要生了啊。当时我爸不在家，邻居情急之下蹬了辆小三轮，载着我妈就往镇上赶。那个年代，村子里的路太差了，我妈一定没少遭罪。等好不容易到了医院，医生却说我妈胎位不正，原本是应该剖宫产的，但是因为路上这么一颠簸，可能会比较好生，所以医生说先顺产试试。然而因为胎位不正，我是屁股先出来的。没想到啊没想到，首先看到这个世界的，竟然是我的屁股。唉！也不知是不是屁股先出来的缘故，出生以后的很长一段时间内，我的右脚都是翘着的。想来想去，那个场面一定特别滑稽。当然，更多的是有一些可怕。

我爸妈对我很好，他俩经常谈论我。我爸大概是希望我像个“普通女孩子”一样恬静整洁，可惜我却辜负了他。据我妈说，小时候的我不是一般的调皮，根本就是个“假小子”，爬高上低，特别活泼好动。我每天到处瞎跑，村子里有些她都没去过的人家，我也跑了个遍。我妈倒是希望我平安、开心就好，对我没有什么特别的期待。

每个人都是爸爸妈妈牵着手来到这个世界的。父母的期待和呵护一直陪伴着我们长大。他们期盼我们降临的眼神，似黑夜里的灯，那是他们对新生命的寄托和希望。无论美丑，不管是否美好，在我们来到这个世界以后，我们就成了他们生命中最宝贵的东西。

我们是他们手中的宝，无论孕育还是出生，我们都是他们的呼唤、期待和牵挂。无论如何，我们都应该学会珍惜生命，热爱生命，多为这个世界发光发热。

老师：酸儿辣女没有医学根据，这是孕期母亲特有的一种饮食习惯。然而，我们更愿意这样理解，母亲为了肚子里的孩子，改变了许多生活习惯，甚至牺牲了一些饮食习惯。

在过去，因为难产，要么孩子刚出生就夭折了，要么母亲自己因大出血而几乎丢了性命。如今医学进步，大部分人都能平安降生。珍惜这个美好的时代，但也不要忘记妈妈为我们顺利出生所作出的牺牲。

雯杰，出生不易，且行且珍惜！记住，任何困难都能化解，方法比问题多。不管过去如何，一定要走好脚下的路，你是父母人生的一盏灯。

嘿　嘿

我出生在一个极其普通的家庭，但我很幸福，因为我的家人很爱我。

我以前没怎么听家人说起过妈妈怀我的时候发生的一些有趣的事情。不过听我妈说，她怀孕 9 个月的时候还在上班，很辛苦。当知道这些时，我不由得鼻子一酸，眼泪涌了出来。我很心疼妈妈，也很感谢她！

我出生的那天发生了一个小插曲。妈妈本来早上就开始阵痛，家人就把她送到镇上的医院。但是妈妈生了一个上午，我都不肯出来。中午了，当医生刚要出去时，我迫不及待地来到了这个世界。家人打趣说，我一定是想吃饭了才出来的。果然，现在我真就变成了一个吃货，嘿嘿！

家里所有的人都宠着我，可能是因为我是家族这一辈的第一个孩子。现在，外婆还在说孙辈这几个孩子里面她最疼的就是我，她还会念叨着我小时候的事，幸福地讲给我听。那时，我们生活在乡村，科技还没有这么发达，衣食穿戴不像现在能简单地通过手机、电脑网购解决。我出生之后穿的都是他们亲手做的独一无二的衣服。嘿嘿,那都是私人定制的。每件衣服都是一针一线手工缝制的，我知道一针针一件件都代表了长辈们对我的关爱。

我出生之后，外公就给在外地当兵的小舅写信，高兴地告诉他这个消息。等他回来的时候，我已经快一岁了。听外婆说，小舅一看到我就哭了，他还带回来给我买的小衣服。我很难想象才二十来岁的小舅去给我买衣服的样子，一定憨态可掬，一定很可爱。大舅呢，每当工作休息日都会让外婆把我抱过去，陪我玩一天。还有现在，每当我放假，他们就经常叫我去吃饭。期末了，就会问我外婆和我妈，我什么时候放假回家。每次当我放假回家时，他们便会来车站接我。

最爱我的当然是我的爸爸妈妈啦。小的时候爸爸妈妈白天要上班，晚上还要照顾我。若他们其中一人上夜班的话，另一个人就照顾我。可以说，他们一整晚几乎没得睡。妈妈说爸爸上夜班回家，一定要看看我亲亲我才肯去睡觉。为这，有时候会把我吵醒，妈妈很生气地说他，可是他一如既往。虽然我现在和爸爸并没有那么亲近，但是每次我放假了，他都会买好多我喜欢吃的好吃的。人说父爱如山，我知道他只是不善于表达而已。妈妈经常吃醋说，你爸爸就只疼你。嘿嘿！

那时候，我只喝了一段时间的母乳就开始喝奶粉和牛奶了。遇到天冷，他们就会把牛奶放在被窝里温着，随时给我喝。说到这，我是满满的幸福，眼睛也有些湿润，真有点想家了。一旦打开美好的回忆，心底还有很多很多他们爱我的事例。我真的很感激有这样爱我的父母，疼我的家人，感激他们陪伴我快乐成长，我也很爱他们。

我很感谢宋老师让我们讲讲出生的故事，嘿嘿！我想起了很多与家人在一起的快乐时光，他们因我的到来而欢呼，他们呵护关爱我成长的每一天。话说到此，我突然很想对爸爸妈妈说："我爱你们，爸爸妈妈。"谢谢爸妈，能够孕育我，养育我，培育我。我很幸运，能够成长在这样一个温暖的家庭里面，我很幸福，有这么多爱我的和我爱的家人！

我爱我的家人。

老师：菲菲的故事讲述得很温暖，也让我们沉浸在满满的幸福中。美好的童年永远是我们情感世界的滋养。无论走到哪里或遭遇什么，我们在童年获得的爱，都将是我们克服困难的动力。有人说，幸福的童年可以医治人成年后遭遇的创伤，不幸的童年却需要一生的爱去疗愈。菲菲，珍惜你家人的爱，多关心他们！

胖　妞

我的出生，是20多年前的事了，那时候我连讲话都只是“啊啊啊”，更别提记忆了。打电话询问爸妈，他们只是笑笑说记不太清楚了。但是，他们很开心我对小时候的关注，毕竟我的出生是他们最期盼的一件事。虽然时过境迁，他们年龄也大了，但总有些事是他们永远忘不掉的。

爸爸妈妈都是地道的农民，因为是在农村里，所以妈妈即使怀着我，也需要干农活。爸爸说，妈妈挺着一个大肚子，上山砍柴，下田种地，一天都没有闲过。听妈妈讲，村里的人都以为怀的是双胞胎，因为她的肚子特别大。可最后生出来就只有我，大胖娃娃一个。妈妈说，我还挺乖的，在肚子里安安静静的，不怎么闹腾，不然她干活要更累了。只是我妈一直奇怪，怎么在肚子里挺安静的，出来就这么闹腾呢？我也不知道，也许是环境起了大作用吧！

我出生那天早上，爸爸去了县城，妈妈在田里劳作。突然，妈妈肚子一阵剧痛，她失去平衡，摔倒在了田里。妈妈连忙呼喊田里干活的人，邻居闻声很快跑了过来。在邻居的帮忙下，妈妈回到了家里。然而，十万火急之际，接生婆却还没来，爷爷连忙下山去接。怕来不及，他先叫了村里有经验的老人，让他们赶来帮忙。村里有的人也跑去了外婆家，叫了外婆和舅妈过来。这时，妈妈不停喊痛，大家忙忙碌碌的，气氛很紧张。终于在9点左右，在接生婆还没来的情况下，我从妈妈的肚子里出来了。

听我妈说，我当时哭得很响，这表示我很健康。可是剪脐带和洗身体的事却需要接生婆来做，毕竟大家都没有经验，没有人敢做产后的事。他们就在地面上垫了些衣服，然后把我放在衣服上。一个多小时过后，接生婆才来，她急忙处理后续的事，最后把我抱起来放在妈妈的旁边。也许是脐带剪得晚吧，我的肚子特别容易着凉，但这也只是我的猜测而已。

出生之后，村里的习俗是要吃红鸡蛋，爷爷和爸爸负责去送鸡蛋。妈妈只管坐月子，而我只需吃喝拉撒睡，每天过得都差不多。不过，妈妈对我不满月就能吃鸡蛋还不会呛到这事一直觉得很惊奇。家里已经有一个哥哥了，对于我这个女孩的出生还是挺欢迎的。外婆还送了一根银项链，阿姨则买了衣服给我，还有人送了自己织的帽子和衣服，至今家里还存放着一顶红帽子。哥哥对我很好，经常在我身边陪我。虽然他只比我大五岁，人也不是太大个，但是他经常抱我，有时候也会背我。妈妈说我挺能吃的，整整 10 个月才断奶。妈妈还说，断奶之后爷爷还买牛奶给我喝，对于当时的家庭来说，这是很奢侈的。由此可见，爷爷对于我的出生是很欢迎的。

我的出生，平平淡淡，但也给一个家庭带来了希望。既然出生了，就需要好好珍惜生命。在父母的呵护下，我不仅长大，还读了大学。我要好好活着，也要好好珍惜照顾过我的那些人。

老师：玲玲，看似挺平常，但回忆过去你也会发现自己的出生挺不容易的。妈妈在劳作时生你，生你时接生婆又不在身边。虽然是顺产，但周围很多人都帮助了你。你记得父母生养你不易，家人也一直都很关心你的成长。

玲玲，要珍惜来之不易的生命，不忘父母亲人的呵护，要学会友善地对待其他人。好好活着，多对遇到困难的人伸出友爱之手。

胖 小 子

妈妈说我是难产儿，最后她不得不选择剖宫产。无疑，那一道疤痕成为我和母亲最亲密的见证。

我并不知道也不能体会到，我的母亲在病床上承受了多少痛苦，传言说世界上最疼痛的事情莫过于生产。怀胎 9 个多月一朝分娩，看似水到渠成，然而个中艰辛我们怎么能体会得到？我的出生，让我的母亲承受了巨大的痛楚，我一直觉得很愧疚。

我的出生似乎使一个家庭获得了莫大的喜悦，七斤八两，是一个大胖儿子。然而，我出生后并没有如其他孩子一样省心，甚至给我们家带来了苦难。我的母亲告诉我，我能活下来，已经算上天的恩赐了。我出生后疾病接踵而来，给这个刚刚起步的家庭带来了沉重的负担。

我还记得小时候，每两周就要去杭州一趟治病。我怀念杭州便宜又丰盛的早餐，我的父母却忘不了去杭州的沉重步子。我的疾病，几次让我处于生死边缘，我的母亲为我费尽了心思。我出生后便小病不断，大病连连，甚至还有数次病危。现在能有个健康的体魄，全靠父母对我丝毫不放弃，以及我小时候顽强的斗志吧。虽然我那时没什么记忆，但是我依稀记得妈妈抱着挂着吊瓶的我，她温柔的样子是天底下最美的。丝毫不夸张，我就是在药罐子里泡着活下来的。

妈妈曾抱着我几乎一周没有休息，其间她寸步不离，因为一旦她离开我，我便会哭闹不止。她只好又抱着我默默地流泪，我的爸爸也为了我的病不断奔波。每当我想起他们的辛苦的时候，便自责不已。整个家庭的重担，都压在了这对事业起步不久的年轻夫妻身上。然而，他们没有抱怨，努力扛着这个家庭，一直向前，没有放弃过任何人。爸妈对于我而言，是最伟大的。我至今聊以自慰的是，因为身体弱小，我小时候还是很安分的，没有闯过什么祸，这似乎是对他们最大的回报吧！

我有时想，父母呼唤我的到来，却为何让一个不健康的我诞生于世？我出生后，为什么病恹恹的却能坚持到今天并且终于无灾无病？这些简直就是奇迹，这个生命的奇迹，我认为来自父母给予我的呵护。

如今我已成人，并且拥有了强健的体魄，我能实现自己的生命价值，我也定当不辱他们的养育之恩。

老师：振强同学，你的出生是多么不易啊！你从小多灾多难，能健康活到今天，缘于父母的关心。从小到大，你体会到父母的爱，他们不仅给你生命，也呵护你的健康。父母之爱是无私的，无论他们遭遇多大的苦难，他们都会毫无保留地将最好的给你。

记住，有爱就会有奇迹！希望你以后的人生路上，不忘父母的养育之恩，也不辱他们养你的一番苦心。

第二节

迎接我的到来

老师：同学们，欢迎大家来到生命会客厅，今天我们聚在一起，分享“呼唤生命”主题中关于“迎接我的到来”的话题。

我们的到来是家庭中的重大事件，亲人都会举行各种活动迎接我们的降生。人生有很多庆祝生命变化的仪式,第一个重大仪式便是关于“降生”的。在中国，亲朋好友通常会相互庆贺，送孩子新衣服、长命锁之类，以祈求孩子平安长寿。孩子满月后，会请喝满月酒；满一周岁时，还会进行“抓周”，即在孩子面前摆上食物、书本、杆秤、算盘、毛笔等物品，让孩子抓取，以讨一个好彩头。

无论如何，这些礼俗都表明了亲人对我们的爱与期待！今天我们分享迎接我们到来的故事，重温亲人对我们的浓浓的爱。

呱　呱

我的母亲从未和我提过我的出生，我也从未想过要了解从她怀我到我出生期间的事，我对此感到有些羞愧。在“生命教育”课看完有关母亲怀孕生子的视频后，这种羞愧感更甚。

我特意打电话回家询问这件事。

一般孕妇在怀孕九个月的时候在干什么？是在家里被好吃好喝地照顾还是在医院安全地待产？然而，出乎我的意料，我的母亲在怀我九个月的时候，仍旧在纺织厂工作。这让我震惊。九个月，在那种弯腰走路都觉得艰难的时候，妈妈却咬着牙，拖着那笨重的身躯依然工作着。虽然，在二十年前经济水平还没有现在这般发达，但我相信人们对于迎接新生命的热切是不变的。此时此刻，我内心沉静，仿佛嗅到一丝爱和无奈。

我出生在金秋十月，我问母亲：“当我出生的时候，家里人有没有因为重男轻女的思想而冷落你？”母亲顿了顿，说：“没有。”然后又说：“你是我们家出生的第一个孩子，大家喜欢还来不及，怎么可能有重男轻女的思想呢？”我想，母亲的话肯定是有点夸大的成分的。我父亲的思想是十分开明的，我相信他没有那种腐朽的思想，但是我的奶奶，那个固执、强势的人，她的老派作风给我留下很深的印象。在我仅有的一点记忆中，她对我便是冷冷淡淡的，我猜想我的母亲应该是受了不少委屈的。但是，母爱的伟大之处便是尽可能地保护子女：我愿为你撑起一片天，你只需在里面嬉笑玩乐就好。

感谢您，我的母亲。

在我的家乡，孩子出生以后，一般会办两场酒席，一场是满月酒，一场是得周酒，即周岁宴。若是男孩儿，两场酒就是必办的，甚至就算家里赤贫也会办得极其隆重，讲求的是一个体体面面，香火继承。若是女孩儿，家里重视一点的也会办一场不甚隆重的酒席。若家里不重视这个孩子，则是根本不会去办酒席的，可见重男轻女思想的根深蒂固。满月酒并不一定是在孩子满月的时候办，有时会挑一个黄道吉日，然后和剃头酒一起举办。到时，一般会找当地经验老到的剃头师傅到家里来，为小婴孩仔仔细细地剃头。那时，家里还会分发一些用糯米做的软软的糕点。母亲还会把剃下来的头发收集起来，放到一个小小的红色锦囊里，悬挂于旧时的床梁上，为的是保佑小孩子平平安安。然而，随着时光的流逝，我的那个小小锦囊也在搬家中遗失了，好遗憾啊！得周酒一般会比满月酒更加隆重一点，亲戚朋友也会在孩子得周时送上各式祝福，但我的家乡似乎没有抓周这个风俗。我觉得让一个流着口水才满周岁的小孩子，在摆满物品的桌子上凭着好奇心抓玩具还是蛮好玩的。虽然以抓到的东西来窥看一个人的一生，在我看来是有些不可靠的。但不管我信不信，这毕竟是家人们对新生命的关爱啊！

这些风俗习惯都寄托了人们对新生命到来的期待。毕竟，生命的到来不易，新生命是个人的也是整个家族的，是生命的传承，也是爱的延续。

生儿育女是家族中的大事，人们用各种方式迎接新生命的到来。图中老人们一边干活，一边商讨如何迎接孙子与孙女的到来。

老师：依敏讲述自己的出生时很动情，也不忘母亲的不易，努力做妈妈的好女儿吧。母亲怀你九个月还在工作，不得不让人感慨母爱的伟大。

为迎接新生命，依敏的家乡有许多风俗，这些风俗是对生命的重视和呵护。

抓周是民间的迷信活动，我们是信科学的，认同辩证唯物主义。记住，性格决定命运，人的命运掌握在自己手里。

要学会从一个常人的角度，体会母亲的付出和伟大，好好珍惜自己的生命，它是家族的传承，也是爱的延续。

女儿笑

我是一个农村出身的小女孩，对我而言，一切都是那么的幸福！我也很庆幸，父母给了我一次美妙的生命之旅。在我出生之前，家里已经有一个哥哥了。当时家里的经济条件不是很好，父母一直忙着挣钱养家，也没有想要再生一个的念头。但是，奶奶一直提倡人丁兴旺，说："再生一个，以后长大了，兄弟姐妹之间好有个照应，添子添孙总是好事。"于是，才有了我。直到现在，我内心对奶奶，还是有一种特殊的情感，总觉得是她给了我出生的机会。

我是在镇上的小医院里出生的。从妈妈口中我得知，那是一个初秋温热的中午，全家人都带着喜悦、紧张和期待，一起盼望着我的到来。妈妈说生我的时候很顺利，没有什么困难，当我出生的时候，她从床上坐起来看着我。当医生告诉她，是个女孩的时候，她心里就乐开了花，然后虚弱地躺了回去。也许是天意，带给我们家一个男孩、一个女孩，奶奶总是说，一个"子"，一个"女"，加起来就是一个"好"字，你妈妈是一个幸运的、幸福的母亲！正因为妈妈生了一个女孩，村子里的人都来祝贺，奶奶和爸爸还专程去买了很多糖果，分给前来祝贺的村民，我的出生也成为村子里的一个美谈。

在我的记忆中，总觉得自己是一个幸运的女孩。毕竟，那个时代重男轻女的思想盛行，而我却出生在一个没有这种观念的家庭里，一直都沐浴着来自家人平等的、完整的爱。

由于一出生就得到这么多关爱，我形成了开朗、爱笑，没有丝毫自卑的性格。

小时候的一些大大小小的事，我不可能全都记得，在脑海里留下来的，只是家人的描述，我心里有个大概的画面而已。

刚刚出生的那年，亲戚朋友送了很多礼物，我记得有银手镯、牛绳、金钗银钗、洋娃娃、小木马，还有辟邪用的小铜钱等。在我的印象中，小时候我和爸爸的关系比较亲。刚刚出生的那几天，我一天到晚哇哇地哭，是爸爸一直抱着我、安慰我。长大了一点，爸爸每次从广东出差回来，都会给我带些小礼物，比如溜溜球、小陀螺，还有一双小红皮鞋，这些都是我喜欢的。每次爸爸要去比较远的地方，我都不会像其他孩子那样大哭不止，我只是微笑着送他离开。

爸爸还特别喜欢用他刺刺的胡子戳我的小脸逗我笑。

童年的时光是美好的，我一直处在幸福、温馨的环境中，每次回忆起来都会开心。

在我的记忆深处，我特别害怕水。在我心里，水虽然是纯净、自由的象征，但想到小时候掉进水里差点淹死的情景，水就变得可怕了，它是让我感到无助的一种黑暗的力量。有一次掉进水里，我与死神几乎是擦肩而过。我只记得我软软地掉进了水里，用绝望的眼神望着蓝天，没有害怕，而是有点不舍，我用小手在水里抚摸了一下太阳，然后微笑着安静地沉了下去。可能就是有了这次经历，现在我格外珍惜我的生命。

还有很多让我难以忘怀的事情。无论是好的还是坏的，都是生命带给我的美丽故事，我将把它们珍藏在心里，让它们长成果实，变成甜甜的美谈。

我的出生，我的成长，绝非是偶然的。记得有人说过，每个人来到这个世上都是有他的使命的。既然肩负着这样的使命，没有人可以随便放弃自己的生命。我们应该敬畏它，活出自己的精彩！

最后，很感谢宋老师您给我们上的“生命教育”这门课，以前我从来不知道生命是这样来的，它是多么的不容易啊，它又是如此的伟大。我也才明白原来在我的记忆中有关于出生，有这么多的故事可以拿出来分享，还可以有这么多的话讲。在未来的日子里，我会更加珍惜当下，好好地爱身边的人，给我们的世界带来更多的欢乐！

老师：奇洳，你是家里的吉祥物，有你的到来，妈妈心里才有了对“好”的认同。你小时候得到家人很多的关爱，让你一直洋溢着温暖的笑容。

亲人们的祝福满满的，他们迎接你的出生，也垒起了庇护你成长的安全屏障。

珍惜生命吧，不忘初心，关爱爱过你的人，肩负起你人生的使命。

妈　妈

1996年6月13日，夏日的夜晚。

听着树丛中可爱的小家伙们的演唱会，大家可能迷迷糊糊都睡了，有的甚至还睡得特别的香。然而，有一个人却睡不着了，那就是我妈妈，因为我要提前来到这个神奇的世界。遗憾的是，妈妈一个人在家，因为来不及去医院，妈妈就决定在家生下我。

每每想到这，一种莫名的情绪就会让我哽咽起来，我无法想象当时妈妈鼓起了多大的勇气来完成这件事。家里人告诉我，当时的接生婆是隔壁邻居家的奶奶。那天天气很热，没有空调，所有人都满头大汗，焦急地等待着。我是妈妈的第二胎，虽是早产，但是还是很顺利地出生了，有八斤多重，一点都不像是早产儿。记得妈妈对我说过：“当时看到你四肢健全就放心了，觉得我至少没有对不起你。”当时我把这句话当成玩笑话，以为妈妈是随便说说的，后来渐渐明白这其实是妈妈的心里话。

当时外公外婆听到消息后，也连忙赶来看我。看到我白白胖胖的，他们都很开心。后来的几天，外婆总会送饭菜给妈妈吃。家里人还给亲戚朋友邻居分红鸡蛋，据说都是双数的。

妈妈是一个勤劳的农村妇女，她体魄强健、皮肤粗糙，一看就知道是在风吹雨打中磨炼过的。对妈妈来说，本该男人干的重活她都不在话下，即使没有爸爸的陪伴她也能一边怀着我，一边干所有的农活。大约在我出生后一个星期，出差在外的爸爸终于回来了。虽然我是个女孩，但是爸爸还是挺开心的。可是大伯家却不太开心，觉得是个女孩有些失望，搞得所有人都有些尴尬。后来，爸爸曾一度有些冷落我和妈妈，但奶奶还好，她细心地照顾着妈妈，还给我做了个长命锁。

到了我满月时，外公外婆送来了很多东西，有各种小衣服、粽子、红鸡蛋、馒头等。那时，家里还叫来了亲戚邻居，举办了简单的满月酒。妈妈终于可以出房间了，她的身体恢复得很快。之后，我和妈妈就被接到了外公外婆家住。不幸的是，大伯对我的不满让家里的矛盾日渐激化，只因我是个女孩。爸妈感情也越来越不好了，甚至闹到了要离婚的地步。在很多人都想抛弃我的时候，妈妈还是坚定地保护着我。她说就算是她自己一个人，也可以把我养大。还好，命运还是眷顾我的，我并没有失去一个完整的家庭。随着岁月变迁，爸爸也成长了，他渐渐摆脱了大伯的控制，成了一个有主见的人。现在父母对我很好，爸爸也很疼我。亲情是个奇妙的东西，加上时间的发酵，父亲对我的关爱也发生了很大的变化，这已是后话了。

回忆我的出生，我几多感慨，妈妈的一颦一笑，以及呵护我的点点滴滴，一直萦绕在我的脑海中，挥之不去。

我接纳我的出生，我宽容我出生后的一切遭遇，我要学习妈妈的坚强和吃苦耐劳，我要一生向阳。

多年后的今天再讲这些故事，也是对自己出生的一个补叙。感谢爸妈养出这么好的我，他们一直心甘情愿地为我付出！爸妈总是说在学习上帮不了我什么，我想说的是在生活上他们绝对是个好老师，是他们成就了现在这个善良的我。

这才是最重要的，谢谢他们！

老师：雅芬，你讲了妈妈生你的故事，每句话都透露出妈妈对你的爱。你虽是早产儿，但有八斤重，足见妈妈是多么用心地呵护你。由于农村重男轻女

的思想比较严重，妈妈当时可能也忍受了许多白眼，可她依然把你作为手中的宝。

雅芬，不要忘记母亲伟大的爱，也不要忘记父亲后来的爱。

缘　分

1987年，是中国改革开放的关键时期，也是中国经济快速发展的时期。这一年，温州瑞安的陶山镇，村民陈某与妻董某育有五子一女。他们的第四个儿子，小名波哥，已是一个20出头的小伙，浓眉方脸，有点憨态。波哥虽是兄弟姐妹中读书最多的一个，但因家境贫困未能读完高中。他有心外出打工，经叔伯介绍，背井离乡，北上哈尔滨工作。

彼时，江苏王家有女，正值芳华，跟随远嫁的亲姐居住在松花江畔。在亲姐的安排下，她与在哈尔滨的波哥结识，二人一见倾心。姐姐考虑到波哥家乡路途遥远，反对妹妹远嫁，然终抵不住年轻人爱火之重。1992年，妹妹随波哥回瑞安结婚。

婚后第二年，王某逐渐感到生活不如意。温瑞地区语言古化，王某语言不通，平时与邻里交流困难，加上婆婆董某嫌其外来，似有刁难，王某可谓内外交困。

事情的转机出现在王某怀上孩子后，婆婆态度好转。十一月下旬，正值二十四节气中的小雪，王某在镇医院产下一女，有七八斤重，是个小胖丫头。

以上是我出生前的故事。

有些地区重男轻女的陋习已久，就连家谱上，新出生的女孩也不会留下姓名，只用“有一女”概括之。然而，每一个人的人生，都是一场奇遇。经历十个月的孕育，我们在亲人的期盼中降生，这不是能轻易简化的。所幸，我上面有四个伯伯，哥哥姐姐一堆，陈家的香火已足够旺盛。即使是我挑剔的奶奶，对于这个新生命的诞生也是喜悦万分的。

我奶奶亲自照顾我妈妈坐月子，洗衣做汤还要兼顾我。等到满月，我奶奶请邻里吃了汤面，算是满月酒。她又找来剃头匠剃了我的胎发，包裹了送庙里，作“打光光”。我的外婆，在我出生后第一次踏上温州的土地。她千里迢迢，从江苏赶来，携带大包小包。尤其是提着个大桶，里面装着生鸡蛋，桶里填上生米。外婆走的时候，塞给我妈一条挂着银灿灿花生米的小红绳。

我的出生伴随着家人的期盼，他们为了我的出生及健康长大，欢欢喜喜地举行了各种仪式，我非常感激能出生在这样一个家庭中。

老师：晓敏，父母结合是缘分，你的出生也是缘分，从江苏和瑞安到哈尔滨，最后又在瑞安出生，你来得不易。这漫长的孕育及降生之路，与其说是缘分的绵长，不如说是爱的坚定。

你是家族的一个新成员，也是爱的使者，父母因你而感情笃深，家族因你而凝聚力更强。

你的故事中，我印象最深的是父母的结合，以及外婆来看你。珍惜来之不易的生命吧，不忘父母亲人的关爱！

神　圣

父亲很疼我，他想让我有灵性、有文化，以后做个伟大的人。

新学期上了“生命教育”课，我好奇自己的出生，便趁周末给家里打了个电话，与爸爸好好聊了一下。

那时候，我爸妈正在城市里做生意，妈妈就算怀我五六个月时，也没休息，有时还要去店里帮忙做事。爸爸总是叫她不要去，可妈妈却笑眯眯地说：“没事的，闲着呢，有事就过来帮帮忙，反正我已经生过一个了，是有经验的。”妈妈说得对，我前面有个比我大七岁的哥哥。我妈妈说：“那时候想要生你，还是得到了你哥的同意的。”

1994 年 2 月 17 日，妈妈在爸爸的陪伴下躺在待产室，他们都很兴奋，妈妈一边摸着肚子，一边与爸爸开心地聊着小生命降临以后的事情。时间一分一秒地过去了，两个年轻人期待着即将出生的孩子，他们描绘着孩子的相貌，憧憬着为孩子设计的美好未来……

妈妈突然就不说话了，她呻吟起来。满心欢喜的爸爸吓坏了，慌忙去找医生。

妈妈被推进了手术室，但我是个不听话的孩子，妈妈生了很久还是生不下来。最后不得不剖宫产，害得医生在她肚子上划了一刀，才把我给抱出来。一出来，我便开始“哇哇”大哭，越哭越起劲。妈妈在手术床上躺着，这时麻药的劲还没过，她还听不到我的哭声，但脸上似乎有了幸福的微笑。我想，她应该已经感受到我这个新生命的降生。

爸爸在手术室外焦急地等着，他坐立不安，来来回回地走个不停。他用心听着，想听到我的哭声。不用说，这时应该是他人生中听力最灵敏的时刻了。忽然，他听到我来到这人间的第一次哭声。

见到护士抱我出来，他一个箭步冲上去要接我。可他不会抱，学着护士的样子，笨拙地抱起我。他虽然一脸的惶恐，但眼中却有别样的神采。可妈妈还没有出来，爸爸便接着等，终于等到了她。只见妈妈被推了出来，她脸色苍白，虚弱地躺在床上，虽然眼睛还没睁开，但嘴角却挂着一丝幸福的微笑。

听爸爸说，我刚出生的那天晚上，他一夜都没睡，忙着帮我换尿布、洗身子。晚上，我拉的那泡大便可真是把爸爸愁坏了。他什么也不懂，只能慢慢地抱着我，轻轻地给我擦拭身上的每一个部位，似乎在擦拭一件艺术品。

后来爸爸说，他抱着我的那一刻便成熟了，突然有种神圣的感觉，他感觉到责任之重，他要照顾好妈妈，也要把我养大成人。他还说，自从有我以后，不管生意上如何不顺，当回到家看到我，就什么都忘了，克服困难的勇气也会油然而生。

当然，除了父母高兴外，我的爷爷、奶奶、外公、外婆也是高兴得不得了。他们早早准备了小孩子的衣服，还有我妈妈要吃的营养品，当夜都送了过来。

妈妈生我不容易，是剖宫产，爸爸彻夜细心照顾，这些都是我不能忘记的。我出生那阵，亲戚们都兴高采烈，整个家族都欢迎我的到来。

从此后，我就成了家里的希望和寄托。

老师：文伟的父母既普通又朴实，他们还没等孩子出生，就开始迎接孩子的到来，憧憬着以后如何呵护孩子。文伟，你的出生不易，是剖宫产，妈妈为你的降生付出了很多。你是家里的希望和寄托，正如爸爸所说，抱起你，他突然意识到责任之重。

以后，无论走到哪里，不要忘记关爱你的父母，也不要忘记家里亲人的期望。同时，不要忘记自己身上的责任。

粉　笔

1995 年，我出生在一个再普通不过的家庭里。

那个年代，是一个无媒不成婚的年代，爸爸和妈妈便是在媒人的介绍下相识的。我曾问过妈妈是如何与爸爸走在一起的。她回答，大约几场电影之后几十天就订婚了，之后再过小半年，两人便领了结婚证。

在爸爸妈妈婚后不久，我就悄然到了妈妈的肚子里。

那年 10 月的一个凌晨，妈妈肚子一阵阵痛，爸爸就急急忙忙把妈妈送到了镇上的小医院。幸运的是，我是顺产的。妈妈很骄傲，她凭借自己的力量生下了我。

当我能够理解分娩是一件多么辛苦的事后，我便十分敬佩母亲的坚韧与勇敢。然而，我却不如妈妈坚强，刚出生的时候，我被这个与妈妈子宫截然不同的世界吓到了，怎么也不哭。医生在我的屁股上拍了好几下，最后我才发出哇哇大哭的声音。也许，正是从这次哭泣里，我真正迈入了这个大千世界。随后，医生量了量我的身高，称了称我的体重。还好，不算轻也不算重，一切发育都很正常。

在我的家乡，孩子出生三天后，亲朋好友就会送红包，主人也会回请亲朋好友吃三旦酒。当孩子满月时，会剃掉胎发称为剃满月头，主人会办满月酒，周岁时还会让孩子抓周。妈妈说我抓的是一支粉笔，于是从小学起我就参加了很多作文比赛，并且拿了一些奖项。说来也奇怪，我现在的专业是数学教育，将来拿的也是粉笔。看来，我这一生可能从一开始就和粉笔结下了缘分！

关于庆祝孩子出生一百天，有个说法，说是小孩满了一百天之后就好养好带了。我认为，百天之后小孩抵抗力增强，夜里不哭不闹，一切都正常，日常也少病少灾的，所以要庆祝。还有个说法是希望孩子能长命百岁。据说，小孩子生下来一百天，叫“百岁”，大概就是将“长命百岁”与“百天”结合起来，尽力图个吉利的说法。婴儿出生百天，是他作为社会个体成员第一次面临这种天赐的吉日，祝福他长命百岁也是最恰当、最实际的。

在我满月的时候，外婆给我买了好多好多的东西，有漂亮的衣服鞋子，有小孩子的小车，还有手镯、脚镯，甚至耳环。最令人开心的是，在我们那里，外婆还会找人做一种特殊的糕点，送给街坊邻居，共享孩子满月的这份喜悦。

父母迎接我的降生，亲朋好友祝福我的到来，我是亲人的希望。

老师：玮玮，多么美好的回忆啊！

我能听出你的激动、兴奋和甜蜜。经过出生风俗的洗礼，你无论走到哪里，家人的祝福都会陪伴着你。你抓到了粉笔，希望你不忘初心，忠诚于教育事业，做一个好老师。

我相信你行，加油！

老师：同学们，感谢你们在生命会客厅，同大家分享“呼唤生命”主题中的自我故事。

生命是美好的，不同的生命阶段都有其重要的仪式，这些不同的仪式以及由此形成的礼俗，表明了人们对生命诞生及发展的重视，也表明了人们对生命成长的期待与礼赞。生命的礼赞似乎是借助许多重大的仪式来完成的，所以仪式通常在生命具有重大变化时举行。

仪式是一种象征，它具有一定的心理意义。仪式大多是一种美好的祈祷和祝愿，让人消灾、为人祈福。我们通过仪式来表达我们内心的渴望，它是人们心理需求的一种外显形式。在经历了仪式后，人们往往会产生新的希望和安全感，并对未来的生活充满信心。

生活中的仪式有很多种，从出生到死亡，各个年龄阶段都有不同的象征性活动。对于生命的诞生，具有不同文化背景的人们都非常重视。人生的第一个重大仪式便是“降生”，这是新生命的开始，也是家庭中比较隆重的一件大事。

同学们，回溯自己的出生，重温来到这个世界的幸福，我们要珍惜生命，努力学习本领，报答亲人的养育，也为社会的安定贡献力量，在实现民族复兴的伟大征程中，努力绽放自己生命的光华。

第二章　取名

每个人的名字都有其独特的意义，它包含了父母对孩子的殷切期盼和祝愿。凡人必有姓与名，姓与名既是人一生的一种符号和代表，又是人信息传递的主要载体。因此，从古至今，人们对自己的姓与名都十分珍重，将其视为自己生命的一部分。姓名不仅能呈现出不同地域文化、时代背景、家族及个人的未来期待，还能把自己与他人区分开。

赋予名字以美好的寓意就是取名的动机，它是取名的出发点。伴随着婴儿的第一声啼哭，父母就开始思考给孩子取名的事了。更有甚者，孩子还未出生名字就已取好。名字很重要，它是一个伴随人们终生的符号，也是我们生命的代码。

第一节

名字

老师：同学们，欢迎大家来到生命会客厅，今天我们聚在一起，分享“取名”主题中关于“名字”的话题。

我们先来了解一下关于名字的小知识。在古代，“名”与“字”是分开使用的。“名”又叫“本名”，旧说是古代婴儿出生后三个月由父亲所取；而“字”又叫“表字”，是除本名外另取一个与本名有所关联的别名。如今合称“名字”，指姓名或名。

在古代，取名和命字就为众人所重视，尤其是在尊崇儒学的宋代。宋代由于复兴冠礼，名字说尤为盛行。当今社会，尽管不再如此，但是起名字仍在中国人内心中占有很重要的地位。在中国人看来姓名很重要，名字不是一个简单的代号，它所承载的寓意很深刻，也是言近旨远的。

中国人的名字多是“姓＋名”构成的。“姓”具有相对稳定性，代代传承，一般情况下不能随意更改。我姓“宋”，《说文解字》对“宋”的解释为“居也。从宀从木，读若送”。可见“宋”字的本义与“家”字的本义相似，都是居住的地方。我是属家族“兴”字辈的，又出生在铜川，所以我的名字是宋兴川。我的名字既有家族的传承，也有父母期望我不忘故乡的愿望。

今天我们就来分享一下“名字”这个话题。给孩子取名是非常重要的一件事，它蕴含着父母或家族对我们的爱。

知　了

1997 年 1 月 10 日，伴随着一阵嘹亮的啼哭声，我来到了这个世界上。

我姓叶，单名一个“婵”，这个字寄寓了父母对我的美好期望。“婵”字在古代通常与“娟”字连用，有姿态美好的意思，比如唐代孟郊的《婵娟篇》中有“花婵娟，泛春泉。竹婵娟，笼晓烟”。“婵”还有美女的意思，比如孔尚任的《桃花扇》中的“一带妆楼临水盖，家家分影照婵娟”。意思是说附近女子居住的楼房是靠着秦淮河水而建的，水中都映照出曼妙的女子。寥寥数句，把南京秦淮河的繁华景象描写得栩栩如生。“婵”还有月亮的意思，如苏轼的《水调歌头》中的“但愿人长久，千里共婵娟”。当然，“婵”还有与“媛”字连用的，如“结根竦本，垂条婵媛”中的“婵媛”是“牵连，相连”的意思，“心婵媛而伤怀兮”中的“婵媛”是“眷恋”之意。

因为我的名字，还闹过一个笑话。“婵”与“蝉”同音，在小学五年级的科学教科书上出现过“叶蝉”这一个“词眼”。它是一种昆虫，外形似蝉。然后同学们就开玩笑说，我上教科书了。哎！这真是让我哭笑不得。名字的形似和发音比较生动，以至于小学、初中、高中，甚至大学，都有调皮的小伙伴给我取外号“知了”。在一些个人信息内容的核对中，也经常会发现我的“婵”字被填

人心不同，各如其面。人有不同的名字，名字会对人产生心理暗示。每个人的名字都是父母对他人生的期望。名正则言顺，我们要起个积极有特色的名字。

成了“蝉”字。

取名着实不是一件轻轻松松的事，在考虑字形字义的同时，对字音也得有一定的讲究。不然的话，谐音会让人产生奇怪的联想，这会打乱一个人的生活，进而影响一个人的性格乃至人生。

名字在人的一生中具有重要的意义，并非只是一个没有实际意义的符号。名字是神圣的，虽然我的名字闹过一些笑话，但我还是很爱它，因为它凝聚着父母对我的深厚感情和殷切希望，更是充满着父母对我的爱。

名字是父母与我的无形联系，它超越时空！名字如身上的衣服，春去秋来，它温暖地陪伴着我，度过人生的每一天！

老师：叶婵讲得好，名字一旦被叫开，它就有了生命，是神圣的。名字有含义，它寄托了父母对我们的期望。它是我们进入社会的一张名片。如果你们做了父母，要好好给孩子取名字。名字中尽量不要用特别生僻的字，以免给孩子日后的生活和人际交往造成不便。

陪　伴

倘若我问你，你是谁？你一定会不假思索地把你的名字告诉我。的确如此，从被取名的那一刻起，这几个字便跟你有了紧密的联系。名字用久了，它就流淌于生命，相伴我们的人生，呵护我们的成长。

名字由长辈赐予，它反映了长辈对我们殷切的期待，以及人们对真善美的追求。正如我的名字，王镇浩。单说“镇”这个字吧，很容易想到的词语就有坐镇、镇定自如，等等。所谓坐镇，大概就是一夫当关、万夫莫开的气势，或许也是披坚执锐的大将军倔强的坚守。别小看“镇”，它是泰山崩于前的沉着冷静，是领导全场的魄力，是一种静态的美，它蕴含着父母对我的期盼与要求。再说“浩”字，从它的偏旁就可以看出这个字跟水有关。粗粗一瞥这个字，就会让我想到大海，正如许巍的一首歌《曾经的你》中唱到的，好男儿胸怀像大海。或许，父母就是希望我有一个像大海般广阔的胸怀吧！但是细细想来，从浩这个字我还能想到一个词语便是浩浩荡荡。《尚书·尧典》中有“汤汤洪水方割，荡荡怀山襄陵，浩浩滔天。”范仲淹的《岳阳楼记》中有“浩浩汤汤，横无际涯。”它形容水势广大的样子，极尽雄浑之势，它是一种动态美。这样来看，我的名字真的好巧妙，一动一静，动静结合。

小时候，我对自己的名字毫无概念，它的作用也不大，除了出现在老师、父母的口中，便是横七竖八地趴在我作业本的封面上。然而，随着我不断长大，我对自己名字的看法也不断发生着改变。初中时，由于成绩优异，我的名字经常会出现在考试后的通报表扬中，抑或是奖状上，当然也会在家长会上老师家长夸奖的话语中。那段时间，我的名字总是与优秀联系在一起。

人生如逆旅，我亦是行人，一个人很难一直处于巅峰。初中时我的成绩还好，然而到了高中，我的成绩就不那么优秀了，平平庸庸处于中游。我的名字也很少被人提及，它失去了原有的光鲜亮丽。不过，我的名字的寓意，暗暗地激励我，它与我一起设法进步。每当考试结束，该通报表扬的时刻，那便是我跟自己名字联系最紧密的时候。那时候啊，我总是在心里默默念着自己的名字，我多希望它也能跟别人的名字一同出现在考试优胜榜上面呀！然而，期待总是落空。其中原因我也知道，自己并没有像别人那样认真地学习。

到了大学，我跟自己名字的联系又发生了变化，它再也不需要头破血流地争取挤进考试优胜榜。毕竟大学生活太丰富，大家关注的领域太多了。由于各种部门或者团体的活动，这时候的名字更多地发挥着它交换信息的功能。

名字来自长辈，它蕴含着长辈的希望。它陪伴着我们，我们应细细品味自己名字的韵味，领悟其中的意义，这样更有助于体会长辈的关爱，也更能告诉我们，每一个人都是长辈的手中宝。我们应加倍珍惜自己的生命，爱护自己，努力来报答长辈。

老师：镇浩的名字很有气势。汉字的意义多，同一个字会有不同的解读。我很喜欢镇浩同学的训诂考证，赋予了名字积极的意义，充满正能量，引导自己的人生。名字是固定的，但如何解读，是我们自己的事。

爱自己的名字，用它的积极意义激励自己不断向前吧！

志　向

我的姓氏是“汪”，在新百家姓中排名居中。不过说实话，在生活中，我至今还没遇见几个和我同一个姓的人。

我的这个姓氏的由来，可以说得上是历史悠久了，它最早源自商代汪芒氏之后。传说，汪芒氏又称汪罔氏，是防风氏所改，防风氏是夏朝诸侯之一。有一天，夏朝国君禹召集群神到会稽山，防风氏因为晚到，被禹砍了头。进入商朝，防风氏的后代就改为单字汪氏。汪氏子孙即是商代汪罔氏后代，而其祖先又是夏朝诸侯，所以汪氏可谓源远流长，距今大约有四千年的历史，同时汪氏也必是贵胄之后。

春秋时代，又有一支汪氏血脉出现。鲁国国君成公的支庶儿子被封到汪邑，其后世子孙就以邑为氏而姓了汪。这一支汪氏，出自姬姓，是黄帝的直系子孙。还有一支是翁氏分化出来的。据史料记载，福建泉州有翁乾度，生有六子，分姓洪、江、翁、方、龚、汪六姓，六子处休分姓汪。这兄弟六人同列为进士，地位非常显贵，历史上有“六桂联芳”之誉。

我的名字叫“少琦”，我想这个“琦”字寄托了父母对我的美好祝愿。我特地去查过，“琦”有美玉、珍奇、不平凡三种意思。

回溯一下父母为我取的名字，我心里暖暖的，也很激动。不用说，父母当初在给我取名字的时候，一定是希望我将来能干出一番大事业，而自身也能像一块举世罕见的美玉一样不平凡。

我的名字代表了父母一种美好的期待，它不时回响在我的耳畔，激励我做一个有品德、有志向的人。

我爱我的姓氏和名字，它是家族的荣耀，也是父母的爱，更是我人生的志向。

老师：少琦同学很用心，引经据典阐述了他姓氏的由来，增加了他家族的声望感和自豪感。他的名字寄托了父母对他的期望，尤其是他对名字的解释，让我们经受了一次心灵的洗礼。

说到名字，这里介绍一些小知识：起名字要结合家风、事业及父母长辈对孩子的期望，隐含着理想与抱负、兴趣、爱好和目标追求。

宠　爱

本人姓姚名婷婷，当用拼音输入法打字时，首先会出现“要听听”。字样为“姚婷婷”，ABB 型的名字，偏旁三个并排的女，充分体现了我是个女孩的特质。其实，这名字无论是听声音还是现在看文字，也都是挺霸气的。

我见证过爸爸给弟弟取名字的过程，却不知道自己名字的由来。但我猜想我的名字也和弟弟的一样，是爸爸翻阅了整本字典之后才取的令他满意的名字吧！婷婷两字，爸爸是希望我作为一个女孩子，能往美好的方面发展，比如亭亭玉立之类的。但现在我发现，我怎么都和亭亭玉立照应不起来。与此相反，我的性格有时候更像个男孩，大大咧咧，冒冒失失，根本不像他们希望的那么文静、优雅。

我的名字是容易产生故事的，它让我学会了宽容，也带给我许多乐趣。

婷婷，这个名字很容易重名。小时候，我们村有个比我小的姑娘叫许婷。不管怎样，名字重了总感觉不太好，而且是我先取了这个名字。之后更有趣的是，我和我弟弟的名字好像被一户姓王的人家看上了。我们的名字是姚婷婷和姚子航，这户王姓的人家也有一对姐弟，姐姐叫王小婷，弟弟叫王小航。可能只是巧合，然而其间也发生点小糗事，哈哈，都是名字惹来的祸。小时候不懂事，总是会说人家抄袭我们家的名字，搞得大人都不好意思说什么。也不知什么原因，从小我就不喜欢别人有和我一样的东西，觉得这样自己就不再独特了。哎，现在想想，我那时的幼稚与霸道真可笑，毕竟这名字确实挺普通，重名也是正常的。

有一次跟着亲戚家的姐姐去眼镜店配眼镜，输入信息时发现有好多人跟我是同样的名字，连姓都一样的竟然就有八个了。当时我就不高兴了，本来想想名重了还好，怎么姓还一样，姚这个姓在我上学时，真是不多见的，也许是我见识短、接触人少的缘故吧。小时候就是有点天真，一个名字又代表什么呢？重名又怎么样了呢？不独特、大众化，也不错吧！我由此感叹世界上竟还有如此多的人跟我同名呢，也是一种缘分啊！

现在到了大学，我看到同名的人已经见怪不怪了。一个班里有三四个婷婷是常有的事儿，同姓的倒是没有，那我也就放心了，至少拿东西什么的不会弄错，老师也不需要用大姚婷婷、小姚婷婷来区别。

还记得刚上高中那会儿，由于初中为了方便用的一直都是姚婷，后来到高中别人问我名字的时候，我总是纠结于要说姚婷还是姚婷婷，最后定下的规矩就是亲密的人说姚婷，普通同学就说姚婷婷。班里同学总爱拿我的名字开玩笑，姚婷和妖精的发音略像，他们经常拿此来娱乐。后来，他们又引申出姚鼎鼎、姚凳凳等一系列 ABB 型的称号。刚开始我是拒绝的，后来只把这当作同学对我的“宠爱”。这些称呼一直陪我到高三毕业，现在没人这么叫我，有时，我还挺怀念的。

姚婷婷这个名字陪了我二十多年，关于它的故事还挺多，它也带给我许多美好的回忆。

老师：婷婷的故事让我看到了她的成长。因为名字，婷婷从独特、霸道到宽容、感恩，以及最后学会自我调节。婷婷，名字陪伴了你的成长，也记载了你美好的回忆。我很欣赏你的变化，无论什么事，我们要多从积极的方面看待，要秉持豁达的心态快乐生活。

改　名

我爸爸妈妈都是做生意的商人，爸爸的文化水平比妈妈高，但我总觉得妈妈比爸爸要更懂事理。据我奶奶说，我的名字是我爸爸取的，他翻了很多书和字典，给我取了一个美好、悦耳的名字——何瑶琦。我问过我爸爸，为什么给我取这个名字，他说：“因为你是一个女孩，在我心里你就是我的宝贝女儿！我希望你的未来美好、光明，你的性格温和、纯美，你的人生能够有些好的转折点，更上一层楼！”这是父母给予我的爱，每一次他们叫我“瑶琦”的时候，好似是三月里的春风温暖地吹入我的内心，能吹散我心底的所有阴霾。

但到了我读三年级的时候，不知从哪里刮来的改名风，身边的很多人都在跟风。爸爸妈妈因为考虑到我和哥哥的名字应该有所关联，也带着我们一起去改名字。当然，那时候，在我看来，改名字是一件很棒的事情，心里想着我比其他小朋友多了一个名字，我又有了一个新的美名，感觉自己重生了。

我还依稀记着，给我改名字的先生说我原来的名字不好听。于是，他便在纸上写了“何奇洳、何奇伊、何奇窈、何奇珂、何奇恬、何奇芝”这几个名字，让我自己选择一个。也许是冥冥之中注定，或者说是有缘分吧，我犹豫了一会儿，指着纸上“何奇洳”三个字，笑着说“就它吧！”

虽然说这个名字不是我的家人给我取的，但是我总觉得很亲切，它也是我的幸运物，让我不忘柔情。

回到学校，老师为了能让大家记住我的新名字，还让全班同学进行查字典比赛。就这样，我有了新的名字，对生命我也有了新的感悟。

在后来的读书生涯中，我的名字一直被人深深地记住，因为他们总是会问我“最后一个字读什么啊？在字典里是什么意思啊？”我每次都是笑着，大声地告诉他们，那个字读 Rù，第四声！我也不知道它在我名字里的意思。这样简简单单的回答，我每每都很高兴，继而越来越喜欢它。

名字是有生命的。改名是人生的一段经历，它镌刻着对一个生命的尊重和关爱，也昭示着我的生命进入一个新阶段，是一个重生！

老师：名字是我们生命的一个符号，一旦用久了，它就是一个人、一段人生，一种信仰。名字不要轻易改，虽然说是一个人的重生，但也会产生“两个我”

的纠结或认同危机，这需要我们有一个整合与适应的过程。

人生仅有好听的名字还不行，美好的人生是奋斗出来的。让我们撸起袖子加油干，努力为自己的人生奋斗吧！

哑　铃

每个人一出生，爸爸妈妈都要给你取一个名字，他们将对你的期望都融进了你的名字中。

我的名字的出处是极其简单的。其一，我是我家族的“亚”字辈，比如我的姐姐们有叫“亚萍”“亚维”“亚琴”的。其二，父母觉得“玲”字很适合做女生的名字，而且“玲”与“灵”同音，“灵”则有聪明灵巧之意。于是，我的名字便这样自然而然地定了下来。

虽然名字定得容易，但因这个名字，我从小就受到同学们的嬉笑。是的，“亚玲”与“哑铃”同音。记得在我小学五年级的时候，有一节体育课，老师的要求是全班分成两组，拖着“哑铃”来回跑，看哪个组完成的速度更快。当老师说到“拖着‘哑铃’跑”时，基本全班同学都笑了，还有些人甚至转头来看我。当时的我脸一下子便红了，恨不得有个洞能让我钻进去，我几乎想扭头就跑。不用说，那节课在我的崩溃中结束了。小时候的我其实挺喜欢体育课的，但就那次，我特别希望赶紧下课。“亚玲”拖着“哑铃”跑，也成为一段时间里同学间传扬的笑料。虽然后来大家都恢复了“正常”，但那个场景，我想会留在我的脑海里一辈子。从那以后，我变得排斥有人在我的面前提到“哑铃”这种运动器具，我怕他们嘲笑我的名字。虽然我觉得我的名字也没什么不好，名字真的只是我们在这个世界上的一个代号而已，只是方便大家称呼，但我还是害怕人家发现我的“小秘密”。就如那天的课堂上，老师讲到另一个“亚玲”同学的时候，大家哄堂大笑。不知道为什么，我总觉得是笑自己的。

不过，今天我能讲述我的名字及它的由来，这说明我已化解了心结，敢于面对自己了。

我想说，也有老师说我名字好听的。记得那是一节现代汉语课，老师讲到取名字时要注意抑扬顿挫，要读起来上口，于是老师读到了我的名字，她说我的名字既有阳平，也有去声，读起来就很上口。这是我第一次听别人夸奖我的名字，感觉以前那些嘲笑我名字的人，他们根本就不懂我的名字所隐藏的艺术美！

不过，从小我的成绩就一般，而且学什么都是后知后觉的，不像别人一下就能学会，我需要摸索好久才能知道其中的奥秘，有点对不起“灵”字。我也一直希望，父母在我名字中注入的希望，以后能展现出来。

如果我以后给小孩取名的话，它不一定要很有特色，让人一下子就能记住，我只想这个名字普通些、再普通些。一定不能有谐音，以免让人产生不好的联想，给孩子的人生带来麻烦。

老师：亚玲能讲述自己的名字，说明自己强大了。一个人能否取得成功，机灵、聪明重要，但勤奋、努力更重要。虽然名字是符号，但也有特定意义。起名字时，我们强调字义要吉祥，力避粗俗。取的名字不仅要寓意好，也要好听，不要有会让人产生联想的歧义，否则会给人带来诸多不便，进而影响到个人的性格乃至人生。

以后给自己的孩子取名字时，一定要考虑好看、好听，寓意好，没歧义，没谐音。

第二节

名字伴我走人生

老师：同学们，欢迎大家来到生命会客厅，今天我们聚在一起，分享“取名”主题中关于“名字伴我走人生”的话题。

中国汉字表音表意，一旦我们认同自己的名字，它就会对我们的性格乃至人生产生影响。

中国人重视家族的传承，在取名时父母会注入对后代的期望。父母不仅将子女当作自己生命的延续，也将子女看作自己人生实践的继承者，他们把自己对子女的爱和期望通过取名表达出来。另外，我国向来有名物训诂的传统，给人取名与给事物命名一样，都是要有文化意义的。中国人取名时讲究人名的立意，古人常常是“吟安一个字，捻断数茎须”。可见，为了取一个叫得响的好名字，人们乐于忍受反复推敲之劳作。现代人则有过之而无不及。多元取向的生活使现代人名的立意更为复杂，苦思冥想之后取的名字将更加的绚烂多彩。

名字陪伴着我们长大，名字引导着我们的人生。

独　特

我一直都不曾思考过“名字从何而来”这个问题，对我而言，名字不过是一个代号而已。你活着的时候，有人会凭借你的名字称呼你；你死了之后，有人会呼唤你的名字祭奠你。

我叫金舒敏。“金”是金子的“金”,“舒”是舍予“舒”,“敏”是每文“敏”。

世界上只有一个我，但是世界上有很多个“金舒敏”。我曾经一时心血来潮地在互联网上搜索“金舒敏”三个字，竟然发现许多有趣的内容，甚至还有人以这个名字建了一个贴吧。叫“金舒敏”的人真是挺多的，世界上的缘分就是如此妙不可言。

更多的时候，我倒是有些失落，毕竟我的名字如此的大众化。我的名字不仅仅属于我，前有古人，后还有来者。

大约就是这种情绪在心中起起伏伏，我开始研究我的名字，追根溯源。想弄明白我的名字有什么由来。

首先是“金”。我从父姓。村里的人都姓金。金这个姓氏，来源众多。据记载，“金”有九种来源，少昊金天氏，匈奴后裔，改姓，赐姓，等等，也许是年代太远，它经历过许多波折，流荡了多年的岁月。在迁徙和动荡中，没什么人注意自己的姓氏来源于何处，这个“金”姓终究是找不到确切的来源了。

其次是“舒”。如果是家里面有兄弟姊妹的人，多多少少都会注意到他们的名字总是有点关联。要么是有个字相同,要么是名字的结构一样。比如康熙皇帝，他最开始的那几个儿子名字里面有个“承”字，也许是那些孩子早夭，他后来为孩子们取名又用了“胤”字；大约是为了祈求他们多福强健，名字中的另一个字又必定带了个“礻”，与福气沾边儿，比如胤禔、胤礽、胤禛、胤禩等。尽管胤禩的“禩”并不含福气的意义，这个名字依然伴随着皇八子载入史册。

我的“舒”字也是如此。我前头有个姐姐,她的名字也含着“舒”字,可以说，我名字中的“舒”字就是承袭了她的名字，好叫旁人知道，我们两个是姐妹。

这是一幅独特的画，不在于命名，关键在于如何诠释。一个人的名字，你怎么解读它就有什么意义，认同你喜欢的意义，让积极、富有特色的意义助力你人生的快乐与成功。

同时，“舒”字也有着多种积极的意义——舒张、舒适、舒展、舒缓……不急不忙，徐徐图之。这个“舒”字，包含着父母希望我们一步步走路、踏踏实实、不急功近利的殷切期盼。

最后是“敏”。东汉的许慎在《说文解字》里面说道：“敏，疾也。”现代的词汇中，敏捷、敏锐、敏感……无一不是表示对外界反应迅速或是勤勉好学等意义。尽管“舒”和“敏”的搭配看似有些奇怪，一慢一快，一缓一疾，但是这是父母对孩子的美好祝愿，既希望孩子做事情可以不慌不忙，又不希望她慢吞吞地像个迟暮的老人，而是希望她张弛有度、进退得当。

想来，父母给孩子取名，每一个字都带着祝福，是希望名字陪伴孩子经历生命的奇妙旅程吧。

尽管世界上有这么多个相同的名字，但是父母的每一份心思都是不同的。谁能说，这些名字的意义是一样的呢?

世界上只有一个你，世界上只有一个你的名字。我想，未来我也会有一个不同于别人的人生。

老师：舒敏，你的名字既不独特也独特，关键在于你是否努力活出富有个性的自己。探寻我们的名字的意义，每个名字都能找到文化的根基，要做一个有文化、有修养的人。名字的意义是丰厚的，它助力我们成长，引领我们的生活。

选择一个名字，期待一种人生，名字将实实在在陪伴我们走过一生。

要爱自己的名字，迈好人生的每一步。

名字的背后

名字看起来只有几个字，可细细想来，它不仅代表了父母对孩子的期许，也代表了父母的人生观。那么，我的名字背后，暗蕴着怎样一双父母呢?

我的名字叫作胡淑颖。胡姓传承自我爸，我斗胆称他为老胡。小学按片区入学，班上很多同片区同姓氏的。记得我那时候总觉得自己的姓氏不够小众，光一个班里就有十几个人跟我同姓。那时候我迷恋“荀”姓和“司马”姓，巴望着哪天能出现奇迹把我的姓氏给改了。可长大了，我的想法却彻底改变了，我开始无比认同、热爱、铭记我的姓氏，我明白姓氏里暗含着血脉的传承，我体悟到姓氏背后家风的含义。我热爱“胡”姓，这背后暗蕴着勇敢勤奋的胡氏家风。

“淑颖”二字的含义我不能自己推测，有一天我给家里打了电话。爸妈告诉我说，“淑”的用意是希望我善良、美好，“颖”的用意是希望我聪颖、杰出，这真是一字做人，一字成事，这也是父母对我的人生期望。我听了大为震撼，因为我们从没交流过关于取名的事情，我也不曾了解他们当时是怎么想的。我甚至有些误会了“淑”字的用意，以为他们是希望我淑女一些。不过，我现在打扮中性，性格也比较干练、豪爽，常有同学见了我说，胡淑颖啊，你跟你的名字一点儿也不相符呢！对此，我都哈哈一笑便过去了，甚至有时我也会在自我介绍时拿名字自我解嘲。可插科打诨一过去，我的心里似乎总有一些遗憾挥之不去，我总觉得这样是不是辜负了父母取名的期望？好在，一通电话，让我明白了“淑”字的最初用意。

我把我对“淑”字的误解告诉爸妈，老胡在电话里笑着跟我说：“傻孩子，就算我们希望你淑女一些，那也只是我们对你的期望，你的人生价值得由你来定义，只要是积极的，我们不设限。”

听到这句话的时候，我在宿舍三楼的楼梯间窗口，心情激动，望着窗外的远山，我的眼泪夺眶而出。名字是期许，名字绝不是限制，我再也不会拿名字自嘲，名字跟身体发肤一样，受之父母，不容亵渎。并且，我终于笃定我不曾辜负他们取名的初心，我做人良善，做事尽心，一直在朝着爸妈期望的样子努力。而且就像老胡说的，哪怕后来我的发展方向与他们期望的有些差池，又如何呢？只要我积极向上就好。

老胡 1960 年生，高中因为家贫而肄业，他没受过高等教育，那个年代的大多数人也偏封建保守，可他一直用超脱那个年代的开明来教导我。

我从小不爱穿裙子，他帮我劝我妈别勉强我。我从小不爱写作业，老伺机逃到田野山上游来荡去。日落回家后，他也不骂我，给我洗干净手叫我一起吃饭。饭桌上他跟我妈说，心里有温柔山川的孩子，差不到哪里去。

感谢我睿智的父母，给我美好的名字。

感谢我开明的父母，让我自在地成长。

名字的背后，有太多信息了，不仅有父母的期许和祝福，还代表父母陪着我们度过了那么多年，而且它还能常读常新。它不是一个刻板的符号，它是我人生的指引、前行的目标、坚持的底气。

如果哪一天我丧气颓靡，请轻轻唤我一声姓名，二十多年日日夜夜的回忆会似温暖我的阳光，虽在眼前一瞬而过，却能抚慰我的内心，让我抖擞精神昂起头，重获前行的力量。

名字不仅有历史，也有生命，它是我忠实的守护者！

老师：我们每个人名字的背后都有太多的故事了，名字还是一汪温情，折射出父母对我们生命与情感的抚慰。和父母聊聊自己的名字，了解他们当时的心路历程，或许会启迪我们的心灵，使我们明确自己人生的方向，更收获满满的爱。

记住，不时呼唤一下自己的名字，给自己的人生以前行的力量。

回　归

响亮的啼哭声伴随着家人喜悦的笑声，以及妈妈虚弱的呻吟声，我急匆匆地来到了这个世界。

妈妈总跟我说，我是在丑时出生的，生肖是牛，按照传统来说，丑牛丑牛，是再好不过的。她说，那一天，窗外下着小雨，烟雨蒙蒙，非常安静，只听见雨拍打在窗沿上“啪嗒，啪嗒”的声音。半夜，妈妈突然开始阵痛，她叫醒了爸爸，爸爸赶紧起了床，抱着妈妈上了面包车，火急火燎地驶向医院。到了医院，没多一会儿，妈妈羊水就破了，因为我是二胎，分娩就特别顺利。妈妈很快就生出了我这个九斤六两的大胖姑娘。爷爷奶奶、外公外婆高兴地叫我“九斤姑娘”。爷爷说，那天他买了好多桃子、两个大西瓜来看我。我转着两只黑黝黝的小眼珠，一直盯着他，仿佛有心电感应一般，他说我可爱极了。

爸爸说我出生的那一刻，他的心情根本无法言喻，有为人父的喜悦，有面对新生命的敬畏，有对妈妈的感谢与担忧，还有对未来的憧憬。这许许多多的情感萦绕在他的心间，久久没有散去。他对我说这段话时，激动的泪水还浸满眼眶，仿佛那一刻就在眼前。

跟大部分人一样，我的名字也承载着爸爸妈妈对我的期许。“洪伟青”三个字中，“洪”随了我爸爸的姓。我们村的人就三种姓，“洪”“童”“方”，且我们村大部分人都姓“洪”。

第二个字取“伟”，一方面是因为我的哥哥姐姐第二个字都是“伟”，我们都是“伟”字辈的。我们这辈有“伟峰”“伟芳”“伟萍”“伟建”“伟颖”等。另一方面是因为我出生后几天香港就回归了。那时电视、广播都在循环播放这条新闻，大家一直在看这个新闻。爸爸也看了好多遍，特别是7月1日的晚上，他一直到后半夜才去睡。奶奶给爸爸说，要让我的名字有香港回归的寓意。恰好，绍兴方言中“回”与“伟”读音相似，所以奶奶就说第二个字用“伟”。

第三个字取“青”，一方面是与“庆”同音，以庆祝我的出生和香港回归。妈妈总会说，我的出生给家里带来许多欢笑与温暖。她和爸爸为多了我这么一件小棉袄而感到高兴。另一方面，我爸爸妈妈认为“青”寓意着坚强、不放弃、干练、能干。他们的这种想法大概是来自“青出于蓝而胜于蓝”“永垂青史”“留得青山在，不怕没柴烧”这些古语吧！

说完我的名字的由来，不禁有一股暖流在我的心间流淌。感谢我的父母给予了我生命，为我的生活创造了无限可能，他们让我拥有了享受世间无限美好的机会。人说身体发肤受之父母，因此我要更珍惜我的生命。尤其是上了宋老师的“生命教育”课后，我意识到自己以后作息要更加规律，饮食要更加健康，我要多多运动，有更好的身体，花更多的时间陪伴家人。

我是香港回归那年出生的，除了多回家陪陪父母外，当然也要努力为祖国的发展做贡献了！

老师：伟青的名字不仅有父母的期望，还有时代性、地域性。

听伟青讲自己的名字，似乎在听一段既温情又美丽的故事。不忘自己名字的由来，不忘我们的初心，有家国情怀，我们要一生向阳，砥砺前行。

天上没有掉馅饼的事，好的人生不是好的名字决定的，而是我们勤奋努力加油干出来的。

我们要懂得坚持，珍惜生命，多为社会做贡献。

喜忧参半

每次讲起我的名字，我都会不好意思。大概是因为我叫朱馨，“馨”字乍看上去是一个很复杂的字，其实也就那么回事。真正让我困扰的是，当别人叫我名字的时候，他们总会不由自主地笑起来。为什么呢？因为朱馨就是“猪心”嘛。

有些人会笑着问我，为什么爸妈会给你起这个名字呢？我开始也迷惑，有时笑笑，无言以对。后来，我真的就去问了我妈妈。我和她说，我很难过我叫这个名字，大家还给我起了个外号叫“猪头心”，尤其是上小学时，我胖得不行，班上有人说我大老胖，还说我的这个名字真的和我本人很相衬。听到这，妈妈笑到不行，她说没事呀！胖胖的多可爱，还和我说取“馨”这个字，是因为二伯拿了一大堆字，让爸爸妈妈选，神奇的是，两个人都挑中了这个字，简直是缘分呀！二伯是我家比较有文化的人，现在还在我们那里的初中当语文老师，但是我却有点怕他，大概是因为他对他的女儿严格到不行吧！所以到小学毕业了，我还是对我的名字一无所知。我刚刚开始上小学的时候，每次要在新书上写名字都是一件很困难的事情，因为我的“馨”笔画多，又烦琐，我的字又写得不好看。为此，我每次都写得歪歪扭扭，感觉写名字真是件苦差事，直到现在我的“馨”还是写得不好看。

当然，与名字有关的开心的好事也是有的。第一次喜欢自己的“馨”字，是因为三四年级时，我们开始学比较复杂的词了，像温馨之类的词也频繁出现了。老师会问我们这个字怎么念，我会很高兴地念出来。我觉得自己的名字非常厉害，大家都不认识，就我认识，我开心极了。之后，就见怪不怪了。

初中时，已经要开始自我介绍了。我很胆小，觉得自己没什么优点，又没什么个人爱好，就是最普普通通的人，所以我十分害怕自我介绍。介绍自己的名字时，我都是照我妈妈教我的来说：“我叫朱馨，朱是朱元璋的朱，馨是温馨的馨。”不好说出口的反倒是朱字了，我个人是不怎么喜欢朱元璋的，大概是因为看到过一张朱元璋的人像图，感觉这人长得不好看。后来，说“朱”字，我都是直接说姓氏里最常见的那个朱。稍微接触了一点我的名的意思，是在初中的一篇课文里。那篇课文叫《陋室铭》，有一句“斯是陋室，惟吾德馨”。学到这里的时候，我隐约感觉爸妈好有文化啊！馨，是有文化、品德高尚的意思。我那时候很羞愧，觉得自己居然还怀疑爸爸妈妈的取名水平，感觉自己都配不上这个字。为此，我心里泛起一阵愧疚，暗暗告诫自己以后要好好努力，努力让自己配得上这个字。现在，我也只能说不辜负吧！

其实，从小学到高中，我的名字与别人的名字是有重音的。小学时有个人叫朱欣，是隔壁班的班长。后来初中了，她也和我同所学校，那时候我的成绩比她好，我心里感觉挺开心的，就好像战胜了什么一样。后来我又被告知别的班还有一个朱欣，我好奇打听，原来这个女孩子一直和我上同一所高中。她的成绩挺好，远远超过我，我顿时内心五味杂陈，心情很复杂，估计是有一些妒忌吧。尤其是有人会取笑我说同样的名字，为什么你和那个朱欣却差那么多呢？我哑口无言，心里很难受，也萌生一股想要追赶的念头。

现在想想，其实名字对我们来说也只是个代号，有的好听一点，有的很寻常。但是我觉得每一个名字，都是父母对自己子女的殷殷期望，或多或少都承载着一份父母情。有些父母绞尽脑汁，想出了一个在他人眼中最寻常的名字，却是藏着一份难以言表的深深情感。

老师：馨馨同学，有一个什么样的名字我们通常没办法选择，但对名字的解读，我们可以从积极的方面进行。名字是父母给予的，也是父母对我们发自心底的期望。要热爱自己的名字，认同和父母的血脉相连，感恩父母对自己的细心呵护。

我认为，每个人一定要找个机会问问父母给自己取名字时的心路历程，这样就会涌起浓浓的幸福。探寻名字的由来，重温生命的初心，践行我们的人生使命。

名副其实

本人女，名字是老爸给起的。我姓范，名斌妮。

我们一个村子里的人，都姓范。每个人的姓氏都是一代一代传下来的。范姓，部分出自祁姓，以邑为氏。据《古今姓氏书辨证》和《元和姓纂》所载，至商为豕韦氏。商末国于唐，为唐杜氏。周成王灭唐，迁之杜邑（今陕西西安东南），时称杜伯。周宣王杀杜伯，其子隰叔奔晋为士师，其玄孙士会担任晋国上军主将。公元前五九三年，士会因战功升为中军元帅，执掌朝政。士会先得到封邑随（今山西介休），后来又得到封邑范（今河南范县），所以又称随会、范会，死后追谥武子，所以也称范武子。子孙遂以封邑范为姓，称范氏。范姓尊范武子士会为范姓的得姓始祖。范姓位居大姓行列，居新百家姓第 51 位。中国范姓的一支迁居越南，现今范姓已是越南第四大姓。

名字的第一个字“斌”，本意为文质兼备，同文质彬彬，即文武兼备。长辈在为子女起名字的时候，总想要为子女起个好名字。斌字，有文武双全的意思。柳宗元《答问附歌》：“文墨之彬彬，足以舒吾愁兮。”我有个大我六岁的姐姐，我们名字的第一个字取得一样，这大概也是很多家庭的传统，兄弟姐妹之间总会选一样的字用在名字中。爸爸希望我们这一辈子能够有更多方面的发展，文气也不能少。

名字的第二个字“妮”，是形声字。从女，从尼，尼亦声。“尼”意为“亲近、亲和”。“女”和“尼”联合起来表示“爱缠绕大人的小女孩”。每一个父母都希望自己的孩子能跟自己亲近，孩子从出生起，就时刻牵动着父母的心。我爸妈比较宠女儿，因此取了“妮”字作为我名字的第二个字。人们总说，女儿是父母的小棉袄。从小到大，如果发现爸爸不开心，我总是会在旁边陪着，不停地跟他聊天，给他讲有趣的事。也许名字真的对一个人的个性有部分的影响，我从小就比姐姐更喜欢缠着父母。姐姐名字的第二个字是“玲”字，形容人灵活敏捷，也形容玉石撞击的声音。也有“玲珑”之意，原为娇小灵活之意，指物体精巧细致。还有“八面玲珑”的用法，原指窗户很多，四面八方通明透亮，现形容为人处世圆滑，待人接物各方面都能巧妙应对，面面俱到。姐姐总是比较安静，喜欢一个人独处，处理问题的时候总是能够想得比较周全，有点八面玲珑的感觉。

姓名对一个人的性格倾向有着引导作用，不同的姓名引导着不同特点的性格的养成。我很喜欢自己的名字，因此我很乐意跟别人介绍自己，感觉自己的性格也确实像爸爸当初给我取名时的期待一样。

“范斌妮”，这就是我的名字，我熟知它的含义，我的性格也如我的名字一般。无论何时我都不软弱，我很享受跟父母在一起的时光。

老师：名字是有含义的，是会对人的心理产生暗示作用的。斌妮的故事充满暖暖的父母之爱，小时候父母呵护你成长，希望你好好奋斗，你以后也要反哺父母的爱，多孝顺父母。

悦纳自己的名字，就等于喜欢自己，有自爱才会有自尊，这是人前进的动力。

做父母贴心的小棉袄吧，多孝敬父母，陪父母慢慢变老。

好 名 字

名字凝聚着长辈浓浓的期待，还有一些特殊的含义在其中。

名字承载着家族的文化传统。古人的名字很有讲究，每个人自幼得有个乳名，供亲师叫，以示喜爱；平辈中又以字相称，以示尊重；自称则用名，以示自谦；读书人再给自己取个号，以示志趣和性格，如“五柳先生”“青莲居士”“少陵野老”。

随着时代变迁，尤其是到了近代，在起名方面，人们开始注重的不再是组字的精巧，而是其内在的含义。到了当代，人们取名追求的是美的意境，女孩的名字有“竹秀”“云飘”“梦境”，而男孩的名字则富含哲思，一个个欲展宏图的样子，如“正非”“鹏程”“德福”“建国”等。

我叫陈伟豪。说实话，我并不知道为什么爸妈给我取了这么一个名字。可能是我们那里的方言念起来顺口，于是就取了这么个名字。我是家里唯一的孩子，所以爸妈给我取名的时候要避免和长辈的名字有冲突。

据说当时起了好几个名字都和长辈的名字有冲突，于是我妈随口说了一个“伟豪”，这就成了我的名字。当时也没有定下来用的字，也只是念起来顺口而已。具体为什么最后是这两个字，我爸妈也有点记不清了。起了这个名字之后，我的小名也就出来了，叫“伟伟”。

“伟豪”中的“伟”，本义是“高大”“壮美”“奇特”，引申为“伟大”“才识卓越”；“豪”字有“气魄大”“权势大”“直爽”的意思，是指具有杰出才能的人。我的爸妈也没有什么文化，这两个字可能也是随便选的。当然，这两个字也寄托了他们的希望，他们希望我成为一个伟大的、有杰出才能的人。

可能是因为这个名字，我长得又高又大。然而遗憾的是，我的学识现在还无法与这两个字匹配，我还需要更努力地学习，掌握更多的知识。

不管我爸妈给我取了什么名字，都是他们对我深深的期许和希望。

老师：伟豪的名字有气势，听名字就想得出，你一定是个直爽大气的男子汉。不管是何种机缘巧合，既然这个名字属于你，那就是父母对你做人的期许。大家叫你的时候，也会对你有期待。

名字里有个假想观众，他鞭策你直爽、做事大气、努力奋斗，做一个社会推崇的杰出之人。当然，名字再好，也需要自己努力去奋斗。

一字之差

在我还很小的时候，我一直叫温伟伟，单人旁的“伟”。

大概是在我身上寄托了无比殷切的期望吧，爷爷奶奶希望我伟大，成为一名伟人。不知道是不是这个略微男性化的名字带给我的影响，在被叫作“伟伟”的这段时期，我像个男孩一样，异常调皮。虽是小女孩，但我一点都不淑女，经常爬树，滚在沙堆里，凡是男孩喜欢玩耍的地方都会有我的身影。我经常是早上一件崭新的衣服穿出去，中午回家的时候，衣服上已经这里是洞那里是洞的，更别提浑身上下有多脏了，甚至一张脸都看不出原有的肤色了。

不知道从哪一天起，妈妈动起了给我改名字的念头。她在翻过《新华字典》后，考虑到大多数人叫我名字都已叫顺口了，就在原有名字读音的基础上做了一点小变动，把“伟”改成了“玮”。

王字旁的字大多是指代玉名，妈妈希望我能像玉石一样拥有光泽却不张扬，更希望我拥有“宁为玉碎，不为瓦全”的一身浩然正气。妈妈说，她还希望我像玉石一样，能带给身边的人温暖。

妈妈说，她的女儿不需要成为多么厉害多么伟大的角色，只要一生幸福安康就够了。很神奇的，换了名字之后，我一下子乖顺了不少。连邻居和亲戚见了我后，都开始夸妈妈福气好，生了一个乖巧懂事的好孩子。

我相信这是“玮”带给我的一个新的开始，我时刻谨记“玮”字里妈妈给我的寄语和期盼，努力做一个像玉石一样的人。

名字表音表意，它对人的行为会产生暗示的作用。

老师：玮玮，名字对我们有心理暗示作用，名字的意义引导了你对未来的期待，能激励你按照名字被赋予的意义发展。

家人给你改名字，不同的名字表达不同的期待，然而都代表了家人对你的关爱。

珍惜你的名字，活出最好的自己。

老师：同学们，我们在生命会客厅分享完了“取名”的话题。我现在做个总结和补充。

古今中外，人们珍惜自己的姓名，名字的分量可谓举足轻重，几乎构成一个人最重要的人生价值载体。“姓”字，为左右结构，左从“女”右为“生”，从“女”而生，“姓”是一个集合名词，是家族的标识，或表示与某个大家族的某一血缘关系更为亲近的部分。“名”是个人的符号，带有个人的烙印。在我国传统习俗中，“名”一般是在婴儿出生百日之后由父亲取定的，据《礼记·内则》记载，父亲将名取定以后，把孩子的名字通告亲戚，接着把这个消息告诉朋友，并立即报告地方长官，入籍登记。不过，现在比较重视让有文化的人，尤其是家族中德高望重的人给孩子取名。不管怎么说，给孩子取名的仪式是非常隆重的，它是孩子一生中的第一件大事，这种习俗现在虽然没有了，但给孩子过“百日”的风俗却依然长盛不衰。

同学们，好人生是撸起袖子加油干出来的，这里给大家介绍一些关于起名的礼俗小知识。

在我国古代，姓名并不是一开始就被使用的，而是先用姓与氏，后用名、字、别号，古人的一生有很多名字，各有不同的用途和意义。

名字寄托着父母对我们的美好祝愿和期待。有的期望孩子做有道德的人，就取名仁、容、德、贤、良、正、清、义、诚、直等；有的期望孩子学识渊博、博学多才，一般取名颖、灵、睿、哲、慧、学、思、文、书、勤等；有的期望孩子身体健康、姿容俊美，喜欢取名俊、健、帅、伟、雄、姿、媚、婉、丽、美等；有的期望孩子生活富足、事业有成，通常取名达、耀、兴、荣、华、旺、盈、丰、昌、盛等；有的期望孩子自立自强、功成名就，常常取名毅、刚、强、衡、韧、恒、坚、力、志、意等。

关于名字的学问很多，主要是取名时父母付出的心思和精力。这是一个小窗口，打开这扇窗，洞悉父母别样的爱，体验眷眷深情。不要忘了，每一个名字都是有故事的。

同学们，热爱你们的名字，积极诠释你们的名字，把名字当作你的观众，让它鞭策你不断进步，引领你美好的人生。

第三章　生命的伟大

生命是一场奇幻的旅行，讲述一段生命历程就是讲述一个神奇与伟大的故事。生命是父母爱的结晶，一旦来到这个美丽的世界，它就承载着家人的希望。我们从无到有、从小到大用脚踩出一个不平凡的故事。从咿呀学语到长大成人，这期间的点点滴滴，都是对生命的美丽体验。不是吗？

回首过往，我们每一个人对自己生命的诠释都是不一样的，因为我们有着不一样的家庭，不一样的生活环境，继而造就了每个生命的神圣与伟大。我们的生命是神秘的、独特的，也是无法预知的，但它具有无限的发展潜力。

生命的神奇

老师：同学们，欢迎大家来到生命会客厅，今天我们聚在一起，分享“生命的伟大”主题中关于“生命的神奇”的话题。

生命的孕育是一个神奇的过程，大到宇宙，小到母亲的十月怀胎，生命的孕育和诞生都充满着惊喜。当那一个个带着尾巴的小蝌蚪突破重重难关，终于到达卵子内时，就意味着一个新的生命即将诞生了。这个小生命的变化，充满了创造性和不可预知性，在个体生命的身心发展中，其变化不时会让人感到惊讶，真是处处彰显神奇。

欢迎同学们回归自我，分享我们身上发生的有关“生命的神奇”的故事。

黑 与 白

生命的孕育是一个神奇的过程，新生命的诞生是母亲十月怀胎的结果。

分享妈妈怀我时候的故事，是一种幸福且神奇的体验，它让我激动不已，从而让我更加敬畏生命。据说，我爸妈刚结婚的时候家里非常穷，所以我爸妈婚后不久就出门打拼。我妈说她怀我的时候，我爸经常让她多喝羊肉汤，说多喝羊肉汤，肚子里的孩子会变白。我妈说她不喜欢喝羊肉汤，但是她为了我耐着性子喝了很多。瞧瞧，母爱的力量真伟大，它能改变一个人多年养成的习惯。遗憾的是，我天生并不白，也不知道是不是羊肉汤没有用。我妈经常说可能我本来比现在更黑的，多亏她多喝了不少羊肉汤，这才让我变白了一点。对于这，虽然没什么科学依据，但我宁愿很幸福地相信她。我并不是早产儿，我是足月出生的。预产期到了，我妈却丝毫没有要生的迹象，后来去医院才生下的我。就在准备生我之前，我妈突然想吃橘子，想着生完我又不能吃橘子，怕奶水会让孩子上火，就赶紧跑出去买橘子吃了。后来听说怀孕不能吃橘子，说是孩子会变黑。为此，我妈常常后悔不已。她说，说不定就是因为那几个橘子，否则你应该是很白的。一听到这，我就笑，安慰妈妈道："我这不是越大越白了嘛。"其实，黑点又怎么样呢?

一个人最大的魅力来自人格，它能伴随人的一生。妈妈说我小时候不喜欢喝奶粉，喜欢喝母乳，所以家里的奶粉基本都扔了。妈妈说在怀孕的时候，即使是我踢她肚子的时候，她也感觉很幸福。妈妈在孕育我的时候虽然艰辛，但是也有许多趣事，这也是一个创造幸福的过程。当然，还有许多生活中的故事，我是不知道的。虽然我知道爸爸妈妈可能有争吵，但是我坚信，幸福的时刻肯定更多。

这是一个既艰辛又有爱的过程。在经过了激动、难忍、忐忑不安的十月怀胎之后，一个满载着期待的婴儿呱呱坠地。每个孩子都是妈妈十月怀胎孕育的结果，爸爸和妈妈都要付出许多的爱。毕竟，妈妈在孕育孩子的时候，也需要爸爸精心的照顾，有时爸爸甚至要付出更多的爱。

生命伟大，母爱更伟大。

大自然创造了千千万万种生物，生物的多样性体现了生命无处不在的神奇。生活中处处充满惊喜，也总是会发生令人感动的事。每个生命都有它的来源，现实中它不可能像《西游记》中的孙悟空一样从石头缝里蹦出来，所以我们应该珍视每一个生命，热爱每一个生命，就像诗中写的“天生我材必有用，千金散尽还复来”。每一个生命都来之不易，所以不能轻视自己的生命，也不能轻视别人的生命。

我觉得能诞生在这个世界很幸福，我们应该带父母多出去走走，一起去感受这个世界的美好。父母把我养大，我陪父母变老，生命就是这般神奇而伟大。

老师：生命的确神奇。想想你刚开始只是妈妈肚子里的胚胎，多少年后，你竟然能与妈妈交流，分享你出生的故事。你有思想，有情感，将来还能反哺父母，陪他们变老。

白不白是遗传决定的，与喝羊肉汤、吃橘子无关。我们应该相信科学，也应该感恩父母爱我们的心。每一个生命都来之不易，多珍惜生命，多陪父母，多感受这个世界的美好。希望你更好地认识自己，积极拓展自己生命的价值。

像爸又像妈

生命好神奇，植物是这样，人也是这样。

二十年前，我这一个像小鸡仔一样脆弱的小生命降生到这个世界；二十年后，我却长成了这么一个有思想、有创造力的成人，真的是好神奇。

二十年前的十月初七，大概早晨七点，我发出了第一声啼哭。当时我妈妈和伯母都在姑姑家玩，顺便也就住在乡下了。那天早上，妈妈突然肚子很痛，似乎马上就要生了，去医院也来不及了。刚好附近有会接生的老婆婆，妈妈就直接在那里生了我。别以为生我很顺利，用我妈的话来说，生小孩真是太痛了，痛到她当初生到一半都想不生了。可是，我毕竟是妈妈十月怀胎的骨肉呀，再痛也要忍，妈妈痛了好久好久。幸运的是，妈妈最终顺利生下了我。当时爷爷、奶奶、爸爸和伯伯他们接到电话后，立马就赶了过来。我一哭，接生的老婆婆就把我抱给外面的家人看。妈妈说，她听到接生婆很小声地说，是个女孩。大家都很高兴，对爸爸妈妈来说，生男生女都一样，我毕竟是他们亲爱的宝贝啊。爸爸抱着我坐在妈妈的床前，他们看着我温柔地笑。妈妈说，我刚开始一直哭得很大声，后来就很乖，不哭了。我就这么转着眼珠看来看去，应该是在好奇这个陌生的世界吧！

我刚生出来时很健康，六斤八两。眼睛很大，像爸爸，这点很好。但是妈妈又说，头发长出来也像爸爸，微黄的那种，这点就不好了。她很担心我长大以后头发就一直那样微黄，爸爸却开玩笑说："那以后我女儿就不用特意去染发了，又自然又省钱，多好。"说笑归说笑，妈妈还是希望女孩子有一头乌黑亮丽的头发。如妈妈所愿，后来，我长到三四岁，头发就慢慢变黑了，很黑的那种，看来长着长着还是妈妈的基因显现出来了。我是像爸又像妈，我很开心，因为我是他们的"结合体"，也是他们生命的延续。

听爸爸妈妈讲，我出生的时候名字是没有取好的。取名字这事太折磨人了，这个字也好那个字也好，太难选择了，爸爸妈妈就说先叫星星吧，他们觉得这个小名好。后来无意中发现"鑫"字挺好的，是财源滚滚的意思，不过，他们可不是希望我多么有钱，也不求我长大有怎样的成就，只希望我平平安安、健健康康，每天都开心地度过。毕竟活在这个世界上，每天开心地面对生活，这才是最重要的，也是很难的。他们把"鑫"字作为我的名字，寄托了他们对我浓浓的爱和祝福。还有一个原因，就是因为我姓雷，"雷鑫"读起来特别顺口，也比较轻快爽利。兴许，名字确实会对人的性格产生一些影响。很幸运，虽然我不是特别优秀，但我遇到的人都很好，我生活的环境也很好，所以我喜欢放大开心的事，缩小烦恼的事。正因为如此，我在生活中很开心，我很爱笑也很阳光。还有可能是因为我出生在早晨，是一缕缕阳光刚洒在这个世界的时候吧。

虽然这几天天气阴沉，下着雨，有些凉，但是讲完上面这些故事后，我感觉好温暖。

讲到这里，我好想爸爸妈妈。

过几天国庆假期就可以回家了，想想又能见到爸爸妈妈了，我好激动啊！

老师：生命好神奇，鑫鑫你像爸又像妈，因为你是他们爱的结晶。你的名字是父母对你的期望，也对你的性格产生了一定的影响。

珍惜与父母的相处，多享受与家人在一起的每一天，别忘了要承担家里的责任。

学习爸爸积极的人生态度，保持乐观的心态，把你保持快乐的方法告诉周围的人。

祝你平平安安，开心、健康地度过人生的每一天。

生命的神秘

正如罗曼·罗兰所说，“世界上只有一种英雄主义，那就是了解生命之后依然热爱生命”。也就是说，了解生命并且热爱生命的人才能成为英雄。想想，生命真神奇，它以其浩大和神秘让我们不断地探索，这也成就了我们各有特色的生命旅途。

生命是偶然的、独特的、有限的、无常的。

生命的偶然性用我的出生就可以证明，正是因为我的父亲和母亲的相亲，那偶然的碰面为我的出生奠定了基础。如果没有相亲，父亲和母亲根本不会相识，也不会相知、相惜，最后走进婚姻的殿堂。从生理上来讲，一个生命，是上亿个精子中的一个与一个卵子结合形成的受精卵，在母体内发育并娩出后诞生的。从这个意义上来说，生命的诞生就是一个很偶然的事件，是几亿甚至几十亿分之一的概率，所以啊，生命是神圣的，它不是必然的。

生命也是独特的。生命是不能复制的，每个个体都是特别的。世界上再也找不到一个这样的我，我是独一无二的。我读过的幼儿园、小学、初中、高中，我遇到过的朋友、看过的风景、体验过的惊喜与悲伤也都有其独特性。总之，我的成长是不同于他人的。众所周知，世界上没有两片相同的树叶，每一片树叶都有其独特的纹路。独特本身有其伟大之处，也有其价值所在。即便是双胞胎，有着相同的基因遗传，也会因为后天生活环境、所受教育和实践活动的不同而有不同的发展。

生命向来是有限的。书上说人生是一张单程车票，人们只能回味过去，却永远也不可能回到过去。人的生命过程只有一次，是没有重新开始的机会的。在我们漫长的人生路途中，有很多未知的因素。

生命也是无常的。虽然我们生活在医疗技术先进的当代社会，但仍面临着各种疾病的威胁，如白血病、艾滋病、心脏病等。生命中的一些苦难，尤其是某些天灾，我们根本是难以预见的，我们也无法控制生命的进程。可能正是因为死亡的存在，我们无法事事胜天，所以生命才更加可贵！

愿我们生如夏花之绚烂，牢牢把握住属于自己的一生！

老师：金珍说得好，生命是神秘的，它是偶然的、独特的、有限的，也是无法预知的。为此，我们要敬畏生命，珍惜它，爱护它，努力拓展自己生命的潜能，造福于社会。

我们的生命属于自己，但也不完全由自己决定。我们是父母的，也是社会的。也就是说，我们要活出自己的价值，但也不要忘记自己身上承担的社会责任。

险象环生

“哇……哇……”

随着一阵清脆的婴儿啼哭声，爸爸妈妈喜得千金。听到这里，你们一定会以为，那个女孩就是我了。可惜你们猜错了，那个婴儿，是我已过世的姐姐——陈蕴佳。因此，我出生的故事还得再往前 12 年说起。

自从姐姐降临到人世，爸爸妈妈非常疼爱她，奶奶更是视她为心肝宝贝。可是就在姐姐长到 8 个月的时候，被发现竟然得了遗传性肿瘤。这消息犹如晴天霹雳，顿时，我的家失去了往日的欢声和笑语。此后，肿瘤与癌的阴影，一直笼罩着我们家。就在那时，上天又悄悄地把我孕育在妈妈的肚子里。可是，妈妈发现后却找到医生，断然地要把我“拿掉”，因为她想更好地照顾病重的姐姐。当时，妈妈住进了医院准备手术，这时，我的“救星”来了。那位好心的医生，她对妈妈进行了细致的常规检查，然后耐心地跟妈妈说了好长时间的话，大致意思就是手术有风险，希望妈妈把我留下。随后，我平平安安地和爸爸妈妈回家了。

我在妈妈肚子里长到 8 个月的时候，病魔夺走了姐姐的生命。妈妈忍受不了失去孩子的打击，悲痛欲绝，痛苦了好长时间。在随后的两个月里，妈妈慢慢走出了阴影，她认为我是姐姐爱的延续，或者是上天的补偿吧！妈妈很疼我，一心扑在我身上。她为了弥补先前对我的照顾不周，就拼命地补充营养，希望给我一个健康的身体。最终，我没有辜负妈妈的期望，1996 年 6 月 4 日，爸爸妈妈终于又迎来了婴儿响亮的啼哭声。

躺在手术台上的妈妈，努力看向我，她脸上终于露出了久违的笑容，因为医生说我很健康。

爸爸妈妈给我取名“陈文武”，希望姐姐永远成为我们全家人美好的回忆。

听了我的故事，相信你为我捏了一把汗吧！是的，生命是脆弱的，生命也是神奇的，这就是一个不同寻常的，关于我的故事。

老师：生命很神奇，姐姐的生命是脆弱的，文武的生命又是强大的。妈妈认为你是姐姐爱的延续，为了抚慰妈妈的心，你既要为已故的姐姐多照顾一下妈妈，也要活出最好的自己。

不平凡的出生，赋予你独特的人生使命，抖擞精神，努力活出自己传奇的一生。

风雨交加

我总觉得生命是种神奇的体验，一个小小的胚胎，竟然能在母亲充满爱的子宫里慢慢成长，最后有了生命最初的模样。

胎儿的发育，也是让人惊讶不已的。每次做 B 超彩图，每次小宝贝的拳打脚踢，都会让母亲欣喜不已，并沉浸在与孩子之间千丝万缕的联系。母亲静静养育宝贝时，时常摸着肚子对未出生的宝贝诉说对他的期望和喜爱。不能忘却的是，到了分娩的那一刻，母亲是那么坚强，她强忍着痛苦，让宝贝顺利降落到这个世界。这是一道亮丽的新风景，处处充满惊喜，也是母亲对未来的寄托。我的母亲亦是如此。听她说，在怀孕时，不知多少遍隔着肚皮对我讲悄悄话，轻柔又慈爱。可是，我的出生并不是一帆风顺的。

那是一个风雨交加的夜晚，母亲在姨妈家，感觉自己要生了后，她只能加紧步伐赶到镇上的医院。然而，由于生产不顺利，直到凌晨，我才降临到这个世界。在亲人面前，我发出了第一声啼哭，这是我对世界的好奇，是我对周围的打探。然而，对于我的亲人来说，这是他们莫大的幸福。

听母亲说，按照我们那里的习俗，生了我之后，是要送红鸡蛋和面的。于是在满月酒那天，亲戚们送了很多红鸡蛋和面，以表示对我的祝福和欢迎。很快，就要给我取名字了。我的名字是妈妈一页一页翻字典找出来的。由于母亲是个比较有文化的人，所以她给我取名“婧梦”，寄予了她美好的期望。“婧”是女子有才能的意思，“梦”可以理解为梦想成真，所以，母亲是希望我能有才华。如今，我虽然说不上有才，但是我的性格还是不错的，比较温婉娴静。每次在父亲面前，母亲都会骄傲地说，我的好性格都是遗传自她。

说到取名，我倒想起了我们当地的一个习俗。在我们那边，小辈的名字不能跟长辈的名字有任何一个字相同，哪怕是读音相同，否则会被认为是犯了忌讳。这样的风俗使小辈的取名有较大的局限性。说到长辈，一定要提到我的爷爷奶奶、外公外婆。在他们眼中，我是无价之宝。他们用最朴实的方式来表达他们的爱。

他们可能不善言辞，但是那一双双亲手做的棉鞋，那一件件亲手缝的衣服，还有那些时时刻刻藏在身上的小零食，都体现了他们最热烈的爱。

我出生后，母亲身体比较虚，那时候还没有尿不湿，我的尿布都是外婆洗的。虽然外婆已经很老了，但是只要我的尿布一脏，外婆便立马帮我换了，然后去洗。可能外婆的爱，就体现在她洗尿布时的浸泡与揉搓里。与之不同的是，奶奶最爱带着我出去玩，我小小的，常被奶奶抱在怀里，若遇到熟人，他们便聊上几句，熟人都会一个劲地夸我长得水灵可爱。每次听到别人的夸奖，奶奶都会笑眯眯的。我想，可能奶奶的爱和幸福，都融合在她自豪的话语里。

一个人的出生就是这么神奇，承载着许多人的期望与喜悦。新生命的到来让一个家庭变得圆满，让家人变得充实、变得动力十足。

我出生时风雨交加，但我的成长却像雨后彩虹，真是太神奇了。

老师：生命很神奇。一个小小的胚胎，竟然能长成一个胎儿。一个那么大的胎儿，竟然能从妈妈的肚子里分娩到这个世界。一个人的出生，又能使一个家庭变得圆满，又动力十足！婧梦，敬畏生命，努力拓展自己的生命价值吧！

生命神奇，你也能撰写属于自己的神奇故事。加油！

神奇的名字

名字是伴随着人一生的符号，它一开始不是由本人决定的，但在十八周岁成年以后，它是可以由本人自行更换的。名字代表了一个人，却不一定能代表这个人的性格、长相等特质。名字可能蕴含着父母或者家族对个人的期望，或者只是一个顺口而优美的称呼，可以对人的心理产生一定的暗示作用。不管怎样，正式的名字中很少包含不美好的含义。通过“生命教育”课程的学习，我对自己的名字又有了新的认识。我要来讲讲我的名字和我的生命的故事，且听我细细道来。

有道是“书中自有颜如玉”。我的名字曾经被初中语文老师评价和我本人比较相符。其实她是一位上了年纪的语文教师,经常把学生的名字叫错。我叫“如意”而不叫“如玉”。但是,回想起这个短暂出现过的名字“颜如玉”,其中的“如玉”确实对那个时候的我、乃至于此后的我的个性塑造产生了影响。

我的学习成绩属于中游，还存在偏科的情况，整个人是比较平凡的状态。但是语文让我成了一个和别人比较不同的人。小学的时候我只擅长语文，虽然说语文成绩也没有到数一数二的水平。不知道是不是因为初中语文老师无意中为我设置的“书中自有颜如玉”的人设，我在语文成绩上不断超越过去，也在语文的世界中有了一次美好的旅行。

这位初中语文老师的教学能力十分出色，我的成绩后来慢慢从中游的水平成了比较拔尖的，我认为就是因为她给我贴上了这样的标签。我至今仍然对当时她提到我名字的情形记忆深刻——“暑假作业我要表扬一位同学，她的字是我们班同学当中最好的，看得出她的态度很认真！”我当时以为她夸的是另外一位同学，我知道那位同学练过很久的书法，字写得比我好看，而且她也是一副准备接受表扬的样子。“甘如玉，‘书中自有黄金屋，书中自有颜如玉’，真是人如其名，名字取得很好！”她突然说出了我的名字。当时，喜从天降，我不知道是应该高兴还是羞愧，我认为我的字写得并没有那么好，但是我做这个作业确实很认真。毕竟,看书、摘抄是我最喜欢的作业,我爱看各种类型的课外书。

从那以后，我发生了改变。平常，我感觉学习能勉强跟上语文老师的脚步了，虽然也并没有十分刻苦和努力，然而我却得到了明显的进步和显著的成效，有时会考到一个让我自己都感到十分吃惊的分数。不管如何，语文成绩总体是属于前列的，尤其是初中那段时间，我在语文学习上好像游刃有余，现在回想起来还是感到十分奇怪但快乐。

值得一提的是，幼儿园时，我在作业本上最先会写的名字也是“如玉”。因为“意”对于才上幼儿园的我来说太难写了，而“玉”的读音与其相似又很好听，也就暂时用这个字代替了。据我父母说,取“如意”一方面是因为我爸希望生女孩,结果就生了一个女孩,的确“如”他的“意”;另一方面,他们希望我能够心想事成。

我的户口本上还有另外一个名字“雷玉”，是因为登记户口的时候老家的人普通话不太标准，所以登记错了，直到高二时办身份证才将户口本上的名字改了过来。到了高中，很多同学又叫我苏菲，因为我给自己取的英文名字就是 Sophie。这个名字取自两个小说人物，一个来自讲哲学的《苏菲的世界》，我特别喜欢书中主人公苏菲机智的思考，另外一个是英国小说《哈尔的移动城堡》中的女主人公，宫崎骏曾把这部小说翻拍成动画电影，女主人公朴实、善良、勇敢，最终收获了爱情，我很喜欢小说的故事情节，也很喜欢这个女主人公。

在“生命教育”课上，宋老师分析我可能是一个很纠结的人，也确实如此。我也逐渐能体会到，我希望成为这些人物的融合体，这样是很难的，像是要成为一个多面人一样让人疲惫。宋老师给我的建议是要做自己，我认为对，但还没办法做到。生活应该越过越好才对，我应该将自己经营得越来越好。怎么才能解决纠结的困扰？我也会不断探索，希望能够找到真正的我。

以上就是关于我和我的神奇名字们的故事。

老师：如意，你讲自己的名字很有趣。一段关于名字由来的故事，你娓娓道来，我们听得兴趣盎然。很神奇，名字的含义竟然会对人的生活产生强烈的暗示作用。这启发我们取名字要谨慎，否则会给当事人的生活带来许多啼笑皆非的麻烦。

我们要积极、充满正能量地诠释自己的名字，然后从内心认同这种解释。为此，要让名字引领我们身心健康，构建我们幸福的人生。

心　病

我读高一的有段时间，因为室友比较吵，打扰我睡觉，闹得我每天晚上都睡得很迟，白天学习都没有精神。有一天清早起来刷牙时，我发现自己流鼻血了，也没太在意，继续刷牙，结果突然感觉眼前黑了一下，就倒在地上了。旁边的同学把我扶起来，待我醒过来，我才发现自己刚刚晕过去了。我心里有些害怕，担心会得了什么病，所以请了半天假，让我妈带我去医院做检查。结果医生说我鼻腔里有些发炎，晕过去应该是因为太累了，可能还有点晕血。虽然没什么大病，但是我心里仍然有些慌慌的。毕竟，在很多的电视剧里，主角如果流鼻血还晕倒，那基本上就是癌症了。

接下来的几天里，我的头偶尔隐隐作痛。

一个晚上，我突然又流鼻血了，看着那血，再加上一连串的胡思乱想，我竟然开始呼吸困难，头昏眼花，只得伏在桌子上大口大口地喘气，喘了半天才恢复过来。我更怀疑自己生病了。我拿出手机去查鼻咽癌的症状，“鼻塞，流鼻血，鼻梁痛，耳鸣，头痛……”我感觉自己和这些症状几乎都对上号了。不过，幸运的是，我当时没有耳鸣。然而，在我的极度担忧之下，几天后耳鸣也出现了。好了，这下什么症状都有了，我基本肯定我患癌症了。我顿时慌了阵脚，越想越害怕，我赶紧跑去医院，把症状跟医生讲了，医生仍然认为我只是鼻腔里有些发炎，仅此而已，但是我坚持要做个 CT。结果很快出来了，半点病变都没有，非常健康。我虽仍存疑虑，但也只得“作罢”。

然而，之后我的头痛似乎没有好转，我一天比一天难受，我渐渐地认为我估计是有“脑癌”了，没错，脑癌也会流鼻血和晕倒。于是我又去了医院，这次做了头部的 CT。结果仍然是什么病也没有，虽是一场虚惊，但是我的头很痛怎么办？医生安慰一番后，就给我开了一些活血的药。糟糕的是，我虽然吃了一个疗程，却几乎不见效。我渐渐地觉得，可能是 CT 拍的部位不准，或者是和别人的搞错了。我可能真的得癌症了，我年纪轻轻就这么死了多可惜啊！这些可怕的想法在那段时间一直盘踞在我的脑海里，闹得我根本没心思做其他事，我的课业自然而然落下了很多。

我吃不下睡不好，痛苦极了，之后我让妈妈陪我去了一次医院，此后自己又去了一趟。我妈当时对我已经有些不耐烦了，她坚定地认为我没病。来来回回去了几次医院，那个医生也认得我了，他一再地跟我说，我确实没病，他还说当医生当了这么多年，有病没病他绝对看得出来，像我这种就属于没病的。结果是什么药也没开，那医生最后还建议我去心理科看看。心理科的医生自然也说我是没病的。我也是无奈了，虽然头很痛，但是什么问题都检查不出来，可能我确实没病吧！

想想前段时间，我被这些事情搞得心力交瘁，我实在不想再这么下去了，我决定再也不管什么头痛了，让它痛去吧！这么想开之后，突然也不知道哪天开始头也不痛了，整个人都挺精神的，我感觉跟之前健康的状态没什么两样了。嗐，至于那段时间为什么头痛，我想应该是那次晕倒时后脑勺在地上磕了一下的缘故。

每次我回想起这段经历，就感觉特别尴尬，明明什么病没有却杞人忧天。事实上像我这种年轻人得那些绝症的几率微乎其微，没必要胡思乱想。有时候身体某些部位本没有病，但越是在意，病就越可能真的来了。

我简直无事生非，病是可以想出来的，但人是要有正事做的。人说积郁成疾，不良情绪可能会招致疾病。拥有良好的情绪，有事做，心情乐观就能医治许多身体疾病，这就是生命的伟大与神奇！

老师：时豪，你讲的很有教育意义！人的身心是一个整体，身心是互相影响的。你身体虚弱，若休息不好，偶有流鼻血、眩晕实属正常，但为此忧心忡忡，结果身体的状况会越来越糟。

心理学认为，不良情绪可能会招致真正的身体疾病。要保持良好的情绪，快乐生活。

第二节

生命的伟大

老师:同学们,欢迎来到生命会客厅。我们今天分享“生命的伟大”这个话题。

在经过激动、难耐、忐忑不安的十月怀胎之后，一个承载着期待的婴儿呱呱坠地。

生命是多么的伟大，多么的来之不易，从最初的精子和卵子的完美结合，到一个崭新生命的诞生，再到生长发育走向成熟，这一过程是经历了千千万万的艰难险阻的。随着个体的发展，他不仅有了名字，也开始了学习与创造。我们不得不感叹，生命本身就是大自然的一个奇迹，人有学习与发展的潜力，可以不断绽放生命的光华，造就一个最优秀的个体。

欢迎同学们讲述自己生命中的故事。

杀身成仁

昨天我观看了电影《长津湖》，看到了中国人民志愿军在朝鲜战场上英勇牺牲的画面，这让我伤心落泪、倍受感染。电影以令人目不暇接的战争戏，客观真实地再现了战争的残酷无情，生动地诠释了志愿军的血性胆魄和一往无前的战斗精神，这部电影让人热血沸腾、心潮澎湃。

电影里指导员看着自己女儿的照片说："这仗如果我们不打，就是我们的下一代要打，我们把该打的仗都打完了，我们的后代就不用打了。"无独有偶，我也看到知乎上有人这样评价那场战争：一代人吃完了五代人的苦，一代人做出了五代人的事，一代人打完了五代人的仗，一代人建立了五代人的功。

直到今天，我对指导员看女儿照片时的场景仍记忆犹新。我不禁感慨，今天的和平与安宁是中国人民志愿军不畏强敌、拼死较量换来的。诚然，每个人对家国情怀、大我小我的感受不尽相同，但有一点是共同的，那就是我们崇拜的英雄与伟人永远是舍生取义、大爱无边的。

对于那场战争或那些相似战争的参与者们来说，他们的生命是值得我们每个人尊敬的，因为"哪有什么岁月静好，只不过是有人在替你负重前行"罢了！

战争是残酷的，决定战争成败的因素是多方面的。人常说：得道多助，失道寡助。决定战争最终结局的，很大程度上是人至死不渝的精神与信仰。

诚然，由人组成的社会有很多复杂的存在，我们每个人若是多换个角度思考问题，如从一方换到对立的另一方，从规则的遵循者换到制定者，从此时此刻换到那时那刻，我们也就可能看到完全不一样的另一面或好几个方面。但是总有一些是肯定的，是纵观人类历史永恒不变的。哲学家萨特曾说过："世界上有两样东西是亘古不变的，一是高悬在我们头顶上的日月星辰，一是深藏在每个人心底的高贵信仰。"由此可知，信仰是我们不可或缺的精神支撑和力量源泉。一旦怀抱信仰，相信未来，人们就会无所畏惧，就能创造奇迹。因此，拥有坚定信仰和坚强意志的志愿军创造了在几乎没有补给与隐蔽伪装的情况下，顶着

落地生根，生命是顽强的。还有一种生命的意义，那就是舍身忘己，杀身成仁。这些都是生命的伟大，不忘我们的英雄，缅怀我们共和国逝去的功勋人物。

严酷的极寒天气，连续行军 10 天、平均日行军 30 千米的伟大奇迹！

每个人，都能根据自己设定的目标找到自己的人生使命。然而，在我看来，如果想要使自己的人生充满价值感，充满希望和新鲜感，进而达到生命意义的升华，最重要的一点，是成为一个对他人有益的人，甚至是大爱无边、杀身成仁的人。

生命的意义在于自我的修炼，应追求一种大爱的境界。当我们在每一日的生活中经历、感受和思索，最终我们会一步步走向生命终极价值的实现。这样一天天走过后，当千帆过尽，回头看时，我们的心灵会更加通透。淡泊以明志，宁静以致远。我们不仅要感恩所有的遇见，还要自如地爱自然、爱世界、爱想爱的人。

这是生命的平凡，也是生命因信仰而表现的伟大！

老师：瑞妮同学讲得很好！生命的伟大，在于信仰的力量。志愿军心里装着祖国和人民，保家卫国是他们心中至高无上的丰碑。他们用简陋的武器打败了强大的敌军，抒写了以弱胜强的神话。志愿军是最可爱的人，他们的精神可歌可泣。我们要不忘英雄，无论面临多么复杂的国际环境，我们都要不畏艰险，砥砺前行。

只要有杀身成仁的精神，我们就无往而不胜。

多彩的生命

一粒沙里见世界，一朵花里见生命。生命究竟是什么，人活着又是为了什么？

生命的终点是死亡，也就是说人一出生就开始往死亡奔跑，那活着的意义是什么？我认为生命是个过程，活着的意义就是体验生命的变化，无论是幸福还是苦难，都是生活不可或缺的一部分。生命是多彩的，生活的美也是多彩的。

生命的美很多，我想说的是出生、苦难与关爱。

新生儿降临的美，在于血脉的传承，在于亲情的延续。

我出生在“千禧年”，腊月初六，正是一年中的寒冬时节。在我之前，我的爸爸妈妈已经有了一个孩子，那便是我的姐姐。我的姐姐和我相差七岁。我名字的由来也很简单，没有太多文绉绉的渊源。名字的第一个字随我姐姐取“微”，第二个字取“颖”，大抵是希望我能成长为一个聪明伶俐、心思细腻的女孩儿。小时候，爸爸妈妈在城里打工，很辛苦，我几乎是由我的姐姐带大的。据我妈妈说，小时候我姐姐对我特别好，非常宠溺我这个小妹妹。等我稍大点，她常常将我架到她的脖子上“骑马”。若坚持不住了，便会嘴巴很甜地叫村里小卖部的阿姨帮忙把我放下来。我再长大些，我姐姐就带我去小溪里翻螃蟹，带我跳皮筋，带我去田间摘“阿公公”（覆盆子）。我的童年就是在姐姐的怀抱里度过的。

我的爸爸妈妈各自有一个庞大的家族，而我是家族里最小的那个孩子。记忆中，每次去外婆家，我都能有吃不完的零食和水果。七大姑八大姨见了我，也非常宠爱我，会摸摸我的脑袋，问我最近有没有长高长肉。

生命的美，源于来之不易，我们在苦难中磨砺自我，在苦难中成长。

当我还处于义务教育阶段时，我的成绩是非常不错的，也考到了本市数一数二的高中。但是，当我步入高中以后，面对各种各样来自各个城镇的同学时，我迟疑了，我感到了焦虑。我不再是以前上初中时，老师们手心里的宠儿了。大家旗鼓相当，成绩都很好。尤其是第一次月考，我的排名一落千丈，从入校时的全校 28 名掉到了全校两三百名。我严重偏科，从小我就文科强理科弱。一到高中，“科学”这门课程一分为四：物理、化学、地理、生物。这让原本理科就很糟糕的我苦不堪言，我常陷入深深的自我怀疑中，也陷入了越考越差、越差越没信心的恶性循环中。

到了高三，我遇到了一位良师，她是班级里新来的教生物的老师。我很喜欢听她讲课，她说话很温柔。大概是每节课我求知若渴的目光和积极的回应，让这位女老师注意到了我。渐渐地，她了解到我理科成绩很差。她经常会与我进行谈心，甚至叫我去她的办公室，为我答疑解惑，也经常鼓励我。她告诉我考上一个好大学的重要性，告诉我与身边人相处的重要性，以及营造积极的生活氛围的重要性。她还时常鞭策我，这极大地增强了我的信心。

生命的美，在于亲情，在于关爱。

我有一个比我大七岁的姐姐，她早已结婚，并生有两个孩子。在读高二的时候，我已“升级”为小姨。我的两个外甥很可爱，也很温暖。

留给我印象最深刻的事情，是有一年寒假，因为一些矛盾，我和爸爸在家里大吵了一架。我独自一人在房间里哭泣，觉得很难堪，也非常委屈。当时，我特别想一个人静静，我紧闭着房门，害怕爸爸突然闯入继续和我争吵。在我封闭自我的时候，突然房门被打开了。我猛地抬头，被吓了一跳。原来是我的大外甥，他轻轻地叫了声小姨，什么也没多说，只是走过来，张开双臂，示意我抱他起来。然后，他用稚嫩的小手，擦拭我脸颊上的泪水，最后把头靠在了我的肩膀上，轻轻地拍着我。那一刻，我真的有被温暖到！一瞬间，所有的委屈和难过都烟消云散了。有时候，亲情就是这么复杂而又奇妙的东西。我们常说小孩子什么也不懂，其实他们什么都懂，只是大人不知道而已。

生命是宝贵的，生命是神奇的，生命也是美好的，它赐给我们活的价值。生命是一幅美丽的风景画，生命是一条妙趣横生的风景线，生命是一首悦耳动听的交响曲。生命的光芒，是五彩缤纷、闪亮夺目的，生命是多彩的！让我们珍惜生命的每一分每一秒，用真心记录这人世间最美好的篇章！

伟大的生命，生命的伟大！

老师：微颖说得真好！生命的美是多彩的，生命的伟大在于发现美。无论遭遇什么，都是生命的一种颜色。我们要接纳一切，善于化腐朽为神奇，助力自我的成长。

有时，亲情与时间能化解我们的痛苦，这就是生命的伟大。

我们只有热爱生命，热爱生活，才能不断成长。

自 画 像

“章岚”，这个伴随我 20 年的名字，是爸爸一拍脑袋决定的，但不能感谢我的爸爸，而是应该感谢纪晓岚。试问天底下有几个爸爸会因为喜欢电视剧里的主角，竟给女儿取了一个和主角一样的名字？这个看似随意的名字，却暗藏玄机。因为谐音似蟑螂，小学时我就拥有了好多响亮的外号，等到初高中时，我就不等别人给我取外号，主动出击让大家叫我螂姐。再说“岚”字，拆分成“山风”，联系我的姓，于是章三疯（张三丰）横空出世。这个简单又魔性的外号，给了童年的我做个女汉子的底气。因为这个名字，我喜欢自嘲、自黑，不注重细枝末节。也许，由于这个名字，我能够偶尔马虎，自洽地度过我快乐的童年。

我一直觉得，我和爸爸简直是从一个模子里刻出来的，一个不懂得用言语表达爱的父亲和一个讨厌肉麻的女儿，我们之间的交流甚少。自大二开学以后，我和爸爸的微信聊天次数屈指可数。我们没有打过一次电话，难得的讲话，还是通过妈妈的电话完成的。我主动联系爸妈的情形，就是让他们给家里的猫拍一段视频发给我。因为不喜欢表达情感，母亲节和妈妈说一声“母亲节快乐”，已经是我的极限了。和最好的朋友相处，我也总是损人不留情。我很享受这样的相处，因为我能清楚地感受到打打闹闹下的亲昵。我和爸爸一起出过一次车祸，当时我坐在副驾驶位，车子偏离了路线猛地冲向河里。在车子坠落的一瞬间，爸爸一把将我从副驾驶位捞起来，等于从死亡边缘把我拉了回来。有这样的独特经历，就算不聊天、不打电话又如何？明白自己是被爱着，足矣！我认为，爱着身边的人，不用言语，即使相隔千里，我们也连在一起，心系彼此。

爸爸重感情，却很少表达自己的感情，我也是这样。读初一那年，奶奶去世，我陪着奶奶度过了最后的时光。那天早晨得知奶奶在床上安然去世，听到大伯母号啕大哭，我却没有掉下几滴眼泪。那一刻，我是清醒的，也很厌恶自己，为什么陪伴自己长大的奶奶去世了，自己却没有一点伤感，只觉得生老病死是人之常情。那几天，我紧盯着操持丧事的爸爸。爸爸是奶奶最小的孩子，爸爸成家以后，奶奶就一直跟着我们生活。奶奶去世，爸爸应该很难过吧？可是，我却没看出爸爸伤心，也没见到他流泪，直到奶奶被送去火葬场的那天。奶奶的子孙众多，我和妈妈在一起，只能站在门口目送奶奶离开。爸爸站得比我们靠前面一些，我还是从后面紧盯着爸爸。突然间，我看见一滴眼泪从他的眼角滑下。这是我第一次看见爸爸哭，没有哭声，只是静默地流泪，混在无数人的悲号里。看着坚毅的爸爸，我突然发现他这般憔悴，貌似“无情”的爸爸竟也有弱点，一瞬间，我的悲伤从心底轰然炸开。爸爸没了他自己的妈妈，庇护他前半生的人不一会儿就变成了一盒骨灰。失去奶奶和心疼爸爸的情绪，像是打开了我泪腺的开关，我无法控制地哭泣，这就是我和奶奶最后的告别了。

我是个多面的人，家人只知道我是个内向的女孩子，甚至我的五伯母私下和我妈妈说，担心我性格内向会在大学里面吃亏。其实我讨厌被亲戚长辈说成内向，觉得他们这是不认同我。因为他们不知道，从大学还没开学就在大学的班级群里嗨聊，到真正大一开学，我能在40多人面前上台演讲竞选班委，再到如今当上部门部长，我可以说混得如鱼得水。我觉得，在陌生人面前“放肆”的我，才是真正的我。但后来，我也慢慢接受了在家人面前内向的自己，也接受自己的不同面。我明白，只有接受自己的所有，我才会更好地成长。

这是我第一次回溯自我,也是敞开心扉谈谈自己。我很感谢“生命教育”课，它让我了解我是一个什么样的人，我是从哪里来的。回顾自己的成长，是一次心灵的洗礼，也是对自我的一次画像。生命的伟大就是能反思自我、认识自我，以及超越自我与完善自我。

自我画像是一种自我认识，它是生命意识的高级形式，当明白了自己从哪里来，我会更加珍惜自己的生命，努力去思索一下自己未来的人生目标。

老师：章岚，这个自画像画得既生动又深刻！自画像也是认识自己的一种方式，生命的伟大也就在于能认识自己。认识自己，是为了完善与超越自己，这是我们获得成长的先决条件。

人只有明白了从哪里来，才能知道到哪里去！要多反思自己，认识自己，才会走向成熟。

爷爷的癌症

每个人的一生都会经历许许多多的事，有些事也许会让你一蹶不振，也有些事可能会让你越挫越勇。有位哲人说得好，“既然现实无法改变，那么只有改变自己”。改变自己就是调整好自己的心态，这是乐观向上、心胸豁达的体现。乐观者面对忧患时都能看到一线闪光的希望，而悲观者在每一个机会中都能看到可怕的忧患。

有一个年轻的画家，他身无分文，却走进一家豪华高档的餐厅，他点了好几打的生蚝吃，希望能在蚝壳中发现一粒珍珠来付账。

或许，你会觉得好笑，但是我们也不得不承认，能有此等襟怀洒脱过日子的人，其生活必定充满快乐，因为这种人不知道什么叫“忧愁”！

我的爷爷就是最好的例子。他八十多岁时得了肺癌。也许，在外人看来这不是什么特别的事。毕竟，八十多岁已经是高寿了。然而，就是这样一个事，让我真真切切地明白了乐观的重要性。在查出癌症的初期，全家人决定瞒着爷爷，不是说狠心不治疗，而是因为这个年龄治疗也不现实。我们跟爷爷说他有点虚弱，需要用中药调理。爷爷也相信，一直和往常一样地生活，没有担忧也没有恐惧。然而，意外总是会有的，当他无意间从电视里知道了“肺癌”这个病后，竟发现自己有许多相符的症状。他开始变得很颓废，没过多久，他整个人也就垮了下来。

不可否认，每个人都有怕死之心。无论平时多么活泼开朗，当面临死亡时，人们更多的是恐惧。面对死亡，我们做不到临危不惧，但至少可以调整自己的心态。

有一位智者说过：“生性乐观的人，懂得在逆境中找到光明；生性悲观的人，却常因愚蠢的叹气，而把光明给吹熄了。当你懂得生活的乐趣，就能享受生命带来的喜悦。”他还告诉我们：“烦恼重的人，芝麻小事都会困住他；想解脱的人，天大的事情都束缚不了他。”

人的乐观和悲观，其实主要还是看自己的心态。就好像两种性格的人一起走进一片森林，悲观的人可能会说这里蚊子太多，乱哄哄的，搅扰了他欣赏花草的雅兴；而乐观的人可能会说这里除了美丽的花草，还有蚊子在唱歌，真是太美妙了。如果两个人再走出这片森林，悲观的人可能又会说无聊、郁闷和压抑之类的话了；而乐观的人就会觉得四周一片明亮，自己的内心世界是豁然开朗的。

乐观的人生态度是幸福的支柱，而幸福又是乐观要抵达的目的地。要想使自己幸福，首先就要具备乐观的精神。

生活是多姿多彩的，关键是你从什么样的视角来看待它。若找到一个正确的视角，你会发现生活原来如此美好，这就是生命的伟大之处。

乐观能使生命出现奇迹，悲观能瓦解个体生命的活力。

老师：丹丹说得好！人的精神力量是巨大的。你若戴着乐观的眼镜，你就会发现世界是美好与快乐的，否则你看到的将是一片混乱与黑暗。

乐观地对待一切，无论遇到多大困难，都要相信方法总比问题多，从而无所畏惧，想方设法去化解与处理困难。

生命的伟大在于精神，精神决定人的期待和奋斗的方向。积极乐观能使生命出现奇迹，让人在绝境中发现转机。

父 爱

小时候，邻居们都对我很好，其中有一个人让我至今刻骨铭心。

那时，家乡的街道还不甚宽敞，弯弯曲曲的小巷浸满了暖金色的夕阳的余晖，将放学的我的身影拉得老长老长。我总是调皮地一步步踩着影子向前追，欢快的笑声在巷子里回荡。巷子不长，但到处飘荡着炊烟，满满的，都是幸福的味道。

然而，在巷子的一角，有这样一间房子：稀稀拉拉长满野草的破墙下，架着一个用破布、茅草和垃圾铺顶的棚子。一个邋遢的人经常出入此处，这便是他的家。他的头发如鸡窝般又脏又乱，黑乎乎的脸上如杂草般的胡子在深陷的皱纹中滋长。他经常冲着小孩子傻乐，一笑便会露出他那黄黄的大门牙，嘴角则控制不住地流着口水。不到五十岁的他，看起来竟像古稀之年。

不错，他就是让我刻骨铭心的人。你们可能猜出来了，他的确患有精神疾病。他会冷不丁从你的身后冒出，用那双掏过垃圾的脏手，拍拍你的肩膀，或者摸摸你的头，然后朝你嘿嘿地傻笑，我们这些小孩子都怕他。

孩子是好动的，也是最调皮的，我们几个调皮的孩子隔三岔五便会找他“报仇”。我们一伙人经常捉弄他，比如拆了他的“屋顶”，甚至用小石子砸他。然后看他躲着叫着如追逭的老鼠，我们玩得不亦乐乎。尽管如此，他却一点都不记仇，事后又继续冲我们笑得春光灿烂。为此，我们没少挨家长的骂，对他也是恨得咬牙切齿，更是乐此不疲地捉弄他。

然而，他的一个动作却让我感动不已，难以忘怀。故事发生在一个雨天，泥巴路被雨一浇就散了形，昔日那些喜欢在路边闲聊的人也早早撤了椅子回屋里歇息了。我斜斜歪歪地撑着伞，深一脚浅一脚地往家走。不知怎的，我一个趔趄就栽进了泥坑里。我被书包压得死死的，竟一时疼得爬不起来。不管我哭得再响，也唤不到哪个街坊邻居出来帮我。正当我趴在冰凉的泥水中哭得上气不接下气时，突然一双有力的大手将我从地上一下子搀起来，抱到屋檐下。我定睛一看，原来是他。顿时，我惊得本能地将他一把推开，挣脱着下到地上，警惕而恐惧地打量着他。只见他一脸茫然无措，转而眼睛一亮，他若有所思地伸手，在他那破烂的口袋中使劲掏着什么。我一下紧张到了极点，他想干什么？掏刀吗？还是……

在我即将大声呼救的时候，他将手拿出来，伸向我，只见他张开又黑又大的手，一颗红色的糖果赫然放于掌心。我长吁了一口气，抬眼迟疑地看着他。只见他满脸堆满了笑，像是讨好，但又不全是。他干裂发灰的嘴唇咧了咧，含糊不清地说道："囡囡，吃糖。"

我呆呆地站着，竟一时说不出话来，只觉一股暖流瞬间涌遍我的全身。

长大后，我渐渐懂事，也听说了他的一些故事，才读懂了他的眼神。他早年丧妻，一个人含辛茹苦将女儿抚养大，不想女儿成家后，却出了意外，留他一个人在这条巷中。他虽然精神失常了，但对孩子的爱没变。无论是女儿的离世，还是我们的恶意捉弄，都不能磨灭他秉持着的最本真的人性——伟大的父爱！

每每回想此事，我总在猜测，在万家灯火的长夜，他一个人蜷缩在寒冷的窝棚内，是怎样回忆与女儿一起生活的美好时光呢？年复一年、日复一日，长夜漫漫，他又是怎么静静等待生命之烛在孤寂中慢慢熄灭的呢？我也总在猜测，他的女儿在生命的最后时刻，有没有想起年迈的父亲呢？同样，我也总在猜测，在他生命的最后时光里，会不会因为一个被他深深感动而接受那颗变质糖果的小女孩，而增添一抹明亮的色彩？

父爱让他活了下来，美好的回忆是他生命的牵挂。人的精神有这般强大的力量，虽然他很丑，但他却有一颗美丽的心灵。

老师：春雷讲的故事打动了我，也打动了我们大家！这个故事描绘了一位朴实父亲的形象。这就是生命的神奇！爱是生命中最伟大的力量，父爱如山。

父母抚养我们长大，从不会计较得失，也不会抱怨我们曾经的叛逆。孩子是父母的寄托，为了让孩子健康地生活，父母可以倾其所有。细节和语言能打动我们，难忘的事会留在心底，这就是生命的神奇与伟大。

素不相识

在生活中，我们会遇到许多素不相识的人，在相遇之后发生的一些小事，会温暖我们的心。其中有一个人让我记忆犹新，因为他正好出现在我迷茫的时候。

故事发生在 2013 年的夏天，我跟着我妈去云南旅行。因为是和妈妈单位里的同事一起去的，人比较多，所以旅行团在云南当地也找了一位导游，他就是本次事件的主人公。当时我小学毕业，被当地一所优秀的中学录取了，但是我的好朋友却阴差阳错地被刷了。当时大家都是十岁出头的小孩子，我很明显感觉到，我们之间很快有了隔阂。小学毕业没多久，他就搬家了。我曾在社交媒体上找过他，但没有得到回复。光阴荏苒，这件事后来不了了之，但少年的情谊却一直悬在我心里。

跟母亲去了云南后，我见到了那个导游，只见他穿一身醒目的、明黄色的冲锋衣，年轻又有几分帅气。因为我当时还是个小男孩，有母亲带着，所以也没跟导游交流过。当时去了玉龙雪山，下山的时候因为排队等的时间太长了，我有点生气，最后甚至有点缺氧了。用我母亲的话来说，就是脸色煞白，嘴唇也失去了血色。下了雪山，已是晚上，我们去当地的藏民家做客，主要目的是品尝当地的特色美食。令我意外的是，七八点钟时，我们看完藏族姑娘的表演之后，导游拿出了一个生日蛋糕。那天是我的生日！就这样，在当地三四个旅游团的注视下，他们为我过了一个生日！我只能说惊喜来得太突然，所以根本没有反应过来。我在脑子乱乱的情况下许了愿，吃了蛋糕。当时我还比较羞涩，也不知道导游是怎么知道我的生日的。我心里嘀咕，难道他们是在身份证上看到的吗？

一个素不相识的男人，却给了我一个至今难忘的惊喜。

这件事后，我突然意识到人要到外面走走，人的一生不能就局限在一处。生命很神奇，有时候多去了解，多去注意细节，可能就会有奇遇；也有可能一个不经意间的举动能给其他人带去很大的惊喜，会给我们的人生带来许多快乐。现在想想，我们去探究、认识、了解一个人并不难，难的是你想不想，以及有没有做。就像那个导游一样，他给我的这个简单的生日蛋糕，在一个腼腆的小男孩心中留下了难以磨灭的印象。

我小学的好朋友离开了我，我有些失落，然而旅途又让我认识了一个新朋友，人生就是这样神奇与伟大，你需要的总会与你不期而遇。

生命精彩的本质就是它的不确定性，就是它处处能遇到惊喜，时时能得到反馈。一个陌生人亦能教我许多，从素不相识的人身上我们也能有所收获。

这件事让我深深意识到生命的神奇与伟大，它让我感受到人生的美好。

老师：森森，生命精彩的本质就是它的不确定性，就是它能处处遇到惊喜。有心栽花花不开，无心插柳柳成荫，这就是生命的神奇与伟大之处。

失去无缘的朋友，你也会邂逅有趣的新朋友。生命是蓬勃的，生命的一切都在流转中，我们需要的是乐观地看待生命，热爱生活，一生向阳。

自　我

我认为好好活着，活出自己，履行好自己的职责，让家庭幸福安逸，这些只是最基本的。只有做到了这些，你才可以更好地向社会奉献自己，就像马斯洛需求层次理论所说的，只有满足了低层次的需要，你才会去追求更高层次的需要，如自我实现的需要。

我和家人说我要考研，他们的意见是等你考上读完都几岁了，还要不要结婚了！其实很多人的态度都是这样的，他们认为“老师这个职业多好，以后找一个老师、医生当丈夫，生活多安逸”。我很难理解一个女人到了一定的年龄就嫁人、生子、抚养孩子，直到死亡的固定人生。难道读那么多书就只是为了有个好工作，嫁个好一点的男人吗？

我之前非常“胆小”，对死亡充满了恐惧，所以在选择专业的时候，我本想放弃“有机化学”这个专业，就是因为网上有人说这个专业将来要去工厂里工作，很危险，我还听说了几个事故案例。纠结了好久之后，我才决定下来：如果这一生不能干自己喜欢的事，人生还有什么意义呢？

我认为实现生命的价值就是要追求自己的梦想。就算你的梦想很遥远，你始终在追梦的路上，这也是快乐的。在我没有确定要不要继续我的追梦之旅之前，我不知道我在干什么，我一直跟着学校的脚步走。没事的时候，我就看看电视剧，看看小说，玩玩游戏。不知不觉间，我浪费了两年宝贵的时间。而现在，虽然有很多事情要做，每天也很疲惫，但是我每天都很快乐，当然我也会看看电视剧、小说什么的，主要是用来奖励自己的。

现在，身边的个别同学，他们只想毕业后考个教师资格证，然后去工作。我认为这是空虚的，我不是说不考研就是空虚，浪费时间，我是说人要有梦想，没有梦想、没有目标的人生是空虚的人生。当然每个人的目标是不一样的，毕竟每个人的价值观都不相同。但是你如果没有自己的目标，在大学里有课上课，没课就玩，工作的时候，若有事就做事，没事就玩耍，这样过一生的话，当你走到人生的尽头时，还有什么可以追忆的？终其一生只是把自己养活了而已。

人虽死，精神犹存。我特别崇拜一种人，他们有大爱之心，把自己的人生目标定位于奉献社会。他们舍生取义，万古流芳。我们的许多英雄隐姓埋名，虽然他们的人生只有短短几十年，但是他们所做的事情是为民族、为国家的，所以他们得到了人们永远的怀念和尊崇。

目标和梦想太重要了，它们是一个人前进的动力。

没有目标、没有梦想、得过且过的人是多么悲哀。就算你忙一天下来，你也不是充实的，只是累，你只是在帮人追梦罢了！

老师：雪红同学，你讲的话题值得我们深思！生命的伟大在于人能自我反思，不仅要能自我认识，还要能自我教育，以及最终获得自我实现。也就是说，人要有梦想，要有自己的人生目标！

生命的伟大，还在于有大爱之心。生命重要，但是有些人却把国家和民族的发展看得比自己的生命还重要。

有目标和梦想，有社会责任感，有大爱之心，我们每天的生活才会有激情，未来的人生也才会有意义。作为大学生，我们要有信仰和追求。

老师：同学们，欢迎大家来到生命会客厅，我现在总结一下“生命的伟大”这个话题。

生命的孕育是一个神奇的过程，地球生命的诞生，离不开宇宙孕育生命的环境。地球上的生命现象可能是宇宙无数生命现象之一，个体生命的诞生，复演了地球上生命的诞生。新生命的诞生是母亲十月怀胎的结果。

生活中处处充满惊喜，也总是会发生令人感动的事。一位救子心切的母亲，可以在孩子坠楼的瞬间奔跑出超越极限的速度；一名因地震而被困于地下的男子，可以忍受长达 13 天无水、无食、无光的日子，存活下来，最终获救；一位妻子因为深爱着她的丈夫，在丈夫变成植物人后的 25 年里，仍每天坚持和丈夫说话，她声声情真意切的呼唤硬是让丈夫苏醒。

这些都是生命的神奇与伟大，我们要珍惜自己的生命，努力学习本领，将来投身到祖国的伟大建设中去。

第四章　我需要爱

爱，是个神圣的字眼，生活中不能没有爱，我们在大灾大难面前总是祈祷让世界充满爱。从小到大，我们都渴望被浓浓的爱包围，这是人生最幸福、最美好的模样。在爱的环境中长大的孩子可以化解一生遭遇的苦难。如果没有爱，生命将无法生存，人类社会将充满杀戮和战争，人类不可能繁衍与创造，终将走向灭亡。

人类的历史就是一部关于爱的变化史，任何一种人类文化都闪耀着爱的光华，爱是人类永恒的话题。

第一节

父母之爱

老师：同学们，欢迎来到生命会客厅，我们今天分享“我需要爱”主题中关于“父母之爱”的话题。

我们是父母爱的结晶，我们的出生乃至茁壮成长都离不开父母的关爱。人说母爱是伟大的，从十月怀胎到一朝分娩，母亲身体和精神上的付出都是巨大的。小时候我们依赖母亲的哺育，需要父母扶着我们学走路。当我们走向学校时，父母教我们做人做事，让我们懂得了真善美。无论是求学还是创业，我们遇到困难了都可以从父母那里获得帮助和鼓励。我们回忆童年，就是重温父母的爱和其他亲人的关心，我们要努力学习，反哺父母和其他亲人。

欢迎同学们讲出自己那些关于“爱”的故事。

味　道

一个细小的动作，一抹会心的微笑，一句理解的话语，一顿亲手做的午餐……生活中点点滴滴的小事，都会让你感动。在我的身边就发生过一件让我感动的事，至今我都难以忘怀。

那是刚上大学的时候，学校的学习生活很紧张，我每天除了学习学科知识，还要照顾自己的衣食住行。即使有了多余的时间，我也要尽量去参加各种活动来锻炼自己。我不再是一心只扑在学习上的高中生。一忙起来，我经常就是三五天顾不得想家，可能隔了好久，才想起来给妈妈打个电话，报个平安。即便如此，我也总是三言两语，问两句家常就急忙挂了。

一天晚上，我吃了室友从家里带来的饭菜，不知怎的眼泪就落了下来。我突然想家了，就赶紧给妈妈打了电话。听到妈妈的声音，我突然不知道要说什么了，只有眼泪不住地往下掉。妈妈见我不说话，就不断地询问我怎么了？她还不停地叮嘱我要照顾好自己，天气凉了要盖好被子，要记得穿厚衣服。她还说，在外面不要怕花钱，不要想着省钱，一定要多吃点好吃的……

父母给了我们生命，又呵护我们长大。可怜天下父母心，父母倾其所有，给了我们他们力所能及的最好的一切。

为了不让妈妈担心，我赶快收拾好心情，随口说了句，只是想吃她做的糖醋排骨了，便草草地结束了通话。

第二天是周六，我难得偷懒睡到了中午。我刚拆开一个面包准备应付一下午饭，却接到了妈妈的电话："喂，女儿，快点出来一下，我在你们学校门口啦！"我的大脑嗡嗡直响，我呆呆地站在寝室里，既震惊又欣喜。电话里妈妈的声音再次响起，我一下子回过了神，一路小跑奔向校门口，边哭边加快了脚步。

我在校门口看到了焦急的妈妈，她提着一个很大的行李箱，手上拿着一个三四层的饭盒。饭盒外面还用厚厚的泡沫塑料包裹着，泡沫塑料外是两三层紧紧绑住的塑料袋。那一瞬间，我泪如雨下。原来就因为我昨晚那通有点不对劲的电话，那句"想吃你做的糖醋排骨了"，妈妈便起了个大早，坐了最早的一班车来看我。要知道，我们家到学校要坐整整三小时的车，妈妈还要准备这么多东西，不知道她凌晨几点就起床了。我问她为什么不早点告诉我，她却只是笑了笑，说怕打扰我睡觉。她还很温和地说，行李箱里是一些家乡的特色小零食，还用厚厚的衣服小心包裹着，妈妈怕压碎了我就不想吃了。听到这话，我心里酸酸的。

我还发现，饭盒里都是我喜欢吃的菜，虽然饭盒本来就有保温和密封的功能，但妈妈还是怕路上太久凉了或者洒了，所以包裹得严严实实的。我止不住地哭，妈妈搂着我的肩膀，她的眼睛也红红的。

有人说，我们感到被爱的瞬间，便是最感动的时刻。感动的力量是巨大的，即使一瞬间的感动也足以让人铭记。在那一天的那一刻，我心里有一种说不出的滋味，一股暖流涌上心头，心里满是感动和内疚。

告别家乡的那一刻，人们总想把家乡的一山一水、一草一木、一花一石都印在心头。告别家乡的那一刻，我们的人生就贴上了"游子"这个让人落泪的标签。为了心中的那个梦想，虽有满腔的离愁别绪，我们也只能与家乡挥手告别。在生命的旅途中，不是每片秋叶都随风飘落，也不是每次付出都有所收获。于是我便无数次地告诉自己，未来的路还很漫长，将来要走的路还可能很坎坷。

我们似乎总是会忘了过去，一直向前，把留恋往日当作懦弱的表现。我也不知道从哪一天起，总会把那深深的思念和烦恼写在纸上，折成纸飞机掷出窗外，让那忧愁随风飘远。这就是乡愁，它不会被遗忘，它一直藏在心底，用爱与时间发酵。亲人是我们内心最柔软的地方，这就是为什么一个人、一餐饭、一句话，就能击溃我们高高建起的心理防线。

感动，真是一个感情丰富的词语，爱是内心最不能触碰的，而乡愁写满爱的传说。这个“味道”的故事，就是我内心对感动的诠释。每每想起，它都使我热泪盈眶。

“爱”是天底下最神圣的字眼。家乡是我们游子浓浓的乡愁，妈妈的味道是记忆深处的根，它会开花，香飘万里。

老师：炫炫，爱是妈妈的味道，爱是乡愁！你的一句想家，一句想吃家里的饭，成了搅动家里的天大的事，让妈妈进行了一次送餐旅行。

妈妈的味道是记忆深处的根，不管我们走到哪里，都不会忘记父母的爱。

爱是不能用金钱来衡量的，贴心与陪伴是爱的表现。重温与父母生活的日子，我们要留下爱的体悟，及时记下感动。

无论我们离家有多远，无论我们身份有何变化，我们都不要忘记父母，也不要遗失乡愁。

实 心 球

每个人都会面临两场至关重要的升学考试：中考和高考。

我初三的时候，曾为中考体育项目焦头烂额，因为我是一个运动能力比较弱的学生。为这场体育考试焦虑的还有我的父亲，在确定体育选考项目那一周里，父亲总是频繁地出现在学校。刚开始的时候，我还不清楚他在学校里忙些什么。也有些想不通，他的这些行为对于我的选考又有什么帮助呢？

直到有一天午休，父亲神采飞扬地跑到教室，让我去操场一趟。我晃悠悠到了操场，只见他指着地上的一颗实心球，眉飞色舞地告诉我：“我向很多人打听了，他们都说这个项目是最容易出成绩的，你想不想试一下啊？”那时候，我有很强烈的“淑女意识”，总觉得投实心球是一件非常“男人”的事情，所以我对父亲大中午把我喊出教室，只为了让我尝试一下投掷实心球的行为非常排斥。于是，我就带着“投不远就可以让老爸放弃”这个念头，随便从地上拿起球，轻轻往前一扔。不用说，结果只有2分的水平。我有些窃喜，本以为等我捡球回来父亲就该结束这个“执着的想法”了。可是我错了，父亲的眼里充满着光亮，他接过我的球，一脸温和，开心道：“你只是方法用错了，我教你。”于是，父亲拿起实心球，上半身向后仰，双腿颤抖地保持着这个姿势，让我仔细观察。

后来我才知道，父亲在这些天里一直厚着脸皮，去向学校的体育老师以及经历过中考的孩子请教和学习。父亲不厌其烦地给我展示投球的正确姿势，每一次他的手、脚都颤抖得很厉害。每一次我捡球回来，我都会看到父亲扶着后腰，却笑容满面地告诉我：“其实是很简单的，我们练练是一定可以的！”那一刻我真的大受触动，萌生一种感恩之情。我忽然觉得父亲的形象高大了起来，也非常地可敬可爱。虽然之后曾多次与父亲发生冲突，但是，当我想要和父亲生气的时候，我都会想起这件事，瞬间就没有了脾气。看着父亲苍老的面颊，望着父亲微驼的后背，我总会情不自禁地流出热泪，毕竟是父亲默默为我撑起了整个“世界”，我也总会不由自主冒出害怕父亲老去的想法。

我想，生命的美好不仅在于创造，还在于繁衍所带来的生命之缘，这种缘分更体现出生命独特的意义：无私奉献，付出爱。孩子在不停地长大，父母在不断地变老，时间的力量是永远都无法抗拒的。孩子只能看着父母一天天老去，最终被死亡带走，留自己一个人在这个世上，走完自己的一生。

父母因为生命和我们紧密相连，他们会把他们认为生命里最好的一切都给我们，盼着我们快快成长；他们总是走在我们的前面帮我们引路，教我们成长；他们是我们一路上的鼓掌者，一次次耐心地指导并鼓励着我们。我们的一点点成长在他们眼里都是巨大的成就，但我们却追不上父母老去的速度。当我们开始意识到“爱”的时候，父母却早已在前面走了很远很远，我们只能望着他们微驼的背影努力追赶。

每次想到这些我都会难过于命运的“残忍”，为什么不能一开始就让我明白许多道理，以减少给父母带去的伤害呢？可细想又觉着：也许这就是生命独特的意义吧！因为爱、奉献和成长，所以生命才会生生不息、延续美好啊！

老师：雪绮讲得好！父母的爱是无限的，他们给了我们他们的所有。遗憾的是，我们总认为得到的一切都是应当的。人说养儿方知父母恩，我们做了父母，才会理解父母的心，也会化解和父母的冲突，与父母宽容彼此的不完美。然而，父母却一天天衰老，我们无力阻止。

岁月无情，尽孝要及时、尽孝不能等，尽孝的方式多种多样。

好好活在当下，多关心父母，少一些人生遗憾。

独　立

我对自己的名字一直都不是很满意，因为它太大众化了，有时候一所学校里就有好几十个“嘉慧”。

有一次，我在一家公司实习，有一位同事和我同名同姓。令我哭笑不得的是，领导要求“钟嘉慧”出外干活。我当时并不了解情况，一听到钟嘉慧这名字，我就傻傻地跟出去了。结果还被领导狠批了一顿，竟说我想旷工。唉！好冤枉，回想起来我还是五味杂陈、哭笑不得。

中学时，同学们都喜欢在网上搜索名字，查看一些有趣的事情。那时候，班上的同学都喜欢捉弄我，搜了我的名字，结果发现有一个“钟嘉慧”向别人告白的帖子。爱玩的他们都喜欢瞎编乱造，这个告白帖就这么一传十、十传百，竟然在学校闹得沸沸扬扬，我也就这样无端端地“火”了起来，成了学校的“风云人物”。现在想起来，我有这么多朋友还真要谢谢那个发帖子的人了。

虽然我不是很喜欢这个名字，但妈妈说这是她很用心起的。她说“嘉”是美好的意思，“慧”是有智慧、聪明的意思。父母为我取名叫嘉慧，是希望我聪明伶俐，有美好的前途。尤其是妈妈一看见呱呱坠地的我是一个女孩时，她就觉得这个名字十分适合我。

自我懂事以后，我就发现这个名字对我的影响是十分深远的。高考是人生当中十分重要的转折点，那时的我每天都埋头苦读，生怕落下重要的知识点。我多么希望自己能博闻强识、聪明一些，为此还有点埋怨妈妈，当初取名叫嘉慧，但为何长大了我并不是那么聪明呢？人和名字太不相配了。每次模拟考试的排名出来时，我内心都会对这个名字越发排斥，总觉得自己越来越笨，怎么考都考不好。

每天晚上，我都会躲在房间偷偷地哭。每次都哭得很伤心，眼泪不仅打湿了我的作业本，也浸润了我的名字。有一次哭完后，我突然想起妈妈以前安慰我的话，妈妈说：“不要以为名字就能让你变聪明，要想成功，还是需要靠自己。妈妈希望你拥有美好的未来。”这句话一遍又一遍地浮现在我的脑海里，总让我瞬间充满力量。我不能辜负妈妈对我的期望，想到此，我立刻擦干了眼泪，又进入学习的状态。不可否认，这种无所畏惧的心态也是名字赐予我的力量呀！

大学时期，独自一人出外读书，这对我来说是一次新的尝试与挑战，毕竟在家里有父母的照顾，到了大学就只能靠自己了。一开始，我是十分不适应的，常常想家，每次和父母打电话时都忍不住掉下眼泪。其实我也感受到父母在电话的那头强忍着泪水，但这对我是一个很好的锻炼机会。妈妈一直把我往外推，就是希望我能独立。每当我静下心来回想名字的由来时，我就能感受到母亲对我的爱和期望，我都会对自己说不要放弃，只要努力拼搏，四年过后总能闯出属于自己的一片天地，我总会拥有美好的前途。

妈妈取的名字成了我大学时期最大的动力来源，它推动着我不断前进。

我觉得不管名字简单还是复杂，你喜欢还是不喜欢，这都是亲人为我们取的。名字蕴含着他们对我们的爱与期望，我们应该以此为目标，坚持不懈，努力实现人生的价值。

当然，随着我长大，父母对我的期望也内化为我对自己的期望了。名字有父母的期待，也是父母对我们的爱。这是一盏照亮通往美好生活之路的灯。它召唤我昂起头，扛起独立的大旗，砥砺前行。

老师：嘉慧讲得好！名字寓意再好，也要靠自己的努力才能成功，这就需要动机、态度、信念、意志力等。

你的名字丰富了你的人生，也促进了你的成长。从哭笑不得到坦然接纳，这表明你强大了。

嘉慧，热爱你的名字，不忘名字的由来，它浸润着父母对你浓浓的爱，还赋予你对人生的期待，它是你勇往直前、争取成功的强大动力。

格外小心

每个人的一生不论平凡或是与众不同，在他出生以后都有其存在的价值，如同世间万物一般，阳光会普照大地、雨水能滋润万物、森林能产生清新的空气，每一样事物的存在，都有它独特的价值。

蓦然回首，时光如流水般匆匆而过，不知不觉我已走过二十一个春夏秋冬。我的出生可以说是十分平凡的，如同大多数人一样，我在适当的时候出现在了我妈妈的肚子里。然后，妈妈怀胎十月，我又在家人的期待中出生了。

如果非要说点不同，那么，我的出生也可以说并不是那么的平凡。妈妈在怀我之前也怀孕过两次，但是都不小心流产了，所以在怀我的时候她格外小心。若不是妈妈如此谨慎，或许就没有现在的我了。

以前，老人们总会说顺产对小孩好，所以妈妈也选择了顺产。听爸爸说，妈妈生我的时候用了很长的时间。就是因为我的头太大了，生我时妈妈吃了不少的苦头。每每想到这里我都会心疼妈妈，告诫自己一定要对妈妈好，不能再让妈妈受苦了。外婆每次讲到刚出生时候的我，都会说我那时眼睛就大大的，一看就知道长大了会是个美人儿。但是我每次看到刚出生的小孩，都看不出他们是否好看，真不知道外婆是怎么看出来的。我现在认为，与其说外婆会看，还不如说外婆对我疼爱有加。爸爸妈妈给我取名为丹艳，就是希望我能像牡丹一般艳丽。在他们看来，女孩子都希望自己能漂漂亮亮的。爸爸妈妈只希望我一生平平安安，不需要我成为什么特别了不起的人物，也不需要我赚很多的钱。他们不会对我寄予很高的希望，只要我平平淡淡地长大，以后能有自己安稳的生活就好。他们并不会很严格地要求我该干什么或不该干什么，也不会要求我学习成绩保持在班级前几名。他们只要我开心，所以很多事情都要靠我自觉。如果我不想做什么事了，就可以选择放弃并去做自己喜欢的事情，父母并不会要求我一定听从他们的安排。就像我现在选择的这个大学的这个专业，这是我自己想要学的，也得到了父母百分之百的认可。在他们眼里，我只要能有一份安定的工作，以后能有一个安稳的家，便是我最大的幸福，也是他们最大的幸福。

我现在回顾小时候的自己，可以说是无忧无虑，生活中的点点滴滴都是美好的回忆。我家四周有大片大片的田野，清晨起床时，必能闻到清新又充满泥土芬芳的空气，还能听见鸟儿清脆的叫声。大自然的一切都是美好的，也是很欢快的。小时候，我最喜欢的就是跟着奶奶到处跑。她去田里干农活的时候，我便会在旁边的小水沟里捉鱼。记得有一次，我捉到了好多小鱼，很想把它们带回家，可是没有找到一个可以装鱼的容器。我急中生智，把鱼塞进了泥巴团里，带它们回家。我想着一回到家就马上去找一个小水缸，然后把这些小鱼养到里面。可是，当我打开泥巴团一看，这些鱼都不动了，那时的我还难过了好一会儿呢。现在想起来，真是要笑话那时的自己了。

我的出生带给这个家庭的是欢笑与期望，这个家庭带给我的是无穷无尽的爱，是我用我这一生都无法还清的爱。小时候的经历就像一块甜甜的奶糖，令我回味无穷。

回想我的成长，虽然平淡，但享受的爱却是特别的，生活也是多姿多彩的。若没有母亲格外小心、谨慎，若没有父母亲人无微不至的呵护，我是很难好好长大的。

老师：丹艳讲的故事是较常见的故事，但父母付出的爱却又是不平凡的，童年的生活也是多姿多彩的。长辈们对孩子没有过高的期望，只希望孩子按自己的意愿生活，只要开心快乐、平安健康就行。

丹艳，你从小生活得自由自在，能在大自然中尽情释放自己的天性，让人羡慕。

我认为，你的父母对你采取尊重与民主的教养方式是对的，爱孩子，就给孩子自由，让孩子学会自己承担责任。

娇　气

说到我的出生，我首先想到的是20世纪90年代爸爸和妈妈结婚的故事。那个时候，自由恋爱还不盛行，婚姻大事都是通过相亲解决的，我爸妈也不例外。不过比较特别的是，我妈妈年轻时是“村里一枝花”，美中不足的是个子比较矮。她拒绝了很多人，这样一来二去就拖到了25岁。这个时候，我姥姥姥爷都很着急了。我爸爸是附近村子里的，比我妈妈要小两岁，家里很贫穷，但是个子很高，也算是仪表堂堂了。我爸妈就是在这种情况下通过相亲认识的。从认识到结婚，只用了27天，连一个月都不到，这可谓真正意义上的闪婚了！

婚后半年，伴随着我妈妈的一声干呕，我已经在她温暖的身体里了。我是我家的第一个孩子，让爸妈第一次体会到了为人父母的感觉。我在妈妈肚子里的时候没少折腾她。刚开始的时候，妈妈妊娠反应特别大，吃什么吐什么，无论怎样换着花样做的吃的，她最后都要吐个一干二净。然而，我处在生长发育中，需要从妈妈身上获取营养，所以妈妈还是强忍着不适吃东西。妈妈的孕吐整整持续了三个月才慢慢缓解。听妈妈说，刚怀我的时候她还有一百斤左右，可到孕吐结束的时候，妈妈整个人瘦了十斤。妈妈临盆的时候是八月份，这是一年中最热的时候。那时候的妈妈肚子上像是扣了一个大西瓜，从小腿到脚背都是水肿的，行动十分不便。那时候家里条件还不是很好，降温只能靠人力扇风，加上孕妇又很容易热、出汗，真不知道妈妈是怎样熬过那段时光的，想想都觉得很辛苦。

“怀胎十月，一朝分娩”，1996 年 8 月 21 日傍晚时分，妈妈肚子开始痛，随后就是漫长的阵痛与等待，在晚上 9：45 的时候，我终于出生了。同时到来的还有我嘹亮的啼哭声。

我刚出生的时候，只有 5 斤多，瘦瘦弱弱的，但是一点也不乖巧，又很娇气。那时候家里很穷，没有什么好东西给妈妈补充营养，这导致妈妈奶水不足，为此我常常吃不饱。当时，妈妈去找了些牛奶给我喝，但是不管怎样哄我，我都一口不喝。即使她变着法子让我喝进去，我也会吐出来。这可愁坏了爸爸妈妈,他们甚至买了很贵的奶粉来喂我。然而,这些都被我“毫不留情”地拒绝了。由于吃不好，我免疫力不足，经常生病，感冒发烧都快成家常便饭了。每次爸爸妈妈给我喂药，他们都感觉像“打仗”一样。不仅如此，我还很喜欢窝在妈妈的怀里睡觉，妈妈一把我放到床上，我就开始哭，一点也不安生，所以妈妈常常一坐就坐一晚上。唉，虽然我在她怀里睡得安稳，但妈妈却很累。

爸爸妈妈学历并不是很高，但是给我取名字的时候，他们却丝毫也不含糊，妈妈给我取了一个寓意着日出的“晓”字，又加了一个寓意着聪明伶俐的“慧”字。虽然后来出了一些意外，让我的这个名字只用到初中毕业，但爸爸妈妈对我的爱却会一直延续下去。

我的出生经历很平凡，但它却一点儿也不平庸，因为那是我自己独有的，不可能被别人复制的，其中包含的是爸妈对我沉甸甸又无私的爱。

时光飞逝，当年娇气的婴儿已经长大成人，这多年的养育之恩，是我讲不完的故事。我身为他们的女儿，更要努力地孝敬父母，他们给予的是我穷尽一生也无以回报的爱。

老师：晓慧的故事非常动人！妈妈怀你艰难，生你养你不易。你这一路走来，人生的每一步也都体现着父母无尽的爱。如果没有他们无私的爱，你就不可能健康活到今天。不忘父母的爱，这是你要用一生去回报的爱！

晓慧你是独特的，希望你在民族复兴的征程中，做出自己独有的贡献。

加油！

有喜感的人

从小到大，我曾无数次地想知道关于我出生的故事。看过的影视剧里，有过太多这样的场景，孕妇在产房里撕心裂肺地呼喊着，一群医务人员围着孕妇，各种手术工具齐上阵。伴着孕妇的叫声，当婴孩的啼哭声响起，新生命便诞生了。

因为不管是哪种场景下的娩出，都伴随着母亲的巨大痛苦，所以我很少向母亲询问她生我的过程。

在我上初一的时候，我姑姑的孩子，也就是我的小妹妹出生了。由于正值暑假，我目睹了姑姑难产的过程，我的心里很难受。第二天，我就攥着妈妈的手，面带犹豫地问她我出生的情况。

“妈，你那时生我的时候……很痛吧？”

妈妈颇为高贵冷艳地扫了我一眼：“没有啊！”

这随意的语气，尤其是还嘴角一抽，让我十分不甘心，于是我又接着问：“难道你没有剖宫产什么的吗？”

“你怎么会想这些问题？”她语气略带惊讶，“生你的时候很顺利啊，就那么一下就出来了啊！”

我听到这个回答是有些失落的，可能是不想扰乱妈妈的心情吧，这段饱含着对生命的探索的对话就这么结束了。当初我还为此不忿了很久，我就纳闷，即使是顺产，也有阵痛之苦吧，又岂是一句轻描淡写的“没有”呢？或许妈妈想做的，是让我对于我的出生只留下美好的印象罢了。只可惜，当时的我未能明白她的一片苦心。

大了，我听奶奶说，妈妈生我时用了很长的时间，她坚持要顺产。我能想象妈妈应该痛了好久。我始终没向妈妈求证，只是把这件事敬畏地藏在了心底。

依稀记得小学的时候，老师总是会问我们名字的来由。我不知道别人是什么情况，反正我那时是不知道我为什么叫罗梦琴的，只能睁着眼睛瞎说。

“我爸爸姓罗，所以我姓罗，我妈妈在生我的时候梦见有人弹琴，所以我就叫罗梦琴。”

现在想想真是好笑，因为当时班里面十个人中有七个人都说自己的名字是和妈妈的梦有关的。至于是不是怀孕的时候妈妈们特别容易做梦，那我就不得而知了。

其实我名字的由来很简单，我有一对双胞胎表姐，一个叫梦迪，一个叫梦雅，我妈希望我将来是一个文静的亭亭少女，所以就给我取名罗梦婷。说来真惭愧，我实在辜负了她的期望，我小时候几乎每天都会和男生打架。也许，我妈也觉得给我配这个名字实在是有违和感。她痛定思痛，沉思良久，觉得即使我不可能是个文静的淑女，也要做个文化人，懂点琴棋书画什么的，所以她就把我的名字改成罗梦琴了。

我出生的第二天，爷爷奶奶、外公外婆都送来了贺礼，有项圈、手镯，还有一把长命锁。爸爸则赴亲友家报喜，还收到了亲友的红鸡蛋。当然，这些都是我听妈妈说的。遗憾的是，那把寄寓着祝福的长命锁我再也找不到了。据妈妈说，那是我某天出门玩耍时，不慎丢在外面了。

妈妈总说我是一个特别有喜感的人，喜欢笑，走在路上不管认不认识别人都甜甜地和人问好。小时候，一家子人常常被我逗得捧腹大笑。我想，也许并非我讲的话有多么好笑，而是家人都很爱我，因此我的一切在他们看来都是那么可爱可乐。我也很喜欢听妈妈说我小时候的事，因为只要我留心，就能发现那交织在笑与泪之间的浓浓爱意。

这就是关于我出生的故事了，或者，我更愿意称其为关于爱的故事。

老师：梦琴，你说得好！你的故事是一个家人爱你的故事。父母给你生命，妈妈哺育你成长，爷爷奶奶、外公外婆也送给你祈求健康的饰品。

知道为什么你特别有喜感吗？因为你生活在有爱的大家庭。

期望你的喜感能传递给更多的人，给他们带去生活的快乐，也带去一种爱的气氛。

学会表达爱

老师：同学们，欢迎来到生命会客厅。我们今天分享“我需要爱”主题中关于“学会表达爱”的话题。

每个人都是独特的，认识有多深，爱就会有多深，世界上没有无缘无故的爱，也没有无缘无故的恨。人心不同，各如其面，表达爱要采用不同的方法。因为你面对的是有生命、有感受力的人，你表达爱的言行要使他能“懂”和“心动”，最好能产生心灵的共鸣。明白了这些关于爱的道理，我们就能对别人有正确的期待，以免让别人或自己受到伤害。溺爱会害人，缺爱会伤人，不会表达爱会造成误解，也会伤人。学会表达爱吧，它是一门艺术。

欢迎同学们分享自己的故事。

入　赘

每个人都有属于自己的名字，每个名字都是家族血脉的传承，名字中也都包含着父母对孩子的殷切希望。中国人取名都是十分讲究的，名字在我们一生中具有重要的意义。

中国比较重视家族的繁衍，其中名字就是家族姓的传承。在中国家庭中，大部分孩子都是跟随爸爸姓的。然而，我们家则比较特殊，我爸爸姓王，我却是跟我妈妈姓张的，这是我们家独特的家庭情况导致的。我妈妈在家排行第二，上面有个哥哥，下面有个妹妹。照理说，我妈妈应该和她妹妹一样嫁出去，但是我舅舅比较不顾家，按我外公的话来讲他以前就是个小混混，终日游手好闲。我妈妈当时担心我外公外婆老年后无人照顾，便自愿担起家中的担子，主动照顾老人。说来也巧，我爸爸还有个哥哥，我爸爸也不介意这种情况，于是他便入赘过来了，这就是为什么我继承了妈妈的“张”姓。

我名叫梦雪，两个字都是在名字中很常用的、很普通的。很多人认为，我妈妈生我时梦到了雪，其实不是。名字中有个“雪”字是因为我出生在二月，生我的那个冬日我们这里下了小雪。我爸妈认为雪洁白无瑕，像洁白的云朵一样轻盈美丽。“雪”来自那令人向往的神秘天空，它千姿百态，美妙至极，又极适合女孩子，所以在我的名字中用了它。至于中间的梦字，我爸爸只是觉得这样叫比较好听，很有女孩子的感觉，它实际上是没有什么特别的含义的。我的姓虽然随了妈妈，但名字中有爸爸取的“梦”字。我是父母爱的结晶，虽然爸爸是入赘的，但我父母的感情很好。

不过你们即使不认识我这个人，也应该听过这个名字。有一段时间的新闻中，一直出现我的名字。“中国队首金！张梦雪 10 米气手枪夺冠”，类似这样的标题你应该见到过很多次吧。没有错，我与在 10 米气手枪中为中国夺得首枚金牌的奥运冠军同名。当时看到她与我同名，我便在她进入决赛时一直关注她。可以说，我几乎看了她决赛的全过程。自始至终，我和她一起为比赛成绩而紧张与揪心。当她最后夺冠时，我也特别激动，感觉好荣幸和她同名。特别有意思的事是，当她夺取首金的消息被大范围报道的时候，我的很多同学和朋友也看到了这个消息，他们纷纷向我报喜。她夺冠前一天刚好是我们高中班级聚餐，我当时有事情没有参加。后来，我的语文老师给我发了一段很可爱的话："热烈祝贺张梦雪里约热内卢获金牌！同学聚会没有来，原来是有比赛啊！"

想想，和一个很让人尊敬的人，尤其是充满社会正能量的人同名，这是一个很奇妙、很另类的体验，好像我是她的一部分，特别有趣味，这真是很有意思。

我的这个名字普通却也不普通，我用了这个名字二十年了，我对这个名字的依恋感特别强。我喜欢我的名字，这里面有我父母的爱，有我过去生活的点滴。因为这个名字，也发生过很有意思的事，每次重温名字的由来，我都会体验到暖暖的爱。

我的名字，它已是我生命的一部分，我想这个名字应该是会伴我终生的。

老师：梦雪的名字充满了曝光度！你虽不是名人，但你认同与你同名的奥运冠军，她会激励你不畏艰难努力奋斗，若有可能，你也会为国家争光的。你的名字包含着父母对你深沉的爱。你的父亲自信、朴实，努力做事，你的母亲有担当、孝敬老人，这些都是值得你学习的。

我国倡导男女平等，婚姻自由。婚姻是建立在爱情的基础上的，无论男到女家还是女到男家，都是可取的。记住，婚姻是爱情的归宿，更是一份责任。

那一只手

生命是美好的，也是五彩缤纷的，它是由各种情感交织形成的。人生总有某些瞬间，令我们感动，令我们温暖，更让我们怀念。童年是生命中最温暖的人生阶段，它承载着我们一生中最纯真、最美好的时光。我的童年，总有一个身影呵护着我，她陪我玩耍，教我学习，伴我成长。她时而严厉，时而和蔼，这个人就是我的外婆。

随着我不断长大，逐渐融入了校园生活，我与外婆相处的时间越来越少，仿佛我和她的联系也逐渐在变少，但是她的身影却一直住在我的心里，时刻陪伴着我。还记得小时候，我很爱玩轮滑，每天晚上都会去几条街外的步行街滑上两个多小时，陪伴着我的就是我的外婆。

让我印象最深刻的是有一次，白天外婆在家干了很多家务，很累，但她依旧像往常一样陪同我去玩轮滑。换上轮滑鞋后，我就像脱缰的野马一般，外婆根本没法赶上我，她只能扯着嗓门大喊："慢点滑，注意安全！"当我到了步行街开始滑的时候，她就在附近默默地坐着，看着我到处滑。时间过得好快，就这样过去了一个多小时，我们准备回去了。由于脱鞋比较麻烦，我就选择穿着轮滑鞋回家。我仿佛有用不完的体力，沿途一直快速滑行，外婆为了跟上我的步子，只能一路小跑，而我依旧只顾着自己。快到家时，回头一看，外婆早已满头大汗了。穿着轮滑鞋上楼梯是最难的了，这成了我这个轮滑初学者的一大难题。我慢慢地尝试着，弓着背，一步一步小心翼翼地往上走。外婆强打精神提醒着我，要我慢慢来。在楼道灯光的照射下，我和外婆的身影印在了墙上：在我的身后，一个躬着背的身影，抬着一只手，那只手始终在离我背部不远的地方。这个画面让我至今印象深刻。就这样，我们一步一个脚印，终于回到了家中。

直到现在，那个身影，那一只在我身后的手，还经常浮现在我的脑海中，令我动容。外婆时刻在身后保护着我、支撑着我。不管她自己有多累，她总是首先考虑到我，这只手正是她方方面面的呵护的缩影。在生活中，她不断保护着我，时刻支持着我，鼓舞着我不断往前探索。不论前方有什么困难与险阻，她始终在身后支持着我，有了外婆这只手，我便有了足够的勇气和信心去面对未知的一切，坚定地迈出自己的步伐，努力去踏平未知的困难与磨难。外婆啊，您的手给我力量，让我不畏艰难，迎着明天的太阳，去经历，去成长。

感谢外婆为我所做的一切，感谢外婆对我的爱与支持。外婆那只手会一直在我的身后，鼓励我勇敢地探索未来。我也希望时光倒流，换我来将一只手放在外婆的身后，保护着外婆。

生命中总有一些人、一些事，让你为之感动，因为那些人、那些事总是充满着爱，它们让你感到温暖，让你更具力量。我们应该学会感恩，用一颗满怀爱意的心去对待身边每一个人，让这份爱不断地传递下去，也让这份感动，在你我之间永存！

老师：俊巍讲得好！外婆对你的爱不仅让你动容，也让我们感动。爱是什么？爱是给对方自由，爱是贴心的陪伴，爱是一种奉献，是处处为对方着想。

外婆教你表达爱，你要用一颗满怀爱意的心去对待身边每一个人，让这份爱不断地传递下去！

公交车站

在我将近二十年的人生中，初中时期是最灰暗的一段日子，就连那印象里的天空都是阴沉而虚无的。不能忘记，那是我到镇上租地下室走读的第四个年头。

每个周末放假的时候，我都会从学校步行二十几分钟到最近的公交车站，然后坐一个半小时直到倒数第三站下车，再走几百米就是我的家了。我也不知道那时候我为什么那么想回家，哪怕是下雨下雪。周日的中午，我会快快地吃过午饭，然后一个人急匆匆地坐车赶到学校参加周测。时间太紧张了，有时候甚至会因为等了太久公交车而迟到。

漫长的路途中，我似乎累得一直在发呆，也可能是胡思乱想吧！我已记不得我是怎么度过那样无聊的时光。生活不能说糟糕，只是很无趣，甚至让人有些麻木。要么是在逼仄的地下室学习，要么是在教室里学习，我忙得来不及看看天空或者去注意身边的其他事情。即使我稍微有那么一点时间，去留意身边时，也只感到了涌上心头的一股股悲伤。我不再看得见大片大片的夜空，也无法踏实地踩在土地上。

夏季某个炎热的周五，我如往常一样走向公交车站。大热的天忽而变了脸色，刮起冷冷的大风来，这是暴雨的前奏，一贯如此。

我还没有到公交车站，天空就下起了豆大的雨，我一路狂奔过去。等跑到站台下时，暴雨已经彻底砸向了大地。雨一直在下，公交车却一辆都没有来。我只能不住地望着路的尽头，期待公交车来拯救我。好奇怪，最后一班车就是五点发车啊，可这一班车到底去了哪儿？

一想到可能没法回家，不知何去何从，我就悲伤起来，甚至连眼眶都有些湿了。说实话，那段记忆实在是太模糊了，我只知道，那时的我比较悲伤，甚至是绝望的。

有一个同样等车的大姐姐，她在五点五十分时关心地对我说："换辆公交车坐吧！"然而，我全身上下只有一枚硬币，根本没有转车的钱。我只能苦涩地回答她："姐姐，你去吧！我没有多余的钱了。"

谁知她忽然塞给我一枚硬币，可是因为路线问题我没法转车回家，我想把钱还给她。她却拦住了我的手，说："给你就给你了，小姑娘赶紧回家吧！"

不知道到了什么时候，我才等到了公交车。那时候天色都已经黑了。当时，雨还是如瀑布一样，下车的时候风大得要把人刮走。雨噼里啪啦砸在脸上，我只能一边抹着脸上的水，一边踩着泥水，尽可能快点往家里跑。路上行人很少，我心里产生几分恐惧。那位大姐姐给我的那枚硬币被我攥得滚热滚热，我舍不得用。

我已经没法回忆起所有的细节和当时的情绪了，但我想，那是孤独无依的我，收到的最温暖的东西了。它是来自陌生人的关心，这久违的温暖来得那么及时，它使我慢慢远离了心底的恐慌。

那段时光虽然远去了，我不知道为什么莫名的恐慌总是伴随着我，虽然我不舍得满是田野的故乡，但很无奈，我必须远离故乡。我是一个留守儿童，我没有归属感，也没有来自父母的温暖。当时，我对钢筋水泥的建筑，以及脚下的沥青、水泥都有着说不出的排斥，这使得我的心理状态极其不好，但是我必须刻苦学习，我要从这里起步，努力放飞我的梦想。然而，暴雨里的那件事像是这个地方唯一的温柔，它一直温暖着我的心。我记得那天下了车后，我控制不住自己的感情，在雨里哭了。

我感恩这个大姐姐的爱心，她永远是我困境中的动力。不管走到哪里，我心底都藏着这份爱，这大概就是感动吧！

老师：晶晶讲得太感人了，一位陌生的大姐姐在你最困难的时候给予你温暖的帮助，这友善也就此成为你前行的动力了。我们对人要友善，可能我们只是不经意的举动，但对困难中的人来说却是黑暗中的一盏灯。

你要和过去和解，不要记恨父母，你要过好未来的生活。

晶晶要热爱生活，乐观地面对生活，世界是充满友善的，要善于发现生活的美，助力我们砥砺前行。

谁也离不开谁

我是被爷爷奶奶带大的，我见证了二老生活的点点滴滴，他们之间的故事总能让我有所触动。

爷爷奶奶都七十多岁了，他们一起走过了金婚。在我眼里，他们生活中每天发生的无数细碎的小事，都透露着他俩对彼此的关心。

爷爷喜欢钓鱼，奶奶时不时会不屑地说：“钓这么多次鱼了，也没见你钓回来过几条大鱼啊！”但每次钓鱼的前一天晚上，奶奶还是会默默地到厨房，帮爷爷准备好第二天要带的丰盛的午餐。

去年爷爷奶奶到城里过年，有天爷爷上街买东西，但过了好久不见他回来，奶奶就着急了要出去找爷爷。后来爷爷回来了，看奶奶跑出去了，他担忧地说：“她一个人出去不认识路会走丢啊！”于是他又出去找奶奶，最后两人买了好吃的开开心心地一起回来了。

爷爷对一切新鲜事物都特别好奇，在很多人还没有开始用微信的时候，爷爷就已经十分前卫地跟我发语音、发信息和视频聊天了。有次奶奶趁爷爷不在，偷偷跟我说："你可别教你爷爷上网啊，万一网恋了可怎么办？"

我想，爱或许就是你希望有个人是属于且只属于自己的吧！

有次奶奶去朋友家一星期，爷爷就每天跟我视频，告诉我他今天去了哪里，干了什么，吃了些什么。还有，他经常会问我，你奶奶还有几天才回来？

我想：没有老伴在身边，他应该是很孤独的吧！

奶奶平时表面上对爷爷是一副不冷不热的态度，但背后还是默不作声地为他付出了很多。爷爷热爱种植花草，家里大大小小的花盆加起来有三四百个。他忙着种各种各样我基本上叫不出名字的植物，但奶奶几乎都能准确地说出来。有时爷爷忘了浇水，奶奶就会默默拎着水壶，一盆一盆地浇。每次一浇就是一上午，最后还会在亲戚面前显摆说："他说是喜欢养花，最后养花的人还不是我。"

或许，爱就是帮他把没做完的事情完成。

奶奶在手机上看到一个方言版的笑话，看一次就忍不住笑一次。她饶有兴趣地说给爷爷听，爷爷也乐得笑个不停。为此，爷爷就教奶奶怎么操作去点开视频查看。后来奶奶每次笑，爷爷就吐槽："看了那么多遍还有什么好看的？"

我心里想，这不是你教她的吗？

爷爷最喜欢的事情之一就是让奶奶帮他挠背，我经常听到他熟练地指挥着："上面一点，左面一点，再下面一点。"奶奶手酸了也不停，继续挠着。

爷爷奶奶年轻的时候也经历过不少轰轰烈烈的大事。有次爷爷奶奶一起坐火车，经停的时候爷爷要下车去买水。奶奶劝他火车快开了，别去了，爷爷不听劝还是下车了。结果火车就真开走了，这下可急坏了奶奶，她发疯似的找到列车员。她哭着说，爷爷不能被丢在一个小破地方，他身上就穿一件背心，还身无分文。后来，还是好心的列车员帮爷爷奶奶团聚了。每次说到这故事，爷爷奶奶就抢着说，他俩都特别激动。

爷爷奶奶很恩爱，他俩谁也离不开谁！

老师：丽园的爷爷奶奶平淡的生活中充满了浓浓的爱。爱不一定都是轰轰烈烈的大事儿，细碎的家长里短也是一种生活的爱。

爱是彼此的关心，爱是牵挂，爱是希望有人只属于自己，爱是帮助对方做他没做完的事，爱是谁也离不开谁。

学习爷爷奶奶爱的表达，它质朴、真诚，它是渗透在日常生活中的点滴，也是陪伴与关心。

遗　憾

一个偶然的机会，我与多年不见的表兄弟聊起我们小时候相处的日子。尽管很多年都没有待在一起了，但是对于小时候那段无忧无虑的时光，我们仍然历历在目，聊了很久。我的两个哥哥非常感慨时光的飞逝，我能感受到那种无奈。

小时候，哥哥们都比我顽皮，我像跟屁虫一样跟着他们，一步都不离开他们。

我记得有一天，我们几个小孩在家附近的凉亭里玩。那天天气很热，让人烦躁不安，我们又是一群好动的孩子，即使天气酷热，我们也会想办法找好东西玩。那个时候，一群修路的工人把一大捆钢铁片放在凉亭中，大概是为了防止发热吧。那样寻常的钢铁片，我们却觉得是好玩的东西。于是，我们就在上面跳来跳去，从这里蹦跶到那里，又从那里排队蹦跶回来。或许，是孩子们的精力都比较旺盛，我们玩了很久很久，却不知疲倦。但某一时刻，悲剧发生了，我的小表哥因为一时走神，在跳跃的时候被钢铁片儿绊倒了。

刚开始他没有哭，毕竟是堂堂男子汉嘛，但是伤得太重了，不一会儿，一阵哭声响起。只见小表哥的后脚跟都是血，还有一片肉是绽开的，我们顿时傻眼了，我害怕得都哭了。看到这个情况，我们一时都呆滞了，不知道该怎么做。大表哥稍微镇定些，他迅速跑到四姨夫那里，急切地告诉了他。据大表哥描述，那时四姨夫听到这个消息，没顾上穿好拖鞋就跑出来，他脸色苍白，背起小表哥就往最近的急诊室跑。四姨夫属于那种身材瘦小的人，虽然小表哥并不胖，但对于本身就瘦小的姨夫来说，简直就是千斤重了。

那时的太阳很大很烈，那时的空气热得像火炉般。看着一直哭泣的孩子，四姨夫并没有说什么，只是默默地捂着小表哥的双眼，因为那个场景太可怕了，我至今难以忘怀。据说那次意外，让小表哥缝了 30 多针。过后四姨夫并没有责怪小表哥，毕竟小表哥受到了一生难以忘怀的惩罚。记忆中，四姨夫的脾气很暴躁，根本不像慈父。虽然他让我有点畏惧，但仍是我无比想见的亲戚。

这是因为四姨夫对我很好，虽然他不是很富有，但他从不吝啬给我和我的弟弟买零食吃，这也是让我对他记忆最深的一部分。毕竟，当时的我还是贪吃的年龄。然而，我的两个表哥对他们的父亲却是十分敬畏的，他们对父亲的描述就是两个字："暴君"。事后，我才了解到一旦表哥们犯错了，四姨夫不问青红皂白，先会把表哥们打一顿。然后，根据是否坏了规矩再针对性地进行二次惩罚。他认为棍棒底下出孝子，所以两个哥哥从小就不跟姨夫亲近。从小到大，比较淘气的表哥们没少挨打。

十几年后，我们这群兄弟姐妹都已长大成人，分散在全国各处。时光匆匆，四姨夫如今也老了不少，不知是因为家中的烦恼比较多，还是因为生活比较辛苦，他前几年开始酗酒。

我们从小就知道，他是很爱喝酒的，但我们不知道的是，他会因为喝酒与我们这些孩子永远都无法再见面了。在我高中的时候，妈妈突然告诉我四姨夫去世了，似乎是脑溢血。哎，不是因为矫情，也不是因为眼泪多，一听到这个，我的眼泪便不自主地落下了。那个时刻，我也不知道为什么，会如此控制不住自己的情绪。或许是因为，他是继外婆之后第二个离开我的亲人，我从未设想会有那么多亲人离我而去。不是现在，也可能会是将来。突然，我发现世界并不会随我的意愿而改变。

几年后的今天，我们再团聚在一起，却发现身边总会少几个人，或许我们本来也不甚亲近，但是他们突然离开，我们的内心也是无法接受的，总觉得他们还在我们身边。

我对哥哥们说，其实你们的父亲很好，不只是对别人，对你们更是无私的付出，只是他的爱从没有说出口。我的话触动了大家，他们沉默了片刻。我知道，他们是在回忆他们与父亲的互动。接着，他们抬起了头，笑了。或许，是因为他们重温了甜蜜的某一刻，那一刻，他们有父亲的陪伴。如今，却是天人永隔，物是人非。

四姨夫年纪轻轻就离开了我们，他的外貌却印在我脑海里，无法抹去。我记得有那么个人疼爱着我，如果在从前我就表达出感激之情，我如今就不会那么想念他了。我这会儿更理解表哥们的内心，虽然他们嘴上没说，但我知道表哥们心里是很后悔从前没能多跟四姨夫亲近的，毕竟父亲这个角色是没有人可以替代的。父亲对我们的一生有引路的作用，不要到失去了才知道后悔，要知道这是无济于事的。

人的一生并不是很长久，在人生中又有或大或小的事故，可能对我们的身心造成伤害。在前进的道路上，我们需要一步一步地走，身边的人、陌生人或许都是我们要珍惜的人。因为我清楚，一旦他们不在了，我们是无法唤回他们的。他们离开了就是离开了，毫不犹豫，只留下我们这些人，在爱与悔恨中度过。

虽然回忆中的四姨夫是个小身板儿，但他的背影却是如此高大，他能为了孩子不顾自己的身体，对待其他孩子像慈父般温柔，对待自己的孩子，更是承担起教育的责任。他离开了这个世界，这些年来，却像仍在我们身边那样。要珍惜每一个人，或许哪一天就没有机会说出那句“谢谢”。

老师：银艳，你讲的故事很感人。在你的追忆中，四姨夫是个有血有肉有爱心的人。每个人表达爱的方式不同，有些人可能还不会表达爱。我们要从自己的喜好中走出来，站在第三方的角度去客观地理解别人。

对孩子的教育应该是民主、尊重，我认同爱的教育，如同你提到的“表哥们所受惩罚”可能会带来仇恨，影响亲子关系。

不管怎么说，我们都要表达自己的爱，无论是晓之以理、动之以情，还是表之于行。当然，最好以别人能接受的方式，你所表达的爱要让对方能理解。

人生无常，别到了想说的时候却没有了机会。爱能化解许多隔阂，隐藏爱容易滋生误解。

学会表达爱，让他人体会到你的爱，这是我们一生要学习的课题。

双胞胎

那一天的雪下得非常大，还有五天就要过年了，我和姐姐在妈妈肚子里闹腾得不行，急着想出来看看这个神奇的世界。于是，妈妈在爸爸以及他们的长辈的陪同下，来到了镇上的医院。医生说："生双胞胎比较困难，请马上转到市里的医院。"

在救护车的帮助下，妈妈顺利地来到了市人民医院，但是由于妈妈贫血比较严重，需要立刻输血。这时，爸爸马上去交钱了。等一切安顿好之后，妈妈就被推入了产房，奶奶穿上防护服也跟了进去。爸爸则在产房外紧张而又焦急地等待着。

雪纷纷扬扬地下着，天色渐晚，在妈妈和医护人员的共同努力下，我和姐姐终于来到了这个世界。经过艰难的分娩，妈妈很虚弱，她静静地用手拭去脸上的汗水，躺在床上想休息一下。我和姐姐两个都很小，合起来也不超过5斤，但我们都很可爱。

很快，新的问题就又来了，那么两个女孩叫什么名字好呢？爷爷说："大的叫土豆，小的叫豆芽，怎么样？或者是生姜和辣椒。"但是妈妈不同意，再怎么样，也不能这么随随便便地取这名呀。于是，妈妈就按照自己的想法，给我们取了名字。据说，为了取名字家里也是折腾了好几天呢！

我的心里一直想着：妈妈真好！

从小到大，在所有关于母亲的文章里，我都喜欢用"伟大"一词，我觉得这个词再怎么用也不会俗。我觉得用这个词很棒，这是个再恰当不过的词了。我的母亲很伟大，历经千辛万苦生养了我们。同样，天下的母亲也都是伟大的。她们的爱像阳光般灿烂，像烟花般绚丽，无可比拟。

我们那儿有个习俗，就是孩子出生不满一个月要请客。娘家要准备好馒头、粽子送给婆家去发给村子里的人。婆家呢，就要准备酒席宴请宾客。那时候，亲戚们一般喜欢买衣服或者娃娃之类的送，现在却时兴送红包。到了孩子年满一周岁时又要置办一次酒席，还有娘家往往早早地酿酒贮存好，等到女儿生出小孩后就将酒开封用来好好调养女儿的身子，也就是说要在娘家坐月子调养一段日子。说到习俗，我觉得新一代人应该取其精华，去其糟粕。不能完全抛弃，这毕竟也是一种文化的传承。

我和姐姐的到来给我们家带来了快乐与热闹，每当看到我和姐姐小时候的照片，我心里就会莫名地涌出一股暖流，当然还有一些小小的自恋，觉得自己好像还是小时候可爱得多。我觉得刚开始似乎妈妈的爱比爸爸的多一些，不过，慢慢地，爸爸也很爱我们了，现在我们一家人幸福地生活在一起。我觉得生活在这样一个家庭里很快乐，很满足。现在我已经成为一名大学生了，对父母的感恩之心未曾减少，反而在不断地增加，我觉得拥有这种感觉十分美好。

小时候，姐姐比我瘦小，需要多多呵护，所以我有一段时间是爷爷奶奶带的，以至于我和爷爷奶奶更亲近些。每晚，爷爷都会看新闻联播，于是，我总喜欢坐到爷爷的肩上去玩耍。看着爷爷的头发，把玩一下，有时顺便数数有几根白发。我的记忆里也总是浮现这样一幅画面，它仿佛就在眼前，让我不自觉地就想笑。我还喜欢让爷爷奶奶看我在床上翻跟斗，喜欢逗他们笑。这都是我儿时美好的回忆！

"门前老树长新芽，院里枯木又开花，半生存了好多话，藏进了满头白发，记忆中的小脚丫，肉嘟嘟的小嘴巴，一生把爱交给他，只为那一声爸妈，时间都去哪儿了，还没好好感受年轻就老了，生儿养女一辈子，满脑子都是孩子哭了笑了，时间都去哪儿了，还没好好看看你眼睛就花了，柴米油盐半辈子，转眼就只剩下满脸的皱纹了……"

父母及其他家人浓浓的爱陪伴着我们一天天长大，我们也要陪伴着他们一天天变老。

老师：康妮说得好，父母及其他家人浓浓的爱陪伴着我们一天天长大，我们也要陪伴着他们一天天变老。母亲是伟大的，她给了我们生命，我们的长大离不开家人的精心呵护。

爱是一种贴心的陪伴，随着我们长大，家人也慢慢变老。多陪陪家人吧，陪伴的方式很多，如果不能在他们身边，那就多给他们打电话。

也不要忘记爷爷奶奶曾经的照料，他们年龄大了，多陪陪他们。

母　亲

大家总说父爱如山，深沉厚重，母爱如水，细腻温柔。但在我们家却不是这样的。每次考完试，给我分析试卷的是我爸；每次遇到烦心事儿，开导我的也是我爸；每次获得成功，和我一起分享喜悦之情的还是我爸。妈妈没多少文化，不认识几个字，也不懂得如何教育孩子。平日里，她只管我的衣食住行，并不太关心我的学习。小时候，我对妈妈的印象并不好，甚至还带有厌恶。

在我出生后的几个月，妈妈就离开了家乡，到外地去打工，我就由奶奶抚养着。我是在爷爷奶奶的无限宠爱下长大的，在我的童年记忆里，很少有妈妈的影子。我曾经以为在我的世界里不存在母爱。

渐渐地，我长大了，与父母住在一起。

妈妈的话不多，每次我放学回家，只能看到她忙这忙那的身影。在我生病的时候，她也不知道如何安慰我，只是在一旁着急地端水送药，像一只可怜的热锅上的蚂蚁。直到我稍稍好转，她才会松一口气，露出甜甜的笑容。冬天是我最讨厌的季节，因为我特别怕冷，一到冬天，脚上都长满了冻疮。我向母亲抱怨，她并没有说什么，只是淡淡地一笑。第二天早上醒来，我发现一双粉红色的棉靴静静地躺在我的床头柜上。爸爸告诉我，那是妈妈连夜赶做的，加了很多的棉花，特别暖和。我的眼眶里顿时充满了泪水。以后每年冬天即将来临之际，妈妈总会为我做两双棉靴，它们像母亲的双手一样温暖着我的脚，伴我度过寒冷的冬天。后来我上了高中，每周回家一次。我几乎都是周五傍晚到家的，妈妈就像算好的一样，我一到家，她就端出饭菜，桌上总有一道清蒸鱼，那是我的最爱。周日我要回学校，妈妈总是提前备好各种水果和饼干，放在门口的桌子上。如今，我上大学了，每周和家里通一次电话，接电话的永远是我爸。爸爸会和我聊很久，偶尔也会听到妈妈在一旁的劝告，让我多买点自己喜欢吃的菜，多吃点水果，注意身体，等等。

有一次母亲节，室友们和妈妈都通了电话，我也心血来潮拿起手机。当我吞吞吐吐地说完，“妈妈……母亲……母亲节快乐！”她先是一愣，随后吐出几个字:“快乐……快乐。”后来听爸爸说，那一夜，妈妈兴奋了好久好久。渐渐地，妈妈那甜甜的笑容又浮现在我心头。妈妈没受过太多的教育，并不懂得如何去表达她的爱，但她那默默忙碌的身影之中，无不蕴藏着对我的关心与爱护。她的爱就像一杯淡淡的清茶，苦涩中带着芳香，需要我慢慢地品尝，慢慢地体会。

谁说母爱一定要热情奔放，潇洒洋溢，我愿独享那一份细微之处见真情的母爱。

老师：微微，你讲得很真实，也让人很受启发。我们期望人人懂得爱的表达，强调口头表达的重要性。但是，身体语言的表达可能会更打动人。

人常说身教重于言传。口头语言能先声夺人，及时地传递情感，但是身体语言，尤其是不动声色的行动能更持久地打动人。我们不仅要察其言，更要观其行。无论在任何时候，爱的行动总是比爱的语言更能让人感动。

老师：同学们，我们终于分享完了生命会客厅关于“我需要爱”的主题。这里我做个总结与补充。

爱是一种两情相悦的吸引，是心心相印的维系。爱是尊重，是理解，是接纳，是包容，是真诚，是信任。爱是一种“衣带渐宽终不悔”的执着，爱是一种付出，一种精神，一种境界，一种品质，一种力量，一种持久，一种勇气。爱，更是一种担当，一种可以彼此交付一切的信念。有一种爱亘古永存，生生不息，那就是人类的“大爱”，它超越时代与文化，这叫“大爱无边”！爱的表达先是真诚，然后是智慧，以及拿捏的分寸感。

要表达爱，首先要有真爱，认为所爱的东西是你生命的一部分，它对你的人生很重要。正如“知之深，爱之切”一样。爱要及时表达，不要迟到，更不要埋藏在心里。我们还要懂得爱的一些表达艺术，对得到或付出的爱要拿捏得准确，做到点到为止，这叫“爱的分寸”。爱得过多可能会伤害人，这就是溺爱。

好好爱父母、爱身边的人，我们要友善对待其他人，我们要学习有大爱之心的人。

第五章　我长大不容易

人经历得越多，见识就会越广阔，领悟也会越深。渐渐地，我们不再依赖于父母，我们追求独立，渴望自由。我们在社会上摸爬滚打尝尽人间百味，在挫折中得到洗礼，在奋斗中浴火重生，我们亦会为人父、为人母。

当再回首时，我们肯定更能体会父母的不易，体会自己长大的不易。

出生不易

老师：同学们，欢迎你们来到生命会客厅，今天我们分享“我长大不容易”主题中关于“出生不易”的话题。

每一个孩子能够来到世界上，都是不简单的，因为它是两三亿个精子中最“幸运”的一个与卵细胞的结合。然后，受精卵开始分裂，发展成一个囊胚，为在子宫内膜上着床做好准备。胚胎形成后，胎儿在母亲子宫内发育 38 至 40 周，然后一朝分娩。这 9 个多月，母亲要为胎儿的孕育和分娩付出许多。不仅如此，照料出生后的孩子更加不容易。

欢迎同学们分享自己出生的故事。

拉 肚 子

我出生的故事，我想这得从我妈说起了。

那年我妈到了适婚的年龄，外婆家的门口常常出现说亲的媒人和年轻的男子。外婆为了我妈的终身幸福，对上门来提亲的男子，可比挑菜认真多了，她一点都不马虎。

听我爸说，当年外公外婆为了试我爸的酒量，竟拼命给他灌酒，看他是否是个酒鬼，观察是否会酒后失态。还好，我爸抵住重重“陷阱”，成功“骗”过了我外公外婆，至今外婆还会调侃我爸当年真会“装”。哈哈，我老爸真是太机智了！历经千险，老爸终于进入外公外婆的“法眼”，没多久老爸老妈就结婚了。

过了一年，老妈肚子里就有了我。他们总是说我在我妈肚里的时候不乖，时不时让我妈不舒服。为了让我茁壮成长，妈妈每天都努力补充营养，即使生病了也不敢吃药，害怕影响我的智力。有趣的是，别的宝宝在妈妈的肚子里时妈妈的腹部都是鼓鼓的，到了我快出生的时候妈妈也还是不怎么显怀，害得他

我小时候经常拉肚子，有时下雨天也要去看医生。半夜闹得父母都睡不好觉，我痛苦，他们更痛苦。说真的，我长大不容易。

们都非常担心。正月十三那天，妈妈突然觉得不舒服，感觉要生了，爸爸就把外公外婆叫来陪我妈去了医院。

当天晚上，我就呱呱落地了！

我爸很开心，因为我是他们的第一个孩子。我来到这个世上以后，家里热闹了许多，他们小心翼翼地照顾我。听说，我出生时体质就比较弱，所以在育婴箱待的时间比别人要长很多。小孩子嘛，经常头疼脑热的，我也不例外。我每一次生病，他们都很心疼，尤其是我妈，会责怪自己没有照顾好我。每一次听他们回忆照顾我的情景，我都特别感动。我妈是个瘦弱的女子，没生我之前，她留着大辫子，很美。生了我之后，却多了个“小肚子”，还把心爱的长发都剪了。我很想知道她留长发的样子，遗憾的是至今我都没见过。我妈生我是顺产，很多人都不相信，如此柔弱的她居然能承受生产那非一般的疼痛。

两岁那年，我拉肚子，只拉不吃。为了治疗，我住院都住了好几个星期。他们都很怕，担心我会病重而离开这个世界，所以他们没日没夜地陪着我。后来，我终于康复了。那次大病真让家人吓坏了，以致后来我只要一拉肚子，家人就会特别担心。唉，反正只要我生病，他们都会很担心的，比他们自己生病都紧张。

不知不觉，我都二十出头了，回顾那些年的故事，感觉生一个孩子不易，养一个孩子更难。这些年来爸爸妈妈养这个家很不容易，如今，他们年纪大了，当子女的应该要像父母当年对待我们那样对待他们，回报他们的恩情。

老师：露露，妈妈生你不易，照顾你更不容易。为了你的健康，怀你时妈妈一直在补充营养，甚至生病了都不敢吃药。

你先天体质就弱，父母最担心你生病。反正只要你生病，父母都会很担心的，比他们自己生病都紧张。

你回忆出生是幸福的，感受的是满满的爱。父母慢慢年龄都大了，要多关心照顾他们。

要记住妈妈的付出，不忘家人的关爱。

多灾多难

1995 年 4 月 30 日下午，母亲被送到镇里的医院生产，医生告知宫口没开、羊水却破了，可能需要剖宫产。这样的话让家人很慌，很快母亲被送到了市医院。然而，那里的医生却说打催产针是可以顺产的。再三考虑，妈妈还是坚持顺产。经过一番痛苦的自然分娩，我终于被生出来了。

我刚出生时，只有 5 斤多，手皱巴巴的，家人担心坏了，还好医生说我的哭声嘹亮有力，没什么事，家人才渐渐安下心来。母亲说因为孕期食欲不振，家里又条件有限，所以我在她肚子里时可能营养跟不上。之后，母亲就尽量给我多吃母乳，结果我变胖了，母亲又担心我太胖了。嘻嘻！养个孩子真难，这也不是那也不行，过犹不及。

我出生那天晚上，可能是不太适应新的世界，睡不安稳，会时不时地哭喊。只要哭喊，奶奶总是会爬起来看我。奶奶伴随着我长大，为我操碎了心。

我长大不易，尤其是在我出生后的几年里，经常地生病。

有一次，父亲不小心给我吃了生的番茄，那时我还是婴儿，可能因为我的抵抗力也不好吧，结果就拉肚子了。妈妈赶紧带我去医院看病，虽然打针、吃药，却一直不见好转。最后，还是一位老中医开了方子，吃了中药后，我很快就好了。自从知道了这件事，我就对中医产生了兴趣，我希望将来能利用业余的时间，多学习些中医的知识。

还有一次，趁父母不留神，我骑着学步车从房间里冲了出去。幸好，只是滚落到了楼梯口。家人为这事都吓得半死，至今我还有记忆。想起这件事，我仍害怕不已。不过，我模糊记得自己虽然滚了下去，但只是滚了一段到了下面的转角平台上，我奇迹般地没事，只是磕了牙，破了一点儿皮。

另外一次，父亲给我换尿布时，发现我的一只脚不知怎么就不会动了，到医院扎了几针就好了，父亲还说当时我的那只脚会转动。说实话，我真搞不清到底是什么情况。不过我现在跑步、跳远都还不错，就是进行球类运动时不够敏捷。

再长大一些，我就会背诵古诗了，记不清是不是幼儿园老师教的了，我略带炫耀地背给父母听，爸爸觉得很神奇。于是他把诗写下来，又找了一张纸，上面挖一个小洞，让我一个字一个字辨认，结果我却一个字都不认识。

上小学的时候，父母都出去打工了，我和爷爷奶奶一起生活。我很挑食，也不爱吃饭，瘦瘦弱弱的，还因为不爱刷牙、洗脸、洗头，皮肤发黄，头发还油油的。最让我难受的是，我小时候脱臼过两次，每次接回来都还很痛，更别说有一次骨折了，那是背我弟弟的时候摔的。

虽然小时候有那么多不幸的事，但是也有许多有趣的事。

从小到大，父母操了不少的心。回溯过去，我的出生及成长真的不容易，可谓多灾多难，我希望我和身边的人以后的生活可以幸福安康，开心快乐！

老师：佳佳的出生和成长可谓多灾多难！母亲担心你天生体弱，怀孕时拼命补充营养。出生后的几年，你经常地生病。你父母都不容易，整天为你担惊受怕，奶奶照顾你也操碎了心。你出生不易，家人照顾你也不易。

以后，你要有安全意识，珍惜生命，多关心父母。

佳佳，你不要有宿命论的思想，你要乐观、积极看待不幸的遭遇。你能克服那么多困难，真勇敢！

闹　腾

每个人都是由母亲孕育而来的，母亲十月怀胎，将新生命带到这个充满欢声笑语的世界。从此，我们不仅有机会呼吸新鲜空气，还有时间欣赏鸟语花香。这些都是母亲的功劳啊！我们身为子女，也都有颗好奇的心，希望知道自己的出生之路，了解、体会小生命的孕育与成长过程。

曾经，我问过父母关于我出生的事情，但父母总是三言两语就敷衍过去了，我也没有一再地追问。这次，趁着国庆回家之际，我特意向父母提起了这些事，请他们更详细地告诉我。

在妈妈的诉说中，我发现自己是个乖宝宝呢！

妈妈怀孕期间，我一点儿都不闹腾，安安静静地待在属于我的一片天地，让妈妈安安稳稳地度过了孕期。足月之后，我就迫不及待地想要出来看看外面的世界了。在 1995 年 11 月 8 日的下午，我时不时地闹闹妈妈，闹得妈妈肚子一阵阵地疼，爸爸不得不马上用车将妈妈载到镇上的医院。到了医院没多久，妈妈就被推进了产房，经过一个多小时，只听见一声啼哭，我就来到了这个世界上了。

据说，我刚生出来时，个头小小的，只有五斤八两，经过母乳的喂养，我渐渐地长大了。出生后，我的户口是外公去报的，不知为何，他将 11 月 8 日报成了 11 月 18 日，至此，11 月 18 日成了我生命中另一个特殊的日子。

在成长过程中，我伤病不断，也历经了不少磨难。对小小的我来说，感冒发烧是家常便饭。可能是待在妈妈肚子里时太乖巧，让爸爸妈妈太舒坦了，出来了就要闹腾他们。每次一有感冒发烧，爸爸妈妈就马上抱着我去村头的一家诊所，陪着我打针、打点滴。每次打针，我都哭闹不止，他们就会耐心地哄着我，直到我破涕为笑或安然睡去。还有一件令我记忆犹新的事情，小时候，家中比较穷，电扇、空调都还没有，在炎热的夏天，由于实在太热，我头上长满了脓包。这脓包又痒又疼，我会时不时地去抓，弄得感染、化脓。治疗期间，尤其是晚上，爸爸妈妈会轮流看着我，为我扇扇子，阻止我挠头。唉，整个晚上，他们都不能睡个安稳觉。我知道，这都是父母表达对我的爱的方式。

细细想来，从我出生到成长，父母为我付出了很多，我非常感谢我的父母。虽然妈妈从未明说对我的爱，但我能从她的行动中感知到。爱不是说出来的，爱是由行动表现出来的。说出来的不一定是真爱，但做出来的一定是真爱，我为自己身为他们的子女而感到幸福与骄傲。我能长大，都缘于父母的爱与付出！

母亲，是一个多么灿烂、耀眼的字眼，它承载着一个个新生命的到来。我的母亲，她带我到了这个世界，让我看到了蓝天和白云。父母一直都在为我创设一个无忧的美好生活而不断努力工作着。我也好希望能为他们做些事情来减轻他们的负担，让他们不再那么辛苦。自从我上大学后，我不止一次地对父母说,让他们不要那么拼命工作了,要多休息休息。可他们始终放心不下我和弟弟，还是辛苦地工作，他们是想让我们的未来轻松些。每次我都很感动，但我也不敢轻易在他们面前表现出来。每每想及此，我都希望自己争气些，能拥有足够的能力，早日挑起家里的担子。

不过，我也明白，现在的我在外上大学，时常不在家，能做的只有好好学习，增长见识，拓展知识面，为未来的发展打下扎实的基础。若回家，我就多做些力所能及的事。

我的出生及成长不易，小时候还不停地生病，父母真的付出了许多。我不忘父母的辛苦，我相信定有一天，我能展翅高飞，不再待在父母的羽翼下，而是为父母撑起一片晴朗的天空。

老师：斐斐，你在妈妈肚子里时很乖，妈妈也很省心。但是，自从出生后，你就伤病不断，感冒发烧是家常便饭，父母养你真的不易。

父母为了你拼命地工作，你要学习父母不畏困难、吃苦耐劳的精神。

现在你的父母仍在辛苦地工作，要不忘父母养你的艰辛。你要在学校努力学习，多掌握些本领，注意照顾好自己，不要让父母操心，尽可能多关心父母。

加油，早日为父母撑起一片晴朗的天空。

剖 宫 产

伴随着一声啼哭，我来到了这个世界。

我出生于 1994 年 11 月 1 日，其实我的预产期是在 11 月 8 日，但是我迫不及待要看看外面的世界，想开始另一段生活，于是提前从妈妈的肚子里面跑出来了。

我给妈妈带来了不少麻烦，害得以前从没住过院的妈妈住了三次院。

第一次住院，是因为妈妈不小心，在路上摔了一跤。据妈妈说，当时她真的是吓坏了，马上就被送到了医院检查。为保险起见，她还住了几天的医院。因为妈妈不想一直住在医院里，所以住了几天她就吵着要出院了。医生看我妈妈和我都没什么事，也就同意我妈妈回家了。万幸的是，我没什么事，还安静地躺在妈妈的肚子里，邻居都说这个小孩子真有福气。

可没到一个星期妈妈又回到了医院，原因是妈妈发现我好像不动了。其实我只是偷懒，不愿意动而已。为此，妈妈又住了三天院。三天后，妈妈又吵着要回家，医生阿姨只好放妈妈回家了，不过要求妈妈一周到医院复查两次。这是妈妈的第二次住院。

可是没等妈妈去医院复查，我就迫不及待地要出来了。11 月 1 日那天上午，妈妈就觉得不对劲，我一个劲地往上蹿。即使是躺在床上，妈妈也觉得很不舒服。下午 3 点钟，妈妈觉得羊水好像破了，就忙着去医院。在没有任何准备的情况下，妈妈就被护士推进了产房，可当时妈妈还没有宫缩，也没有阵痛。在医生的劝说下，更是为了我的健康，妈妈决定剖宫产。虽然我顺利被医生拿了出来，但妈妈的肚子上却留下一条长疤，这对妈妈来讲是很难过的一件事。毕竟，不知道我要提前出来，爸爸当时还在上班，只有姥姥在医院陪她。当时姥姥吓得都不敢签字，可爸爸又要迟点才会到。无奈，在征得了姥爷的同意后，姥姥才勉强签了字。

妈妈很快被推进了手术室。

凌晨 5 点 6 分，随着一声啼哭，我出生了。医生阿姨说，是个小男孩。一下子看到外面这么多人，外面这么亮，这样陌生，哇的一声，我又哭了起来。医生检查后把我抱到妈妈床前，让她亲了我一下，就把我抱出手术室了。这时爸爸也来了，我当时只顾着自己吹泡泡，没时间理爸爸。之后的几天，我一直在监护病房里，而妈妈又在受苦。以前没有打过吊针的妈妈，连续打了五天吊针。

在我出生前，还有一个小故事。当时妈妈还在住院，而爸爸要工作，妈妈有次想吃香蕉，可是爸爸那个时候工作比较忙，一直忘记给我妈妈买香蕉。妈妈现在有时还拿这个话题挤兑爸爸，爸爸内心有愧，也只能尴尬地一笑。

虽然在怀我的时候，妈妈吃尽了苦头，但是全家还是因为我的到来而充满了喜悦，我要说的是谢谢爸爸妈妈，因为有他们才有了我。

这就是我出生的故事，我的出生真是历经磨难，虽苦了妈妈，但她也很高兴，因为有了我。

我记得妈妈肚子上的伤疤，妈妈真伟大！

老师：超超，你讲得很感人！你的出生的确不易，为了你顺利地出生，妈妈住了三次医院，最后还是剖宫产。以前没有打过吊针的妈妈，连续打了五天吊针。

每一次住院都是妈妈身心的一次劫难，你的出生是妈妈终生难忘的。

不忘妈妈肚子上的伤疤，铭记母爱的伟大，学习妈妈面对苦难时的坚强。

以后好好对妈妈，尽早为妈妈挡风遮雨。

爱　笑

一个人，不管他将来的人生路怎么走，他的出生带给亲人的唯有喜悦！

我觉得我的出生有点不平凡，还是非常有趣的。

在我出生前，外公早就把我的名字想好了，因为我是宁波人，如果是男孩就叫张波，如果是女孩就叫张宁。妈妈怀孕时，爸爸还在外地上班，因为分居两地，妈妈又临近预产期，爸爸太思念妈妈了，于是那天赶回家来看妈妈了。谁知，就在当天晚上，妈妈忽然肚子疼。急性子的奶奶大叫起来：“哎呀！是要生了！快点，快点！拿好去医院的东西，别落下什么了！”在奶奶的催促声和反复的叮咛声中，大家手忙脚乱地到了医院。

妇产科里灯火通明，护士领着妈妈走进了待产室。奶奶站在门外焦急地踱来踱去，踩得地板“咚咚”直响，她还不时朝待产室望一望。爸爸和外公却安静地坐在椅子上，耐心地等待着，他们期盼着小生命的降临。产房里，妈妈不停地呻吟着，肚子疼得越加厉害。从晚上 10 点多进的产房，一直到次日凌晨 3 点，我才钻出妈妈的肚子来到这个世界上。妈妈说，我一出生就睁开了一只眼睛，爸爸更是幽默，说我睁一只眼闭一只眼地看世界。我的到来给爸爸妈妈带来了许多乐趣，当然也有许多的麻烦。

长大后，我问妈妈当时生我的情景，妈妈说我是顺产的，一开始，肚子只是过很久才轻微地痛一下，渐渐地，疼痛越来越频繁，肚子也越来越疼！过了一会儿，妈妈被护士扶进产房，剩下的时间里她就只能孤军奋战了！家里人只有在外面干着急。

随着我一天天地长大，妈妈却一天天苍老了，妈妈也曾经跟我开玩笑说：“你这么淘气，早知这样，还不如不把你生下来。生你辛苦，养你更辛苦！”我听这话时，心里真不是滋味，想想也是，我让妈妈操了多少心啊！所以，现在我读大学了，也有能力自己去校外兼职，每次挣来的工资我都会给爸爸妈妈买点礼物。有时，妈妈会开玩笑和爸爸说：“你女儿孝顺吧！出生时就很孝顺了，早不出生晚不出生，偏偏等到你回到家了就要出来见爸爸了！”哈哈哈，想想也是蛮有趣的一件事。也许是知道爸爸回来，所以太开心了，我就手舞足蹈，迫不及待想出来见爸爸妈妈啦！

父亲特别呵护我，这也是为什么我从小就爱笑吧！当我听见隔壁有小孩一天到晚很爱哭时，我就问妈妈我小时候会这么爱哭吗？妈妈说，我小时候很少哭，喜欢新鲜的事物，见人就爱笑。哈哈！难怪现在我笑起来眼睛都眯成一条缝了！

都说女儿是妈妈的贴心小棉袄，我空闲时最喜欢和妈妈聊天了，我们经常会聊得哈哈大笑。有一次，在聊到妈妈怀我时的事情时，我就问她会不会像电视剧里的女主角一样，闻到一些菜就会作呕？妈妈得意地说，她几乎没有过，怀我的时候她可能吃了，而且总感觉吃不饱，一会儿肚子就饿了！我听到这里不禁哈哈大笑，笑她是吃货！难怪我也这么会吃，而且怎么吃都不会胖！原来是遗传妈妈的啊！

我出生时应该还有许多有趣的故事吧，但是这些趣事的背后也都有妈妈的疼痛。学习“生命教育课”后，我更加认为世界上最伟大、最无私的唯有母亲！

老师：宁宁讲得好！你是顺产，妈妈生你几个小时，可以说生你不容易啊！你知道为什么你特爱笑吗？因为父母给你营造了温暖的环境。就是妈妈经常与你聊天，爸爸幽默有趣，尤其是妈妈爱开玩笑逗你，养成了你开朗、乐观的性格。如你所言，世上最伟大、最无私的是母亲。

记住妈妈的话，生你辛苦，养你更辛苦。

不忘出生的故事，热爱生活，珍惜生命，学会感恩。

吓　花

1994 年 11 月 6 日上午 8 点，伴随着“哇哇”的哭声，我来到了这个世界上。然而，其中的艰难喜悦，又岂是三言两语可以道尽的，那就让我从头一一说来吧！

爸爸告诉我，6 号凌晨 2 点的时候，妈妈突然觉得肚子好痛，又因为我是第一胎，他们都不知道该怎么办，急得团团转。爷爷奶奶听到妈妈的喊声，赶紧跑过来看。奶奶说可能是要生了，他们赶紧准备去镇上的卫生院。爸爸半夜跑到隔壁大伯家借了一辆三轮车，铺了张席子，让妈妈躺在上面。爷爷奶奶守在旁边看着，爸爸踩着三轮车艰难地到了镇上的卫生院。然而，躺在卫生院的床上，妈妈却感觉肚子一点也不痛了。就在大家以为一切正常要松一口气的时候，妈妈却突然羊水破了，这可吓坏了爸爸，他连忙叫来医生。接下来，就是妈妈在手术室里喊着，爸爸在门外急得走来走去。就这样经过难熬的四个多小时后，爸爸听到病房里传来我的哭声，他心上悬着的一块石头终于落地了。

接着，护士把妈妈和我推了出来。爸爸把我抱在怀里，笑嘻嘻地说：“小丫头，你吓坏爸爸了。”爸爸这会儿来了精神，他想了想，给我取名“汪夏花”，寓意我的人生可以如夏花般灿烂，这真的是一个很好的期望，对不对？哈哈，然而，现实不全是这样的，爸爸到护士阿姨那里给我登记出生证，阿姨却听成“汪吓花”，还诧异地看着爸爸。然而喜悦的爸爸却没发现有什么问题，甚至连出生证到手的时候也没有再看一遍，所以现在我的名字一直是“汪吓花”。唉！我的大老粗老爸啊！

上学这么多年来，没有人不好奇我的名字的，同学都打趣说，因为我的名字我才给他们留下深刻的印象。

在卫生院待了两天左右，爸爸又蹬着三轮车带我们母女俩回家了，他说那几天是他最难过也最幸福的日子。我那时还不理解其中的含义，只是呵呵地笑着。爸爸又说，回家以后，他还不知道怎么抱我，差点摔了，后来马上请教了爷爷奶奶，他学了好久才会稳稳地抱我。说到这里，妈妈终于忍不住补了一句“你爸爸那时每天都跟你说话，让你叫‘爸爸爸爸’，哈哈，幼稚的大小孩”。

爸爸说我是他收到的最好的礼物，有了我，他觉得人生很充实很幸福。

我很感谢，妈妈辛苦地带我来到这个世上，爸爸用他全部的爱护着我，让我快乐地成长。我很幸运，也很幸福。

他们生我、养我，真的很不容易！

老师：吓花，妈妈生你花了四个多小时，妈妈太不容易了。在卫生院照料你和妈妈的那两天是爸爸最难过也最幸福的日子，这些点点滴滴，足见父母生下你又养你是多么的不易。

热爱生活，理解父母，珍惜生命。

苦　难

我的出生是个谜，它从小就一直困扰着我。

据说，在我很小的时候，我的生母在去奶奶家接我的路上出了事故。我一直不知道我出生时的事，不知道母亲是顺产还是剖宫产，更不知道我出生时有几斤重，等等。我也没有问过父亲，或者说，我还没来得及问他时他就离开了我。我只知道，在我的出生证上写着具体出生的时间，但由于岁月荏苒，年代太久了，证件没有保存好，上面的字迹也已经模糊了。说真的，我只能看清出生的年月日，具体的时辰却看不清了。在我的记忆中，只有我是某年某月某日出生在某地的，其他的都不知道了。

每当听到别人在议论各自的出生时，我都会莫名地难过、痛苦。我一度想过，是否我早点问父亲，就不会像现在这样难过、痛苦了。

自从母亲出事后，我就一直跟着爷爷奶奶生活。我从小身体就不太好，他们说这可能是从娘胎里带出来的毛病。爷爷奶奶无微不至地关心照顾着我，父亲则夜以继日地工作。我见到父亲的机会很少，直到上幼儿园，父亲才把我接到身边。父亲没什么时间陪我，一直在工作，我跟其他小朋友相处得不是很好，也养成了一些不好的习惯和脾气。父亲和继母结婚后，我也总是和他们吵架。

为了我，父亲一直拼命工作，他积劳成疾，突然患病去世了。那时，我感觉天塌下来了，我的人生顿时没有了方向。

我沉默了很久。

我那段时间心情一直不好，始终走不出痛苦的阴霾，感觉人活着没有什么意义。我无心做其他事，脑海中浮现着这样的想法：可能我来到这个世界上就是个错误。因为我，生母出意外了；因为我，父亲过度劳累得病去世了；因为我，继母负担更重，最后，她自己也患病了，要长期治疗。这种想法在我的脑海中不停地闪现，让我的自责和罪恶感变得越来越重。终于，我离家出走了。很难想象，是继母，她问遍所有能问的人，去到所有我可能去的地方，一直在找我。最终，她还是找到了我，见到我时，她很生气地说："你怎么能干这么傻的事，你的父母给了你生命，不是让你这样糟蹋的！"那时，心里"咚"的一声，我好像明白了什么，这不是我自己一个人的生命，这是父母给我的生命，他们为我奉献了一生，他们那么爱我，而我却这样想……。"对不起。"我哭着说。

继母这时终于也抑制不住心中的情绪，抱着我哭了起来。

从那以后，我不再有以前那种可怕的想法了，我对我的生活充满了希望，我应该要好好地活着，开心地活着，带着生母和父亲的爱活着。我坚信，虽然我看不到他们，但他们一直陪在我的身边，陪我一起走过人生的旅程。这个世界上每天都有新的生命诞生，也有生命离开。生命来之不易，生命是美好的。出生后的我们，会慢慢长大，虽然可能我们成长的环境不同，也会遇到很多的困难和挫折。但是，不管怎么样，就算是为了给我们生命的父母，我们都要勇敢地走下去，善待自己，善待生命。

生命可能就是要不断地接受现实生活的挑战，我们在克服一个个困难的过程中实现生命的价值，也由此慢慢长大。

老师：怡怡同学，你讲得太好了！人生不能选择，但走什么样的路是可以选择的。你的人生有一个不太好的开始，但是又有那么多人爱你。他们为了你，付出了很多。当你出走的时，有人会问遍所有的人找你。怡怡同学，好好活着吧！毕竟你承载了已故双亲的期望，他们一定在某个地方爱护着你。

人生就是要迎接一个个的挑战。孟子曰：天将降大任于是人也，必先苦其心志，劳其筋骨，饿其体肤，空乏其身。希望你积极面对人生中的一切。

羊水破了

我的爸爸和妈妈虽是由媒人介绍相识的，但他俩却一见钟情。很快，他们就结婚了，一年后便有了我。

那时候家里的条件不好，我妈在怀我的时候还要去厂里上班。她以前上班的地方是锁厂，工人很多，环境比较嘈杂，空气也不大流通。以前的锁厂基本上都是以人力制作为主，每一天要干的活比较多。妈妈一周工作的时间有六天，且基本上都是早上六点就要起，晚上六七点钟才回家。中午的时候，为了节省休息的时间，都是奶奶、外婆带着刚煮好的热腾腾的饭菜去厂里陪妈妈吃饭。妈妈说怀着我，这样的环境可能对我的成长不好。每周轮到休息时，妈妈都会抽出一天的时间和姐妹们或者爸爸一起去山上锻炼，尽可能多呼吸呼吸新鲜的空气，为的是能增强我的体质。

幸运的是，我的生命力很强，每次产检时医生都说我的发育情况很好，很健康，甚至还有些小闹腾。

小时候，我常听爸爸妈妈说，我到了四五个月大的时候，就开始很不安分了。有时候晚上睡觉，我都会时不时地踢妈妈的肚子，他们那时候还以为我是个爱运动的男孩呢。他们还说，我小时候经常闹腾得他们整晚都睡不着觉。时间就这样慢慢地流逝着，很快妈妈的肚子越来越大了，出行也变得不方便，而且爸爸那段时间在别的地区工作，路程比较远，不能天天回家。为了让肚子里的我得到更好的照顾，妈妈住到了爷爷奶奶家里，为我的降生做准备。

人们常说：屋漏偏逢连夜雨。离预产期还有大概一个月的时间，妈妈又出事了。那天早上爷爷奶奶好像都没有在家，妈妈从三楼下来去厨房里准备烧点水喝，但是那天是一个下雨天，空气特别潮湿，台阶和扶手都特别滑，妈妈因为怀着孕站不稳，就从楼梯上滑下来了，连着滑了好几个台阶才用手撑住。妈妈说，现在回忆起来还是感觉我下一秒就要没了，真有些后怕啊！那时候爷爷奶奶恰巧回来了，看到妈妈坐在地上，他们也吓了一大跳，连忙把妈妈扶起来。还好，由于妈妈的守护，我没有什么特别大的异样，她肚子也没怎么痛，她也就没有去医院。直到五六天之后，妈妈肚子痛得受不了了，奶奶说可能要生了，然后就和爸爸以及家里的其他人把妈妈送到了医院里。当时医生很震惊，厉声呵斥爸爸说羊水都已经破了好久了，为什么现在才送过来？

那时候家人都要吓死了。没办法，顺产有点困难，就选择了剖宫产。

听说我生出来的时候，整个人因为脱离羊水了一段时间，已经有些发黑了，但是哭声还是很洪亮。医生说有的婴儿脱离了羊水不久就会窒息，我能存活下来真是个奇迹，还说妈妈也是很坚强的。

奶奶给我取名为“好好”，也是希望我既然已经挺过了这一关，就要在接下来的生活中好好的。

劫难让我好好活着，努力做好自己的事。

这就是我出生的故事，与平凡的孩子相比可能多了一些艰险。我要珍惜来之不易的生命，我要在此对父母再道一句感谢，因为有他们，我才能健康地成长。

老师：好好，你的出生好惊险啊！连医生都惊讶，都脱离羊水一段时间了竟然还能存活。你的出生让人心惊肉跳，吓得家人都哭了。不用说，同学也都听得捏了一把汗。

妈妈辛苦了，生你不容易啊！所以奶奶为你取名好好，希望以后你顺利、好好地活着。

好好同学，你要珍惜生命。

第二节

长大不易

老师:同学们,欢迎来到生命会客厅,我们今天分享“我要长大”主题中“长大不易”的话题。

虽然人生之路漫长而艰辛,但每一分耕耘都必定伴随着一分回报。虽然我们不能选择自己的出生,但我们可以选择自己要走的路。生命是一个旅程,这个旅程虽然是充满艰辛的,但也充满惊喜。如果能够乘兴而行,不管路途多么遥远,人生都是由一个阶段走向另一个更高的阶段。人生之路任重而道远。无论结果如何,我们都应该学会珍爱来之不易的生命,用我们有限的精力去奉献社会,回报大自然的恩泽。

同学们,抱抱自己,给自己一个赞,长大不易,说说你心中关于长大的故事。

弟　弟

我有个比我小一岁的弟弟，因为父母工作比较忙碌，弟弟出生后没几个月，就被送去姑姑家。直到他五岁那年,他才被接回来。他被接回来那天,哭了很久。按他当年的话来说就是:“我不想要一直待在‘舅舅’和‘舅妈’家。”大概就是因为五年时间亏欠太多，我的父母对他从来就是有求必应。我是从小在父母身边长大的，从一开始新奇地接纳我多了一个“新”弟弟，到后来嫉妒他得到父母大部分的爱。虽说我父母并不存在重男轻女的观念，但那个时候我却不断吹毛求疵，抱怨父母给予我的爱太少。我竟“细致”到吃饭时母亲多剥了一只虾给我的弟弟，内心都会翻江倒海的地步。这一切折磨了我很久，直至我那年离开家，去上高中。

我上了我们县最好的高中，而我的弟弟因为青春期的叛逆以及父母的宠溺，学习成绩不好，造成中考失利。父母担心他高中可能在不好的学校学习，于是四处找各种私立学校，花了很多钱才让他进入了一所成绩与我们县高中相当的私立学校。我那时认为，父母对弟弟的所有心血都将会付诸东流。我在心底不断责怪弟弟初中时为何不认真读书，那么任性，也抱怨我的父母没有必要为我弟弟花费一笔巨大的开销，我还幸灾乐祸，甚至私下希望他们将来遭受应有的惩罚。我心态不好，总是会报复性地这么想。

然而，也许上天听到了我的心声，我们家发生了翻天覆地的变化。也是这件事之后，我一直觉得愧对弟弟。后来我总是想，如果我从未这么希望弟弟会发生那么不好的事，也许这一切都不会发生了。

高二那年，也就是我弟弟高中学业考试的前一天，我弟弟查出了骨癌。其实这是有前兆的，比如周末我俩在家的时候，他总说脚疼，而我却觉得他矫情。我嫉恨地回应他:“正常，我也会这样。”后来我总是在想，如果当时我没有这样漠不关心，会不会一切都不会走到这样的状况。有几次打电话回家，妈妈都和我说她在医院陪弟弟打吊瓶。唯一不同的是，弟弟从镇里的医院换到县里的医院，然后又换到市里的医院。最后一回的电话里，我问我的母亲："妈，严重吗？"

我的母亲轻松一笑，然后无奈地说："只是做个检查罢了，不必担心！"现在想来，她是在担心影响我期末考试吧？

那天，期末考试一结束，我就从县里坐车回家了。然而，家里不同往常，空无一人。我一个人守着空空的房子，直至晚上十一点，家里所有的亲戚都来了。我记得很清楚，久违的大门敞开了，全部灯都点亮了，明晃晃的。我的父亲背着我弟弟从车上下来，母亲鼻子红通通的。我一时站着也不是，坐着也不对，但始终没人告诉我究竟发生了什么。我悄悄附在弟弟的耳朵旁边问："你的脚打篮球摔伤了吗？"弟弟轻松一笑："马上就好了，不要担心。"

告诉我弟弟得了骨癌的不是我的父母亲，也不是我的弟弟，也不是在那天晚上。令人揪心的是第二天，父亲母亲匆忙和我告了别，坐上去北京的车，一

我弟弟出生没几个月就送到了舅妈家，五岁时才接回来。初中毕业没考上高中，父母花了许多钱才把他送进私立高中。高中没毕业，他又被查出了骨癌。经多方治疗，家里也花了不少的钱，现在一家人快乐地生活在一起。弟弟的长大，真不容易啊！

个亲戚不小心说漏了嘴。我依然清晰地记得，那天告别的时候，父亲多给我塞了几百块钱，我问："你们要去哪，什么时候回来？"

我得到的回应是："北京，也许两三个星期，也许要半年或者一年。"

父亲的答案是不准的，实际上比这更久，我再见到弟弟已经是两年以后了。他剃光了头发，瘦骨嶙峋，无精打采地窝坐在轮椅上。他脸色苍白，说话弱弱的，还没有恢复元气。

这两年期间，我总是在路上边走边想，如果我的脚是弟弟的脚，那我会怎么样？这两年期间，我总是一个人在家和学校徘徊。

这两年期间，我度过了一次又一次考试的失利与打击。

经历了这一切，我才明白父母对儿女的良苦用心，感动于弟弟在病魔面前的成熟稳重。我才恍然醒悟，身边的人随时可能在某一天离你而去。如今，弟弟已经战胜了病魔，我学会了独立与坚强，我们俩的感情日渐增长，我也学会了珍惜身边人。

塞翁失马，焉知非福。

老师：敏敏讲得很感人！你从小时候弟弟患病，领悟到长大不易。由于父母工作忙，弟弟小时候被寄养到姑姑家。为了弥补亏欠，父母过分溺爱弟弟，这让他任性，不爱读书。为了让他上好学校，家里又多花了很多钱。更不幸的是，弟弟患上了癌症。从弟弟的经历中，你也发现了自己的狭隘，你成熟了。

对于弟弟学习的问题，我认为应该端正他的学习动机，培养他良好的学习习惯，这是一劳永逸提高他学习成绩的方法。

热爱生活，努力从生活中汲取坚强、成熟、宽容以及友善的营养。

父母养大一个孩子不容易，人生无常，好好珍惜当下美好的生活。

不要理他

记得那是高中的一个早上，我和一位同学发生了矛盾，心里不太开心。事情是这样的，那天我迈着沉重的步伐走进了教室，突然看见同学们在埋头认真地写着什么。我问了同桌，他说："要做数学书上第 43 页第 2~5 题，老师一会儿要检查。"听到这话，我便立即拿出笔认真地写起来。随着时间的推移，教室里的人越来越多，声音也越来越吵，玩闹的人也越来越多，突然班上的同学从我身边跑过，把我的手狠狠地撞了一下，我的本子上立马就出现了一条大大的裂缝。裂缝特别特别深，划破了三四张纸。我当时立刻火冒三丈，也大声斥责他，一肚子的愤怒，再也不想理他了。

我一整天嘴里就念叨着："不要理他！"的确，我一天也没有理他。

到了下午放学的时候，他笑嘻嘻地走过我的座位，迅速地丢下一张叠得整整齐齐的纸，便跑开了。我把书包整理好后，拿着那张纸一路走回了家。回到家后，我把那张纸小心翼翼地打开，每打开一层，我的心就狂跳一下，心想着这会不会是一封恐吓信？最后打开了信，赫然入目的是一行工整的字："对不起，请你原谅我吧！"看到这些带有诚意的字时，我的眼眶湿润了，泪水缓缓地流了下来。当然，它是快乐的泪水。

第二天，我给了他一个"没关系，我原谅你了"的字条。当他看到那张字条时，我们两人正好对视，相视而笑。

然而，行色匆匆中，多数人被生活磨平了棱角，开始渐渐冷漠，不愿停下脚步去倾听心灵的跫音，更不愿去回味那感动带给心灵的慰藉。有段时间，我似乎也忘记了感动的滋味，整日埋头学习。我不是坐在电脑前打字，就是整理资料。有一天，朋友提醒我："小刘，离开电脑，休息一会儿，做做运动！"简单的话语，让我疲惫的心开始温暖，让我冷漠的心开始融化。当生活中遇到不顺心的事，心情变得烦躁、郁闷，甚至忍不住落泪时，这时朋友又告诉我："流泪并不代表脆弱，只是缓解一下内心的不快，哭吧！"那一瞬间，我被感动了，被朋友朴实的语言感动了。随后我也开始改变自己。

我们需要理解，我们需要交流。善待身边的朋友，宽容他人，要善于发现对方的长处。在人际交往中，你需要别人怎么对待你，你就要先怎么对待别人。

通过这件事，我深深意识到朋友很重要，他是我生命的一部分。不过，天下之大，人海茫茫，想拥有朋友，难！想拥有知心朋友，更难！

我真的感觉我有这么一个朋友很幸福，他在你孤单的时候陪伴你，在你伤心的时候安慰你，在你有困难时帮助你。我认为，真正的朋友，在信任中栽培友谊，在关心中呵护友爱，在理解中拥抱友善，在竞争中升华友情。

当你遇到挫折而感到抑郁的时候，向知心朋友的倾诉可以使你得到疏导，否则这种积郁会使人生病。要知道，没有任何药物可以医治心病，除非你有一个知心挚友。因为只有对朋友，我们才可以尽情倾诉自己的忧愁和欢乐。那压在我们心头的一切负担，通过友谊的肩头而被分担了。

和自己的朋友进行心的交流，在语言的沟通中你或许能得到意想不到的快乐。不是吗？追思与畅想可以赶走孤单，让一腔柔情有了着落。当心灵的平衡带来谦让与宽容，人性因此而和善，世界也因此而更加美丽。无论如何，若痛苦能被分担，快乐必然也更多，这其实就是一种幸福和感动。

这就是朋友的魅力，也是我们要交朋友，要呵护朋友的真正内涵。

老师：熠熠，讲得好！由一个故事引发对友情的思考，感谢你！

同学们，好好结交一个好朋友，好好爱身边的同学。如果有一个好朋友，你会感觉很幸福。好朋友让你进步，化解你人生的困难，也是你生命中的一种陪伴。

生活中的点点滴滴都能体现朋友对你的关心，即使是很平凡的一件小事。比如，做作业一起做，坐车总是让座给你，买礼物总是挑你最喜欢的，有快乐和你分享，等等。看似平凡最奇崛，真正的美往往存在于平凡之中，我们更会因此而感动。仔细观察，你也能体会到感动就在你的身边。

善待你的同学和朋友，好朋友会给我们温暖，能驱散我们秋天的阴霾和冬天的寒冷。

留守儿

小学六年级时，课间玩耍，我不小心踩到装修散落到地上的木板，滑倒了。我的左手受到了撞击，只感觉到一阵剧痛。我挣扎着爬了起来，同学也立马过来扶我，还有同学跑去找老师。我眼眶里的眼泪突然就含不住了，因为疼痛，也因为感动。很快，我被五六个同学送到了乡里的诊所。医生看了后说，他不是骨科的医生，我只能去县城里的医院看。

当时已经入冬了，天气很冷，我的左手手腕肿得很严重了。我年纪尚轻，没经过大事，心里还挺害怕的。

小的时候，我是一个留守儿童，三岁大的时候就开始由爷爷奶奶抚养，一年能见到父母的时间很少。七岁时，我就读了乡里的寄宿学校，从此开始了漫长的寄宿学习生活。在我的小学，有很多留守儿童，原本我觉得也没什么大不了的，只不过是早点学会独立罢了。但是，受了这么大的伤，父母又不在身边，我第一次觉得好无助。班主任立即给我的奶奶打了电话，但是家和学校还有很远的距离。还好，外婆家离学校比较近，班主任又通知了我的外公外婆。当时已经是晚上七点过半了,同学们都很担心我。我有些吓蒙了,也不知怎么办才好。我渐渐地不哭了，只是看着自己肿起来的手腕发愣，我能做的也只有慢慢地等。没过多久，外公和外婆就到了学校，他们看到受伤的我也很心疼，可是他们也没有办法，毕竟从这个小学到县城最少也要一个多小时。

突然老师告诉我，我的姑父马上就要到学校了。那一刻，其实我很想我的爸爸妈妈，我已经半年没有见到他们了。我又心生感触，即使父母因为很多原因没能陪在我的身边，但是我还是有一个很温暖的家。姑姑嫁得近，一直都对我和妹妹特别好，对爷爷奶奶的照顾也无微不至，我觉得她一直都是我生命中最需要感恩的人。没过多久，姑父骑着摩托车到学校把我接走了。那个晚上天气超级冷，姑父先把我接回了家。我一进门奶奶就着急地询问我疼不疼，现在感觉怎么样了，我一直都是她最最疼爱的人。爷爷奶奶都特别担心我。

拿上证件和衣服后，我和姑姑坐了一个叔叔的车去县城里的医院。天又黑又冷，我觉得那一段车程是我人生中最漫长的一个多小时。

到了县医院，我们找到了值夜班的骨科医生，他看了我的伤势后说我这是脱臼了，我和姑姑悬着的心才都放下了。幸好，没有骨折。

医生给我治疗时，姑姑就捂住我的眼睛让我忍一忍，然后就是住院、抽血、挂点滴，一直折腾到凌晨一点多钟。我左手被包得严严实实，手指头也没什么力气，什么事情都要麻烦姑姑。看着姑姑忙碌的身影，我突然觉得很愧疚，如果我小心一点就好了，我有点责怪自己。

那天晚上我几乎没有睡着，左手隐隐地跳痛，我总是睡不踏实。

第二天早晨，姑姑告诉我说，妈妈马上就要到医院了，一瞬间我感觉鼻子酸酸的，我不知道妈妈几点起床才能赶上最早的一班车回来。妈妈其实特别爱我，如果有办法他们也不想缺席我的成长。父母常年在外打工，我很理解他们，但我真的需要他们多陪陪我。

妈妈到医院后一直问我还疼不疼，我看得出她眼泪汪汪的，不停地忙这忙那。过一会儿，她又去给我买早餐了。妈妈让姑姑回家休息了，她独自陪我在医院待了一个星期。好久没有和妈妈这样待这么长时间了，我回忆起来那段时光，还是觉得很温暖，这也是我这么多年来唯一的住院经历。

没过多久爸爸也回家来看我了，我好激动，又很高兴。

稍微好些后，我就回学校了。每隔三天爸爸都会来学校给我换药，就这样他们陪了我一个多月。现在想起来其实那段时光我过得很幸福，因为我的身边充满了爱和温暖。

也许感动并不是单纯的落泪，而是把这份宝贵的感情一直藏在心里记忆一辈子。

人生到今天，我觉得挺不容易的。

老师：彦彦讲得很感人！你是一个留守儿童，没有父母的陪伴，你长大很不容易。你的父母为了你过上好的生活，他们在外打工也不容易。你要坚强起来，

每个人的人生都不总是顺利的，都会有这样那样的困难。人生的本质就是接受困难的挑战，不断地超越自己。

面对生活，要学会照顾自己，无论做什么事都要有安全意识。

一切都会好起来的，困难总会过去，积极乐观地面对未来！

好好努力，学会理解父母，同时不要让自己的孩子当留守儿童。

眼　泪

高三第一个学期的一天傍晚，我和同学一起去吃晚饭，点了一份炒年糕。和往常一样，吃完饭我就回学校上晚自习了。倒霉的是，晚自习结束回住处时，我的肚子开始隐隐作痛，我以为是胃病又发作了，也没怎么在意，洗漱完就去睡觉了。我心里想着，明天就差不多好了，没什么事的。

然而，我至今还记得那个时间，是凌晨两点四十，我痛醒了，还上吐下泻。这样的经历好像还是第一次。我的高中时代一直在学校附近一个人租房一个人住。因为当时是高三了，希望自己能好好用功读书。为了不分心，我也不把手机卡带在身边，只带了手机当作闹钟用。看着手机上的时间，当时最想的一件事就是给妈妈打电话。我也没有经历过半夜生病，我很害怕，我根本不知道该怎么办，就躺着边流泪边模模糊糊地睡着了。

早上醒得比平时要早一些，但脑子沉沉的，什么都不想做。

一早到教室，班里没几个同学，我呆呆地坐着。等早自习开始，我就去找班主任请假，想去学校旁边的诊所看看。

我向老师请假，说我胃痛，想看下医生。

到了附近一家诊所，跟医生说肚子痛。医生叫我先躺下来，他试探地按了右腹下面问我痛不痛，我说痛。“痛多久了？”“一个晚上了。”医生说：“你这是慢性阑尾炎急性发作。我给你打消炎针，要连续打一个礼拜。”

因为去得很早，打针的就我一个人。我坐在那里，心里酸酸的，想着想着就流出了眼泪。我的泪点一直都很低，若一着急，眼泪永远是第一个出现。

打完针感觉好多了，但胃口一直不太好，总感觉肚子胀胀的。

回到学校，我和班主任简单说了几句就继续上课了。班主任好像给我父母打了电话，让我去接，我不想让他们太担心，云淡风轻地说了几句。

父母一直都在外省，我是个留守儿童，从小是跟着外婆长大的。我好像和别人没有什么不同，就是偶尔会羡慕他们身边有父母在。每次开家长会什么的，不用说，我都是不会有大人参加的。

因为医生交代要打一个礼拜的针，每天我都要向班主任请假。后来，班主任问我严不严重，要不要再去医院看看？

周六，我就和同学一起去了医院，医生也是按了按，说阑尾炎最好还是开刀割掉，他还拿一个高三女孩子也是高考前一天复发了的例子吓我。我当时根本不经吓，高考生最害怕这样的事情发生。我打电话给爸爸，说医生要求开刀，爸爸说那就开吧。然后爸爸赶紧叫妈妈收拾收拾赶回来，最后因为我舅舅坚持说不开刀，然后我就回家了。其实我当时阑尾发炎并不严重，完全没有必要开刀的。我当时也拍了彩超，其他的医生看完片子也都是说只要连续打一个礼拜针就行了。那段时间我也吃了挺多的药，经过一个礼拜的打针吃药，我的胃病后来再也没犯过，阑尾炎更是没有复发，一直都挺好的，现在也挺好的。

后来有一天，妈妈和我聊天说起那天爸爸听我说要开刀，他一边流眼泪一边和我妈说：“我这么大年纪都没有开过刀，女儿才这么大就要开刀了。”我爸疼我，我一直都知道的，亲戚也总有事没事说我爸更疼女儿一些。我只是对我爸的反应很震惊，我们都知道阑尾炎手术只是一个很小很小的手术。还有最近一次是年末的时候，我不小心切到手指了，半个指甲都切没了，血一直流啊流。一会儿工夫，我的整只手流得都是血。我很淡定地回家去，告诉他们说我切到手了，流血了。然后，我爸急忙拿来创可贴，边给我贴边说“我女儿受伤了”。

听到这么说，我的眼泪就涌上来了，明明是自己切到的还觉得很委屈。创可贴根本贴不住，血还是一直渗出来，我妈按住我的手指，然后我就戏剧性地开始晕血了。之前看着血流满一只手，我却一点事都没有，这次反倒开始晕血了。那是我第二次晕血，第一次就一点点晕，然后两分钟就好了，这次整个人都晕过去了，还靠在妈妈的身上。我只感觉自己体内的那种能量一点点地被抽走，有点冷，似乎有一种天一点点暗下来的感觉，这件事我再也忘不掉了。不过，五分钟后，我慢慢开始觉得能动了，然后就差不多好了。

我们总听到父爱如山这种话，可是在我看来并不是这样的。有些父母会很直白地对孩子说出我爱你这样的话，而我的父母从来不会那么讲。爱这种感情是要去感受的，不是说两句就是爱了。我觉得最重要的是仔细地观察，观察那些被自己忽略的认为理所当然的细节。

天下没有不爱自己孩子的父母，而人对事物的反应是内心的表达。

好好生活，好好感受生活的美好。生命对每个人都只有一次，一定要珍惜生命。

生命不容易，它需要我们发现爱，更要感受和珍惜。

老师：晨晨，你讲的故事让人很感动！你是一个留守儿童，你的长大很不容易，你很理解父母对你的爱。苦难的生活让你过早独立、成熟，你独立生活太早了，你内心一直想要被父母呵护，也希望在父母面前撒娇，做个小女孩儿。

我们长大需要父母的陪伴，当这个需要缺席时，无论我们长多大，内心都会努力想弥补这种需要。

如你所言：天下没有不爱自己孩子的父母，而人对事物的反应是内心的表达。学会和过去和解，设法心理断乳，我们要走好自己的路。

一盏灯

童年里的那几年时光，所思所想所感都让我那么难以忘记。

这段刻骨铭心的回忆开始于一个很适合渲染伤感气氛的阴雨天。那一天父母选择去外地经商，他们要我带着妹妹和爷爷奶奶一起生活。也正是从这一天起，我和妹妹变成了“留守儿童”。

那一场雨延续了好几天，似乎要告诉我们即将面对一个缺乏父母温暖的全新而又陌生的生活。从此，我不再过着衣来伸手饭来张口般“公主式”的生活，我开始接触各种家务，洗衣，打扫卫生，做饭。起初，我很不适应，不仅仅是对父母的想念与不舍，还有生活中大大小小的琐事让我恐惧。那时的我正在上小学，第二年就是小升初，学习上的事已经有点记不清了，只记得学习成绩还算稳定。冬日里，我在乡下溪边洗衣留下的冻疮，现在还每年都会出现，仿佛在告诉我，那一段时光里，我真的努力地做了不少家务。我又要学习又要料理家务，有时也会无助，我记得很多个夜晚我和妹妹相拥着落下泪水，泪水中凝聚着我们对远方父母的思念。

很多的细节已经是过去式了，现在回想起来也很佩服当时的自己，真的坚持过来了。在小学的最后一段时光里，我流下了很多眼泪，它告诉我生活不相信眼泪。先说说家里，当时爷爷奶奶身体不好，他们的生活习惯和我们都有所不同。他们习惯早睡早起，生活节俭，每一餐的饭菜都比较朴素。然而，我和妹妹则处于长身体的阶段，又面临着学习的压力，我们想吃一些荤菜。为此，我也曾尝试做一些小菜，我最拿手的还是西红柿鸡蛋汤。有时，时间比较紧，我们经常下面条来填饱肚子。那几年里，奶奶做的排骨是我们最喜欢的，不过这是乡下比较珍贵的荤菜了。那时我和妹妹最快乐的时光，就是吃到排骨。虽然现在对排骨已经没有当初的那种渴望与喜爱了，甚至也找不回当时的味道了，但那时吃排骨的印象却久久不能从心底抹去。

我一直很重视学习，这是我当时最重要的任务。我曾以为努力考上一个好的初中，未来的一切都会好起来。

那年，我以全县第一的成绩来到了市里的一所初中。我很开心，几天几夜都兴奋得睡不着，这是许多孩子梦寐以求的成功啊！然而，没过多久我就担忧起来，准确来说又有许多压力了，因为妹妹仍在乡下读小学。我有幸在重点班获得住校的机会，但我必须每周末坐一个多小时的公交回到乡下。可能是因为和妹妹有一种“相依为命”的经历，我至今都很宠溺她，我们彼此都知道每个周日分别的不舍与期待周五相见的欣喜。

周末在乡下，一切都没有改变，还是要做家务，也要把握好自己的学习成绩，并照顾好妹妹。

在市里求学的日子里，我也学到了很多，那就是坚强。我刻骨铭心的还是担忧赶不上周五回乡下的末班车。那时，我一放学就冲去站台，一直跑，一直跑，尤其是乡下修路的时候，公交车停在了外面的村口，我要走好远的路。最不能忍受的是冬天的傍晚，天已经黑了，我裹着围巾，背着书包，硬着头皮快步走回好几千米远的家里。

再后来，父母在市里买了房子，我周末不再来回奔波了。待妹妹也升学到市里，一切都开始变好。尽管我和妹妹平时住校，但周末一回到家里住，我们就成了彼此的“监护人”。

虽然回忆中的自己时常无助而又无力，那时的我也时常问自己为什么这么可怜，但时间长了，我开始慢慢习惯，也慢慢学会接受现状。有时候看到他人的故事，知道其实自己是幸运的人，我经常激励自己，自己的生活比很多人还好一些，我应该学会知足与感恩。我有一个幸福和乐的家庭，有爱我的父母与陪伴我长大的姐妹，身边还有许多小伙伴。我体会到了父母的不易，他们在给我创造更好的生活，我也应该学会成长。

我会在疲惫的时候想着再坚持坚持就可以完成了，在孤独的时候想着晚点就会见到我想见的人了,在失落的时候选择调整情绪去想想改变的方法。很庆幸，那时的自己很乐观，现在也是一样。我更加相信苦尽会甘来，我也会期待未来的美好。

人的一生很长，我们会经历的事情真的太多太多。但那些不甘的、难熬的、最艰难的生活，才是值得我们反复思考与感悟的。这段刻骨铭心的时光在当时似乎很漫长，但也过得很快。现在想起来也只是匆匆而过的回忆，其实我早已经释然。因为我经历了那么艰难的一段时光，我会珍惜当下的可贵，感叹自己现在的坚强与独立。我也很理解父母的不容易，深知每一分付出都会慢慢得到回报。有些释然的是，艰难的日子可能就是在磨炼自己，每一道坎坷都在让我变得更加强大，这就是我的成长过程吧！

苦难中的乐观是一盏灯！

苦难中的坚持是一盏灯！

有灯的照耀，即使是苦难，它也是人生的一笔财富！

老师：俊霞，长大不易，苦难让你一步步坚强。你知道生活的不易，你理解父母离家工作的苦心，你学会了承担责任。你与遭遇的苦难和解，苦难也造就了你的独立、强大、奋斗与乐观。

面对苦难，要乐观，要砥砺前行。无论我们遭遇什么，既来之则安之，苦难是我们人生的一笔财富。

我和你一样，相信苦尽会甘来，未来会更好。

悲　伤

生命的时光一点点在流逝，好像细沙流过指尖，又好像海浪一样来了又去。有些事情似沙子，随着海水退回到记忆深处，成为一本尘封已久已不想再翻动的书。但我想强调的是，有些事情就像礁石，任凭时光流逝，海水涨退，它依旧牢固地待在原地，甚至经过海浪的反复打磨反而变得更加闪耀，成为心中闪闪发光亦不可磨灭的存在。或者也可以说，它像一把刀子一般，扎在我的心中，使我铭记于心。

奥修说过：一个人死后，会在活着的亲人心上收回他的能量。这块被收走能量的区域将始终是空的，是匮乏的，意在不时地提醒我们的无力以及躁动。

如果记得没错，小学的时候我们就有学到生离死别这个词了，记得看电视的时候也会看到荧幕上的情侣，看着对方的眼睛深情款款地说："从此以后我们只有死别，没有生离。"不过，我对这个词语的理解，一直停留在表面，或者更确切地说我只经历过生离，不曾经历过死别。生活中，人们的生离处处都有，比如毕业与同学的告别是生离，家人外出工作是生离。离别很常见，所以生离这个词对我来说也显得很轻松。然而，我经历了那件事后，感到了“死别”的揪心。

大一的某一天，我像往常一样在寝室写着作业，突然手机消息弹出来，是舅妈的信息——瑶瑶，你最近和妈妈通过电话吗？外婆病得很重，你最近方便回来吗？我刚看到的时候一下子没反应过来，但我的理智告诉我，我现在需要给妈妈打个电话询问一下。妈妈那头电话接得很快，仿佛是一直守着电话等待消息似的。我刚拨通，就听到妈妈虚弱又带着哭腔的声音，听到我的询问，妈妈压抑了很久的情绪再也按捺不住，她哽咽着对我说：“你外婆要不行了，医生说她熬不过这几天了。”顿时，我的眼泪哗哗地流出来了。可能是消息来得太突然，最主要的是，外婆的病来的也太突然。印象中她就是一个快乐健康硬朗又喜欢唠唠叨叨的小老太，可是当看到她躺在病床上奄奄一息的样子的时候，那一瞬间就好像一块巨石压在我的心坎上。我觉得她是那么的陌生，又那么的令人心疼。

没过两天，我就收到了外婆去世的消息。这噩耗如晴天霹雳，让我一时悲痛不已，也睡不好觉。那几天，我都不敢给妈妈打电话。后来过了一段时间，我请假回家参加了外婆的葬礼。说心里话，那时，我从来没有经历过类似的亲眷好友的去世，仿佛这种事情离我很远。参加外婆的葬礼是我第一次参加这种场面，它格外地令我心痛和难忘。

在葬礼的前一天，我终于回到家中，当见到妈妈时，我才明白什么是真正的一夜白头。妈妈整个人看上去憔悴了不少，眼神无光，白发也多了不少。我看到了一个木盒子，盒子很精致。我心想，外婆就这样从一个活生生的人变成了一个盒子？我强忍泪水，走过去拜了又拜。按照风俗，葬礼的前一天是要守夜的。据家里人说，妈妈在这之前已经熬了好几个大夜，况且明天的仪式和礼节繁多，亲戚都劝妈妈去睡觉。妈妈似乎没听见，她不改坚定的眼神，一边折着纸元宝，一边苦笑着摇摇头，我心疼地对她说：“妈，今晚，我陪你。”很多亲戚也一同陪着我们，一直熬到了后半夜。妈妈看我不停地打盹，她为了我可以休息一下，拉着我的手说：“女儿，我们一起去睡觉。”在床上，妈妈又哭了，我默默地从背后抱住她，她哽咽了几声，对我说：“女儿啊！妈妈以后，没有妈妈了。”之后，我迟迟无法入睡，我可以清楚地感觉到，没过多久，妈妈就悄悄地下床走出去了。她在这种时候还是担心我无法休息好，我明白她的用意，即使我没有睡着，我也不会叫住她。

第二天的葬礼，异常隆重与烦琐，直到现在让我回想，我都不知道具体的仪规是什么。只记得来了很多很多的人，外婆娘家来了人，我们要披麻戴孝，由妈妈舅舅和外公去迎接他们。外婆的遗像和那个精致的木盒子被放置在一个长得像花轿的房间里，妈妈和舅舅在司仪的句句话中，对着它们再三跪拜，好几次妈妈都哭得站不起来。出殡的时候下了一场大雨，可能是老天也悲伤地哭了吧，我们一行人送着外婆的骨灰盒和遗像去往墓地。山路上，一件件白衣和一把把黑伞，在大雨中默默地前行着，我分不清我脸上流着的究竟是泪水还是雨水。

那天晚上，我躺在床上，拼命地回想外婆生前的点点滴滴，可这记忆就像是和我对着干似的，越是想要记起，越是无迹可寻。我心情烦躁，翻开手机，想在相册中寻找蛛丝马迹。

脑中的记忆，生前的物什，手机里的照片，等等，这些都会随时激起一个人的悲恸与念想。可是，没有人能够替代任何人去消解这种苦痛。我认为永久保留心中对故人的回忆，这才是对自己的安慰，也是对自己已故亲人的祈福。想到这里，我走下了床，打开课桌上的灯，在日记中写下了：你跳出了时间，成了一颗星星，似乎我们有了共同的心愿，下辈子要好好的，无病无痛，长命百岁。

这是我第一次经历死别，第一次亲历葬礼。与至亲的永别，让我刻骨铭心。关于生活中平时的种种苦痛，在参加了这场葬礼之后，都变得渺小，我更深刻体会到了生命的可贵。我想从此之后我也不会小看生活中的各种小小生离，也许这就是最后一面。这件事就是我心海里的礁石，是深深扎在我心中的一道刺。

生离死别是人生的一部分。外婆去了，我很悲伤，但她没有离开，她活在我心里。我时常打开心底的记忆，向她问安，希望她在我困难时给我力量和鼓励。我要好好活着，告慰亲爱的外婆。

老师：璇璇讲得让人难受，也让我们想到了自己亲人的离世！我们在长大的过程中会遭遇许许多多的事，包括至亲至爱的人的离世。长大并非长高，它也伴随着我们经历人世间的悲欢离合、生离死别，使我们由此走向成熟。

生离死别是人生的一部分，活着的人要好好活，珍惜与亲人相处的分分秒秒，也要和一些恩恩怨怨和解！

人生不易，互报平安，相互问好！

坠　井

生命中发生了很多的事，但是给我留下深刻印象的事并不是很多。

活了二十多年，兴许不算久，但是我已经经历了几次或轻或重的外伤。幼儿园的时候，小孩打架，我站得远远的，结果飞来一个凳子腿儿，在我的后脑勺上留下了一个月牙形的伤疤。过了半年，由于同班同学的玩闹，我不慎从双层铺上跌落，右手手肘正好撞在对面下铺的床沿上，导致关节骨折。再大一点，有一次我拿了一个喇叭形的线轴当喇叭吹，结果不小心绊倒，将舌头下面的一根筋切断。如果不是治疗及时，现在的我可能连话都说不清了，但是这些都远远不及我在上小学期间的一次落水来的记忆深刻。

记得那是一个夏天的傍晚，我还是一个小孩子，在放学后买了一块橡皮泥，回到家，看到堂姐坐在她家的露天洗衣台上，我兴冲冲地跑过去炫耀。同时，我也一同爬上了洗衣台乘凉。天色渐渐变暗，我就从洗衣台上爬下来准备回家。谁知天有不测风云，我当时的个子矮小，在爬下去的时候没能顺利够着隔板，脚没踩稳，后退了几步。不幸的是，背后就是一口井，井沿只有大概三十厘米高。

我脚下磕到井沿，一个倒栽葱就掉进了井里。当时，我只感觉眼前一黑，耳边响起了堂姐的惊叫声，但它又在一瞬间远去，变得模糊，好像整个世界都在离我而去。紧接着，我体验到一种冰冷的感觉，它将我整个人包裹起来。

那个时候有一种奇特的体验，我感觉我的脚好像还在水面上，但是我的手贴在井壁上的时候却又有一种在上面不断划过的感觉，就好像我的上半身一直在下沉，似乎一块被拉长的橡皮泥一般。

耳边寂静无声，视野里只有一片黑暗，我周身冰冷，一种被世界遗弃的悲凉和孤独感涌上了心头，这种情绪之强烈，甚至让我忘记了我刚刚掉进了井里。

万幸的是，这种感觉没有持续多久，就让一阵仿佛用尽力量才能喊出来的声音给赶走了。紧接着我发现我正在以一种不可思议的速度上升着，并且迅速离开了那种冰冷。这时我感觉声音重新变得清晰可闻，明亮的光线刺痛了眼睛，我在一阵翻江倒海的呕吐之后，似乎落入了一个温暖的怀抱。当重新睁开眼睛的时候，我看到一个算不上高大的人影正在拍打我身上的青苔。再仔细看，我才认出来那是我家的邻居，他是一个年轻的爸爸。后来听别的邻居说，在我落井的时候就是他冲得最快，扑到井边，让别人拉着他的脚，在没有任何防护的措施下，他就倒挂着到井里把我捞了出来。然而，那时的他并没有向别人夸耀自己，更不要说来讨要感谢礼。

坠井的濒死体验，让我至今心有余悸。

生命的流逝是让人悲伤的，当别人奋不顾身地去救人的时候，又有多少人“简简单单”地放弃了自己的生命，这多么让人叹息啊！虽然我可能做不到不考虑后果地去救一个与我不相干的生命，但是我绝对不会放弃自己的生命，因为之前的体验就已经让我学会珍惜它了。

热爱生命，珍惜生命，生命只有一次，生命很脆弱。

老师：枭枭讲得我心惊肉跳，好险啊！我们能长大真不容易，有多少次与死亡擦肩而过。有些事不敢想，我们只能庆幸自己脱险，也不想回忆那一幕，毕竟心有余悸啊！

经历了生死一线，我们更热爱生活，也知道了生命的脆弱。

在未来的人生路上，我们要有安全意识，努力珍惜生命，爱护生命。当然，大难不死必有后福，我们要走好自己的路，多为社会和家人做些贡献。

回 不 去

2015 年 6 月我经历了一场严重的车祸，虽然过去一年多了，但是仍如同昨日一般，历历在目，也许我一辈子都不会忘记这次事故。

那是 2015 年 6 月初的一个傍晚，天还亮着，我如约赶赴同学家吃晚饭。他家在第二高级中学的旁边，所以我决定走大润发那条路过去，可能是因为那条路远离市中心，车子比较少。

于是我开着新买的小电瓶车，戴上耳机，飞快向前驶去。那一刻，我觉得很拉风，不由自主地加快速度。殊不知等待我的是一场严重的交通事故。在一个红绿灯下，我看着前方没有横向行驶的车辆，就径直往前开去。不幸的是，意外发生了，一辆汽车开过来，我撞上了它的后轮，整个人飞了出去。接下来的那几秒，就是在空中的那几秒，我仿佛觉得这就是自己在这个世界上的最后一天了。

然后，我重重跌落在马路的道牙子旁边。

待我从疼痛中醒过来时，已躺在医院的病床上。我的一根肋骨和左手小指断了，还需赔偿车辆维修费。我的小电瓶车已经报废，至今还在车管所。

之后是治疗与康复，这是后话。

在医院，我终于有时间，一边养伤一边想人生的生与死。在这次事故中，也许有任何一秒钟不凑巧，就是我生与死的距离了。

但是人生没有重来的机会，没法假设如果当初如何如何，现在就不会怎样怎样。每一个岔口的选择其实没有真正的好与坏，只要把人生看成自己独一无二的创作，你就不会左顾右盼、频频回首。如果当初做了不一样的选择，可能就会避免那场事故。然而这毕竟是如果，人生只售单程票，过去的就过去了，更重要的是走好后面的路。

在这个世界上，没有人可以真正对另一个人的伤痛感同身受。就算你万箭穿心，你痛不欲生，也仅仅是你一个人的事，别人也许会同情，也许会感叹，但永远不会清楚你伤口究竟痛到何种境地，所以我们要对自己好一点，要学会善待自己。

人生只能向前走，没法向后走，流到中游的水，没法再回到上游。如果说蒸腾到上空，成雨而降，仍可以实现回溯的梦，但这已是水下辈子的事了，而人没有来生。

人被时间牵着走，就像街上的车流，容不得你停留。跨过了 2016，就无法牵挽 2015，我们被时间推搡着，不情愿地跨过了一个个年口。

人生在大原则上是无法重来的，由生到死，绝没有协商的余地，而有些章节似乎可以重写，比如失败了再来一次，我们常说大不了从头再来。

细想想这种重来，如同下一年的花开，虽是重来，但君看今年树头花，不是去年枝上朵，而人生更多的章节，连重写的机会都没有。

歌曲《后来》中唱，“后来，我总算学会了如何去爱，可惜你早已远去，消失在人海，后来，终于在眼泪中明白，有些人一旦错过就不再”。人生的伤感在于，只有失去，才知珍贵。

没有错过，就不会觉得对方的重要，人必须到河的那边，才会感觉到离开此岸的轻易。当初坚定的理由，此刻变成了一个个疑问，却顾所来径，苍苍横翠微，回去，已找不见路，回渡，已找不到船。

人生的感觉往往在事发时是迟钝的，人在经历时缺少感觉，当时只道是寻常，哪个会对自己正在经历的事感到不寻常？而一旦成为过去时，丰富的感觉又像潮水一样涌来，而有些潮水可能会迟到数年。

人生让你有所悟，但并不鼓励你回去。我们经历生活，在经历中我们悟到了一些道理，这就是生活的恩赐。拥有这些生活的馈赠，并不是让你去补偿过去的遗憾，而是让你奖励未来的人生，人生因懂得而智慧。

人类社会的科技水平在加速发展，而人性并没有如此。如果下一代的人，都在之前无数代人的经验中过活，那么所有的人生岂不都是毫无遗憾地完美？就像是经过精心设计的演练，而这对于人生恰恰又是不完美的。

虽然一代代人的人生册页上都写满了经验和教训，可后来的人并没有比前人聪明多少，抛开社会进步的因素，现代人的人生跟千年前人的人生差别不大，所以人生的遗憾，永远不可避免，渴望人生重来的幻想，永远只是人生最大的幻想。

人生的有所悟，不是让你回首，而是鼓励着你让你知道怎么过好今后的人生。

经历生活，就是要慢慢懂得珍惜，怀念曾经的，珍爱拥有的，把握将来的，一路有智慧相随。

一句覆水难收道尽了无数的辛酸，有很多事情不能重来，要珍惜现在，拼搏现在。

现在的我，不再纠结于过去，而是放眼未来，珍惜每一天，从过去的经历中汲取养分，重新拥抱明天的温暖与希望。

老师：檵檵对人生总结得太好了！我们长大不易，我们是带着伤疤走向未来的。人生没有重来的机会，人生只能向前走。

人的生命只有一次，我们要且行且珍惜。

经历是人生的宝贵财富，相同的错误我们不要犯两次。

吃一堑，长一智。我们要善于向别人学习、向书本学习，也要反思自己。

老师：同学们，你们今天分享了关于“出生”和“长大不容易”的话题。你们很多都是独生子女，我觉得你们还少了一个故事，那就是父母为你们早期教育操碎了心，也花费了许多。

虽然当代社会生存压力很大，虽然家长们很忙碌，但我们经常听到父母“要让孩子从小接受最好的教育”的真情告白，这印证了一句古话：可怜天下父母心。

虽然我国实行义务教育，国家也一再呼吁减轻学生课业负担，但中国父母一直重视对孩子教育的投资。为了不让孩子输在起跑线上，父母让孩子吃好的，用好的。只要认为对孩子好，即使再贵的东西父母也不吝惜。无疑，商店里关于孩子的用品非常多，价格也高。

随着生活水平的提高，父母越来越重视对孩子的早期教育。孩子的早期成长过程中少不了家长的陪伴，更少不了父母精心的培养。家长在孩子早期的成长过程中除了智力方面的投入外，在培养孩子非智力方面也是费尽了心血。比如，如何让孩子养成良好的作息规律，如何让孩子学会独立生活，如何培养孩子认真学习的习惯，等等。这些也需要父母花费大量的时间和精力。

第六章　迷茫与困惑

生活是一团麻，我们常常遭遇意想不到的事，这会让我们困惑与不解。面对这些迷茫，我们不能逃避，要面对并做出选择。也许，我们会选择错误，但那也是我们成长的一种财富。人生往往是吃一堑，长一智。生活中不期而遇的磨难，往往是我们成长的契机。我们要多学习，多思索，每一次化解的迷茫与困惑，都丰富着我们的智慧，也提升着我们的精神境界。

我们在少年时期经常遭遇人生的困惑与迷茫。处理好这些问题，让我们学会思考与超越，也助力我们成长。

迷茫

老师：同学们，欢迎来到生命会客厅，我们今天分享“迷茫与困惑”主题中关于“迷茫”的话题。什么是迷茫呢？《现代汉语词典》的解释是：(1)广阔而看不清的样子；(2)(神情)迷离恍惚。我认为在人生的道路上，我们经常会遇到不知往哪个方向走的问题，不知怎么理清遭遇的纠结等。

在我们长大的过程中，现实总给我们提出一些挑战，我们还会遇到一些艰难的事件。当我们既有的能力无法处理这些问题时我们就会迷茫，可能看不清，也可能不知怎么去应对。然而，只要我们不放弃，积极向书本学习，向社会学习，秉承一颗真善美的心，我们终将化解眼前的种种迷茫，获得一种人生的智慧。年华似水匆匆走过，岁月悄然无声流逝。我们的长大是在尝试错误中前进的，长大都不容易，我们每个人都曾经迷茫过。

回首过往，我们要试着理解过去，乐观善良地看淡曾经，我们的内心会宽容与淡薄，由此走向美好的明天。

同学们，回首过往，说出你曾经的迷茫以及开悟的故事。

孝

每个人的人生中都会遇到很多感慨的事，那么今天我也来讲一讲我生命中遇到的令我感慨的故事吧！

五年级的时候，我们村里有一位六十多岁的奶奶生了一场大病，这场大病导致她全身瘫痪，不能说话，无法动弹，生活也不能自理，一切都需要人照料。至今，那位奶奶都是卧病在床的。

这九年里，她的子女们都一直在细心地照顾她。

有一次，我听到村里的人问她的儿子，照顾母亲吃喝拉撒这么多年，不会觉得烦吗？然而，那位大叔却是这么说的："我的生命是我的父母给的，没有他们也就没有今天的我，他们给我生命，给我爱，教我做人，我要感恩，要孝顺他们。"当时听到这句话，我非常地感动，也很敬佩那位大叔。他很淳朴，虽没有豪言壮语但有一颗善良的心。他知恩图报，"孝"字当先。孝是道德的基石，自古也是我们中华民族的传统美德，有了孝才会有爱，这是家庭和谐的基础，

我们经常会遭遇不知道往哪个方向走的问题，这就是迷茫。不是眼睛看不清，是内心比较乱，只要内心有守望，只要明白自己真正的需要，我们就不会迷茫进而从纷乱的思绪中理出下一步我们要走的路。

我们要把它继承下去。

天下之大，无奇不有。还有一个家庭，老人的遭遇却和这个奶奶完全相反。他就是我家旁边的一个家庭，他们家一共七口人，即一对父母，一个爷爷，两个儿子，以及两个女儿。这个家庭的父母俩都是脾气暴躁的人，也特别势利。

几十年来,那家的爷爷为他们做牛做马,但还是被他的子女骂得像牲口一样。他们经营了一个洗车场，开了一家饭店，虽然爷爷每天都帮他们洗车，赚的钱却都被他的儿子拿走了，一分都不留。到了吃饭的时间，他们都不想叫爷爷去他们开的店里吃饭。那时我和他们的小女儿玩得很好，我俩是从小一起长大的伙伴。我很多次劝她对她爷爷好一点，可她的脾气跟她父母一样暴躁，经常和她爷爷吵架。印象深的是，去年暑假也是因为她和爷爷发生激烈的争吵，那爷爷一气之下离家出走，去外面的一家工厂打工了。不幸的是，爷爷到厂里没多久就突发脑溢血去世了。爷爷生前还有一个女儿，他也非常爱这个女儿，但爷爷留下的财产却都被他的儿子独吞了，一分也没给姐姐。最让人气愤的是，连办丧事的费用都是他姐姐全部负责的。就因为这件事，这对夫妻的名声在村里特别不好。过年的时候，他的大儿子在外面喝了点酒回来，因为他的父亲没有给他的爷爷供香，两个人就吵了起来。大儿子说:“我已经忍你很久了，爷爷在的时候，他生病了你们不闻不问，只有我照顾。家里共四个孩子，两人考了重点大学，你就对他们特别好，我考了普通大学，你们却不管我的生活费。只有爷爷对我好，你过去对爷爷做的事，我以后会还给你的！”当时，我和我爸爸听到了争吵，立刻跑下去看，只见那大哥哥手里拿把菜刀，说是要杀了自己的爸爸。我被这一幕吓傻了。如果当时没有我爸爸及时地阻拦他们，也许会发生不可收拾的惨案。

两件事情对比，我一开始有点迷茫与困惑，但后来我想明白了，也领悟到了很多道理。

爸爸回来的时候，他问我以后会不会这样对他们，我笑着说不会的。亲情真是金钱买不来的东西，它可贵无比。生命是父母给予的，家庭与幸福也是父母给予的，没有父母，也就没有今天的我。一个人活着如果没有一颗感恩的心，那么他的世界将是黑暗的。

我们应该珍惜和家人相处的时间，努力孝顺父母，别等失去了再后悔莫及，徒留遗憾过一辈子。做一个有爱的人吧，毕竟一个家庭的和谐与幸福，需要家人彼此之间的爱与包容。一个有爱的人，才能有一个长久温馨美满的家庭。

尊老爱幼，这是家庭应该播撒的爱的种子。

老师：丽园，你说得好！尊老爱幼，这是家庭要传播的永恒的爱。两个老人不同的人生结果，深深教育了你。家庭要和谐与幸福，就要遵循家庭的伦理道德。

对于遗产分割，法律规定男女是平等的。老爷爷的女儿可以用法律去维护自己的合法权益。我们是个法治国家，我们要懂法守法，你可以对老爷爷的女儿进行普法宣传。

善于观察，多向生活学习，这是我们克服茫然，走向成熟的重要途径。

溺　水

人的记忆中有很多自己经历的故事，或许是令人激动的，又或许是开心的，又或许是悲伤的。在我的记忆中，有那么一刻，既模糊又清晰，像是平凡又朦胧的雨夜，时而一声惊雷划破天空，它震荡着我的内心。

那一刻是沉重与绝望的，也是离死亡最近的一刻。

我小时候不会游泳，但在和小伙伴玩耍的时候，我不慎将玩具扔到了一个池子里。我们几个尝试着先用棍子挑，再用石头砸，但始终不能把玩具送到岸边。我心急就趴在池子边，拿着一根木棍小心翼翼地挑着。就在这时，有个小伙伴开玩笑，从背后猛推了我一把。我在一种毫无防备的状态下跌入水中，霎时，一种前所未有的恐惧感遍布我的全身，这也是我毫无经验的第一次落水。水虽然不深，但是也能够没过当时的我。求生的本能让我在水中挣扎，我能够看见水中的景象，但我不知道这是当时看见的景象还是后来梦里见到的景象，只是依稀记得池子底部的青苔和几根大大的生锈的管道。我顾不上仔细观察，强烈的窒息感让我用尽全力向上扑腾。幸好我及时抓住了池子的边缘，这才借助浮力爬上岸。

我经常会想起这件事，每次都是惊魂未定，心有余悸。

时至今日，我甚至还能想起当时在水下的慌乱。那是一种绝对的压迫感，比任何一种情绪都要沉重，这种感觉加速了我的大脑的思考，让我在反应过来后迅速找到求生的办法。幸运的是，我并没有从此对水产生恐惧，可能是因为我并没有窒息太长时间。不敢想象在当时那个烈日下的广场，要是我没能抓住水池的边缘，会不会有人看见我的挣扎，进而及时向我施以援手。我不敢想象，要是我没能够反应过来，我是不是已经与这个世界告别了？

现在再来回想这件事，我终于能够体会生命的脆弱与无常。

从小我们所接触的都是关于生命如何顽强的正面教育，却从没想过生命其实也是脆弱的和无常的。比如，现实中我们经常在网络上看见陌生人去世的新闻，或是车祸，又或是疾病等。人的生命很珍贵，我们虽然能够上天入地，具有无穷的力量，但我们也不能够忽视人作为实体的本身，脆弱得甚至一个病毒就能把人打倒在地，所以不管任何时候我们都不能掉以轻心，要爱护好自己的生命。我们只有拥有生命才有机会绽放生命之花，发挥我们的生命创造的价值。

经历过这样一次溺水事件，我对自己的生命有了更深的认识，不管我们怎样力求创造最好的人生价值，前提都是我们要有完整的生命。

不论何时何地，珍惜生命都是很重要的。每个人都希望自己能够健康、平安地与家人一起生活，然而在现实生活中，我们常常会被意想不到的事故所伤害，可能是经济损失，也可能是人员的伤亡。我们无法预测这些可变的因素，我们只能做到尽力防范这类事件的发生。作为教育专业的学生，我认为有必要向学生传授珍惜生命的思想，要让学生正确认识生命，培养学生的生命意识与生命情感。我们要从身边的小事做起，努力做好日常生活中的每一件小事，比如勤洗手，乐助人，多社交，遵守交通规则，远离毒品，等等。

无论遇到什么意外都要保持镇定，用坚定的意志对抗困难，用充足的准备以不变应万变。

老师：宇宇，你感悟得真深！小时候的溺水让你感受到了生命的脆弱，也认识到我们的长大是不容易的。从小到大，我们会遭遇许多危险，如果没有了生命安全意识，不经意的意外伤害就会随时发生。

珍惜生命，时刻防范危险。同时，一旦遇到意外，我们也要冷静，积极求救，不放弃任何一次求生的机会。

生命是脆弱的，也是无常的，我们要善待自己的生命。

触　动

那天在家里打扫卫生，当擦拭门框的时候，突然发现门上有我幼时的笔迹。那是用红色油性的马克笔，在白漆的门上写的话：“我恨你们！”旁边还带有一个随性的简笔画，这是幼时挨了爸爸妈妈的骂，我怄气跑到阳台，随手画下的小火箭。

我现在已不记得那个时候，为什么会对爸妈产生如此大的恨意，可能是不服气，也有可能是委屈。但无论如何，它给现在的我的只有震惊，震惊当时的不懂事、当时的冲动、当时的粗神经。如果当时我能够懂事一些，能多了解一下爸妈，那么这一幕是不是就不会发生？这四个鲜红的字是不是就不会存在？

我不是爸爸妈妈，不清楚他们看见那句赤裸裸的充满愤怒的话是什么样的感受，我只是现在将心比心，想从此了解父母的内心。看到这句话时，我就觉得刺目，满腹愧疚，也为小时候的自己而万分羞愧。如果将来自己做了父母，在每天都要进出的门上看到用红色笔写的赤裸裸的这四个字，一定会感到窒息般的疼，无法呼吸的痛。作为父母，我想爸爸妈妈会比我更痛心，孩子是自己内心最软也最硬的那根刺。破镜重圆，依然会有裂痕；钉过的木板，即使撬开了钉子也会永远留有痕迹；往父母心上扎了一针，伤口虽会愈合，但痛楚依旧会留在心里。

讲完自己和爸爸妈妈的故事，我再来讲我在公交车上的一次经历吧！

那是一个阳光明媚的下午，我坐上公共汽车出去玩。当到达一个停靠站时，突然上来了一位拄着拐杖的老奶奶，司机师傅连忙转头对所有的乘客说："哪一位乘客给这位老人让一下座？"此刻，热闹的车内顿时鸦雀无声，大家你看看我，我看看你，好像都没有听见。我装得若无其事似的，心里在想要不要让座呢？毕竟好不容易才抢到一个座位。正在我犹豫不决的时候，我听到了一个强有力的声音："来，坐我这儿吧！"

人们不约而同地朝那个声音看去，只见一个三十多岁、穿着朴素的叔叔站了起来。他斜靠着座位椅背，双手握住横杆，脚下是重重的一个工具袋。老奶奶本来笑着推脱，但随着公交车的启动，老奶奶踉跄了一下，也就坐到了那个座位上，她感激地说了声"谢谢！"我终于看清楚，原来那位叔叔拎着不少东西，满是黄泥灰尘的布袋有外露的钻头，看样子都是一些建筑要用到的工具。他应该是为了防止工具滑倒，这时他的两只手离开公交车的横杆，拎起满满的那袋工具。当看到他那紧紧的肌肉，我就知道工具很重，他很吃力。我犹豫再三，很想站起来把座位让给他，但是那位叔叔下车了。

他走后，人们发出了一阵唏嘘声！

看到这一切，想到自己的犹豫和叔叔的果断，这鲜明的对比，让我脸上顿时滚烫滚烫的。这位叔叔助人为乐的精神深深地感动了我，他的形象也一直刻在我的脑海里。每当我想到这件事，我的心底就有一丝愧疚。当然，这件事也一直在鞭策着我，不要迷茫，不要犹豫，要将心比心，多想想别人的不易。

人是有情感的，一句话、一个善举都会让人感动。感动是我们生命成长的契机，如何努力做好自己，如何发现生活的美，如何积极传播正能量，这是我们需要考虑及践行的问题。

这是人生的意义，也是生命的价值。

老师：巍巍，讲得好！我给你鼓掌，因为我的内心也被你触动了。我觉得在成长的路上，我们都是会犯错误的。迷茫是年轻人的特点之一，要知道我们是在一个个错误中长大的，犯错误是年轻人的权利。

你对过往的错误至今有愧疚，说明你善于反思自己，努力向阳而生。我认为抚慰自己心灵痛苦的最好方法，就是去面对。你可以和父母交流一下，解开自己的心结。

克服迷茫的方式，就是多向生活学习，多向充满正能量的人学习。

无　聊

"同学们好，我姓吴，你们可以叫我吴老师，我的小名是鋆鋆，"鋆"字可能比较复杂，它的意思是是金子总会发光……"

还是第一次到培训机构做兼职老师的时候，我才开始真正地思考如何介绍自己。同时，我真正意识到自己的名字是多么有特点。比如，"鋆"字很复杂，其实也很简单，上面一个平均的均，下面一个金子的金。

还记得高中刚开学的时候，班主任也曾让我们自我介绍。但是，我只是说了自己的名字，没有介绍这个字，同学刚开始可能会以为是"芸、云、纭"等。这个字真的很神奇，可能这辈子我都要和"鋆"字打交道了，它在别人眼里是那么复杂，却是我名字的一部分。妈妈跟我讲，这个字是她查字典找的。妈妈认真地查了好久，最后她才找到这个字的。小时候会觉得妈妈好认真啊，长大了才深刻理解这个字，它真的蕴含着妈妈深深的祝福，我也越来越喜欢自己的名字了。

光阴荏苒，转眼我上大学了。我们专业大三的课会相对较少，可能是空余时间比较多吧，最近一直有无聊的感觉，一直想找人聊天，也就是那种没有目的漫不经心的瞎聊。以前的自己好像从来没有什么寂寞无聊的感觉，每天都很充实，充实到没有时间想这些无聊不无聊的事情，我整天忙着生活，忙着如何变得优秀。

人真的是不断在成长，视野也不断地开阔，性格也会因为一些新经历的加入而有些微小的改变，这样的生活让人有激情，每天过得很充实。然而，我目前却无聊，无所事事。我不知道这样的状态究竟会维持多久？是暂时的还是会持续很久？我比较焦虑，我只知道这样的状态并不是我想要的，而且这样的状态已经持续有一段时间了。

我想，我需要做些什么，努力去改变这样的状态。究其原因，只是相比于以前，我的空闲时间变多了，自己似乎没有用心地去安排空余的时间。我想我应该学会安排时间，人生最宝贵的东西就是时间。我对一件事投入时间的多少说明了我对那件事的重视程度，但是我现在却把这些宝贵的时间用在找人无聊地聊天上，那我就是最大限度地降低了时间的利用率。虽然我知道，不管我用这个时间做什么事，只要有时间投入，那么就多多少少会有收获，但是闲聊并不是我想做的事。如果每天重复着无聊的聊天，只会显得生活更加无聊。我应该拿这个时间去做一些能丰富我生活的事，或许追追剧、看看电影，或许跑跑步锻炼锻炼身体，或许出去拍拍美丽的照片，或许剪剪视频，等等。我要去做一些更加丰富多彩的事，去遇见更加丰富多彩的世界，去遇见更多志同道合的人，也是去遇见未知的更丰富的自己。

我知道每个人都会有无聊的时候，更加严重点，可能会有寂寞孤单的感觉，但是这个时候，我们可以选择思考一些问题，同时也应该意识到我们需要调整一下时间。人生漫漫，总不会每时每刻都充满激情的。我们总有些时候是无聊的、是迷茫的、是孤单的，但是我们应该意识到这种问题，并能调整这些情绪与情感，而不是一直沉浸在这样不良的情绪情感中。

越长大越觉得生活的平凡，曾经也问自己到底为什么活着，想到最后自己活着的理由竟然是想看看别人活着的理由。我现在虽然明白了生活的平凡可贵，倒也不纠结于为什么活着，但是却一直想着怎么活。

生活或许平凡，但是不应该无聊，生活是自己的，丰富充实才应该是生活的常态，愿自己能在无聊的日子里整理起时间，做时间的主人，做自己生活的主人，主宰自己的人生。

我要好好认识自己，好好发挥自己的潜能。也许，生活平凡，但我不能就此沉沦，一天天无所事事。我可能平凡，但我要不断成长，天生我材必有用，我要做最好的自己。

老师：鋆鋆，你现在还茫然吗？你似乎意识到了茫然的状态，也想做时间的主人，想做最好的自己！

我认为，你当下是缺少明确的人生目标，也许以往你太在意别人的评价，你不知道自己究竟需要什么。你找人聊天，是想发现或寻找自己人生的目标与动力。

每个人都有茫然的时候，要积极寻求帮助，努力走出茫然，这是一个人成长的契机。

希望你早日脱离茫然，开启富有激情的新生活。

双　姓

我的名字很普通，大家一看就知道是双姓。

很多人都以为我的“朱”是跟爸爸姓，“陈”跟妈妈姓。其实不然，我是跟妈妈姓的。一般情况下，孩子都是跟爸爸姓的，这是父系社会遗留的影响。但是，随着社会的发展，男女都平等了，当下随妈妈姓的也不少。就我个人而言，起初我觉得跟谁姓都不重要，只要一家人在一起幸福就好，姓什么都一样，姓只是一个符号而已。

但是现在我觉得，这种简单的想法或许并不可取，因为每一个符号背后其实都有着巨大的意义，可能我还没有真正理解我名字的意义吧！

说起我这个名字的由来，其实是有一段故事的。起初我并不是双姓，不叫朱陈慧，而是叫朱嘉慧。后来，妈妈生下弟弟，想让我和弟弟名字的第二个字一样，以加强姐弟关系。不过，我原来的“嘉”字，给弟弟就不合适了，因此才给我改了名字。我还记得，我那时是一年级，爸妈和我说要给我换名字了。一开始，我还有些不愿意，毕竟这个名字已经跟了我七年了，所有的家人、朋友和老师都习惯了我的名字。如果突然换了，我会很不适应的，况且觉得两个字的姓氏太别扭了，我还从来没有见过姓是两个字的同学，所以我是十分抗拒的。

后来爸妈为了让我同意换名字，还费了好大的工夫。爸爸对我说：“你是姐姐，你长大了，应该学会照顾弟弟了，你不同意换名字，你的弟弟至今都还没有他自己的名字呢，你总不能让所有人都叫他弟弟吧？他可是只有你这一个姐姐哦。”听爸爸说完，我再看着弟弟那双渴望的眼神，不禁觉得自己责任重大，我就欣然接受了新名字。虽然需要很长一段时间去适应，但我觉得很开心，因为我是姐姐，我有个弟弟，为了弟弟做这一点点小事又有什么关系呢？

弟弟从小就和我很亲，现在依然如此。

讲了这段故事，也就重温了名字中的“朱”和“陈”是怎么来的。至于后面为什么用单字的“慧”呢？我也就不是很清楚了。我想，或许是我们那个时候流行名字里有个“慧”吧，又或许爸妈希望我可以充满智慧吧！

改名一事，爸妈明明可以直接去做，然后告诉我：“你以后就叫朱陈慧了。”然而，爸妈并没有那么做，他们先征求了我的意见，然后慢慢地劝我，直到我自己愿意接受。可见爸爸妈妈对我很尊重，把我当成一个小大人，他们很在意我的态度，这也是爱我的表现。

我不由得发出感叹，一个弟弟取名就如此麻烦，那么那些庞大的家族又该怎么办呢？取名应该会更烦琐吧，毕竟需要考虑很多很多的因素。不仅要考虑姓名的传承性、时代性、独特性，还有字形、字音、字义是否有文化底蕴，以及读起来是否朗朗上口，是否容易记忆等。由此可见，取名有很大的学问，必须慎重。

现在回想起来，取名字也是对我的人生教育。我由迷茫、拒绝到欣然接纳，这表明我的成长与成熟，我越来越喜欢我的名字。

这是关于我名字的故事，这是我一生的代号，一生的符号，我会好好珍惜。

老师：你的取名的确是一段佳话！对于是否改名有一时的困惑，但很快被父亲的说服化解了。凡是积极向上的，凡是有利于家庭和谐与幸福的，我们都可以接纳与认同。

名字是家人的爱，也是一种价值观的教育。

不到万不得已，我们不要轻易改名字，否则容易产生茫然心理，这也就是心理学上讲的认同危机。人的人格发展是通过各种整合，最终达到自我同一性。

人的自我概念若不一致，就会茫然，引发心里的痛苦。

伊　利

我的姓氏是“朱”，像大多数人一样，我同我父亲一个姓氏。但是由于我和我父亲关系不太融洽，时至今日，我都有想更换姓氏的冲动。但思来想去觉得并不妥当，因为最起码在家中我的爷爷对我很好，他陪伴着我长大，没有他的抚养也就没有如今的我。“朱”便是我的父姓，这是一种家族的称号。

我的名字是“伊丽”，“伊”是伊人的伊，“丽”是美丽的丽。这个名字是我姑姑为我取的，她说“伊丽”在我们地方口音中同“毅力”，“朱伊丽”音同“注意力”。希望我能时刻保持一颗恒心，做事认真仔细。由于“毅”这一个字比较刚强，特别适合用于男孩，于是给我更改为“伊”。古文中“伊”有多种含义，我的“伊”是指美好的愿望或理想。“力”更改为“丽”，其意为美丽、智慧。

从小到大，在向别人介绍我自己时，我常听到对方开口问的第一句不是“你为何要取这个名字”，而是说“伊利牛奶的伊利吗？”这其实让我很难堪，这也是我自卑的一个原因。开学第一堂课，当老师提到我的姓名时，总会出现哄堂大笑或者疑问声，我因此也常成为焦点，再后来便有许多绰号。记得有一次我刚回家就发了脾气，问我家人为什么要取这个名字。他们的回答是“你姑姑看电视，当看到‘伊利’时觉得好听起的”。

自那时起，我便产生了童年阴影，直到后来都没去问我姑姑到底为什么？因为我怕真相就是如此，这让我更难受。在我这长达 21 年的岁月中，共两位老师问过我为何取这个名字。一位是“生命教育”课上的宋老师，另一位是我初一时的语文老师金老师。但他们两位的提问都让我既尴尬又彷徨，因为至今我自己都从未得到过答案。出于礼貌，我用大家常规的思维告诉了他们，这是因为那个牛奶品牌。不过也不知道出于什么原因，我竟然在宋老师“生命教育”的课堂里，愤然拨通手机，问了我姑姑为何给我取了这个名字。

事后，我想，宋老师是做心理咨询的，他问话的语气及方式，终于让我敢于面对自己多年一直逃避的问题了。

当然，姑姑告诉我的仅仅是“毅力”，我仍不满足。然而，当我问她为什么将“毅力”改为“伊丽”时，她却没回答我。不过，我也知道为什么，她也许是怕伤到我罢了。每每想到这里，我都有点哽咽，但我仍然忍了下来，因为没必要。我要面对，事实摆在眼前，我有两个选择，一个是更名，另一个是坦然接受，而我选择第三种，即坦然接受这个事实，但我也要改变它的解释。上面“伊丽”二字，不过是我自己给我过去的 21 年的一个稍微完美一点的交代。这个名字的解释让我含糊地过完了 21 年，它潜移默化地影响着我的性格，进而影响了我的生活。其中的辛酸苦楚只有我自己知道，就如那句话——“如人饮水，冷暖自知”。

感谢老师这次给我们上的课程，让我明白了姓名本无对错，没有好坏之分，关键看你如何诠释。坦然地接受并做出适当的解释，这是我的决定，也是我的归途，请让我以另一种身份去生活。

感谢“生命教育”课，感恩宋老师的提问及鼓励，让我内心强大了一次，我终于解开了多年的一个心结。我喜欢我的名字，更喜欢我对自己名字的诠释。

老师：伊丽同学讲述了自己关于名字的纠结！我非常欣赏伊丽走出了名字带给她的多年迷茫与阴影，她最大的进步是敢于面对自己的名字，尤其是能自己赋予名字意义。

名字是有含义的，关键在于我们怎样赋予它积极向上的意义。

我们不能改变现实，但能学会改变自己。

代　码

作为地球上亿万个普通人之一的我，拥有着一个不普通的代名词，那就是我的名字。

我相信每个人在其未出生之前，父母家人肯定都在为新生命的降生而感到兴奋和紧张，在为新生命取名字而感到激动不已，家人或许还因为新生命的名字而产生过许多的分歧。在这个过程中，不管是随意随性，还是意蕴丰富，名字都蕴含着他们对孩子的远大期盼。每个人的名字就这样被确定下来，并将伴随着我们一直走下去。

随着我们慢慢长大，我们懂得的也越来越多，我们偶尔会注意到自己的名字，会去思考自己的名字所代表的含义。

我姓龙名胜香。其实在我的家族里，我还有两个亲哥哥，我猜测我们这一辈都是胜字辈的，也许就是因为我们的名字里都带有“胜”字吧！前不久，我的两个哥哥都已经成功地拥有了属于他们的孩子。上个学期放假，我也看到了这两个刚刚出生的小家伙，我记得他们好像是属于“明”字辈的。其实，对于中国传统人家而言，名字是一个家族的代表，名字里往往留下了家族血统的烙印。中国人历来讲究取名，这种讲究并非无缘无故。在中国人的心目中，名字在人的一生中具有重要意义，并非只是一个没有实际意义的符号。

中国父母是非常重视给孩子取名的。这不仅要考虑姓名的传承性、时代性和包装性，更要重视姓名的含义，其中往往寄托了父母美好的期待。古人云：名正言顺，名不正则言不顺，言不顺则事不兴，事不兴则业不旺。所以，无论取什么名字，都不要有凶恶、不吉利的字和字义。中国文化源远流长，古时取名比较烦琐，不仅要考虑五行是否齐全，是否需要补充或加强，甚至对字形、字音、字义的选择都有一定的讲究。名字不但要朗朗上口，容易记忆，也要讲究文化底蕴。

说了这么多，其实我也问过家里人，为什么会选择这个名字？然而，他们的回答让我觉得有些许的无奈，因为当初家里人是想要个女孩的，自然也就取了这样的名字。随着我逐渐地长大，我还是会因为名字遇到一些尴尬的情况。令我哭笑不得的是，每次到新的学校读书，我的姓名旁的备注都是女。说实话，这让我感到很为难，不过时间一长，情况出现多了，我自然也就觉得习惯了。

但是我相信，每个人的名字都是我们生命的代码，都凝聚着父母对孩子的深情厚谊和殷切盼望，这将影响我们的一生。

我在讲我名字由来的故事时，大家可能发现了，我讲了许多取名字的知识，这是为什么呢？因为取我的名字时由于没有考虑到性别问题，让我遭遇了许多尴尬。我很茫然，多次产生改名字的念头，但我现在化解了这个困惑，我没有茫然与困惑了。我喜欢我的名字，我接纳了我的成长环境，这如同亲生父母是不能选择的。他们是爱孩子的，为文化所限，他们爱的方式是不同的。

如果我给孩子取名字，我一定会尽量避免让他遭遇我所经历的尴尬事件，取名字一定要考虑到性别因素。

老师：胜香，你是好样的！当我们面临人生的茫然与困惑时，还是要靠我们自己去化解。以后无论是什么人生问题，都可以求助外界，但真正走出困境还是要靠自己。

胜香，父母希望你以后注重内心修养的提升，而不是外表魅力的闪耀。这也是对你名字的一种解释。

对名字的困惑让你了解了许多关于取名字的知识，希望你在自己孩子身上不迷茫不困惑。

第二节

困惑

老师：同学们，欢迎来到生命会客厅，今天我们分享“迷茫与困惑”主题中的“困惑”话题。迷茫就是模糊不清，不知怎么办。困惑，虽然也是不清楚，但更强调自己的纠结，老想理清楚走出来。这两个情绪词汇都表明遭遇了人生问题，但困惑的强度更大，说明我们当时面临的主观冲突也更大。不过，这些都是我们成熟的契机。

年轻时，我们经常在人生的十字路口迷失方向，可能会对前途感到迷茫，找不到自己的道路。然而，只要读万卷书走万里路，我们就能找到前进的路。如果在遭遇人生问题时，我们完全陷入疑难不解之中，甚至理不出头绪来，我们就应学会先放下固有的想法。令人惊喜的是，我们若换个角度，或者回归到初心，然后再重新审视让我们苦恼的问题，我们就有可能获得独辟蹊径的超越。无论是迷茫还是困惑，都是我们人生的一部分，它提升我们的精神，引领我们一步步走向成熟。

遗　弃

小时候，我总是问妈妈我是哪儿来的，妈妈都说我是门口垃圾桶里捡来的，姐姐才是她生的。我有一段时间一直坐在门口，等我真正的“妈妈”来，再把我捡回去。想起这段往事还觉得有点好笑啊！长大后，我知道我是妈妈十月怀胎，在镇上的小医院里辛苦生下来的。妈妈虽然每次都说生我就跟上个厕所一样很轻松，但我知道其中的各种痛苦。在此，我要对妈妈说一句平时总不好意思说的话：“妈妈，您辛苦了，我爱您！”

有很长一段时间，我都不知我的出生是不幸还是幸运，因为我发现小时候要好的玩伴，竟然是我的亲姐姐。因为当初爷爷奶奶受传统思想的影响，想要一个孙子传宗接代。不如愿的是，母亲生的两个孩子都是女孩，所以他们就将我那刚出生不久的二姐，送给了一个朋友的儿子当养女。

这就是我姐姐心目中的自己。她说：“这就是被遗弃的我。我看不到阳光，我始终认为父母不喜欢我。”我希望她走出困惑，积极和自己亲生父母和解，放下怨恨，开始新的人生。

次年，我就出生了。

我不知道当爷爷奶奶发现又是一个女孩时，他们是什么样的心情，但我想他们一定很失望，一定不是很喜欢我，也许他们也有过再把我送走的想法吧！

上中学前，每年暑假我们三姐妹都会一起过，那时的我们天真无邪，每天过得无忧无虑。虽然我已经知道她是我的亲姐姐，但是因为年龄相近，我们一直如朋友一般。

她的养父家的生活条件比我们家要好很多，但是她的养父母并不怎么管她，而她的爷爷奶奶又很宠她，所以上完初中后，她就渐渐不想上学了。为了让她继续上学，她的爷爷奶奶就将她领回了我们家，让她在我们家学习。好奇怪，不知怎么回事，她渐渐地又开始好好学习了。那时的我才渐渐明白，她是我的亲姐姐以及她被送走的原因，为此我感到很愧疚！

可是在她的爷爷奶奶来看过她后，她就又原形毕露了，经常不去上学。最后，她又被她的爷爷奶奶领回了养父家。从那以后，我虽对她有愧疚，但也渐渐与她疏远了。渐渐地，我们变成了最熟悉的陌生人。后来，听说她混了一个三流高中的文凭,就不再读书了。现在我虽然想要与她亲近,但不知该说些什么，两人只能坐在那儿干笑着。

当我明白姐姐被送走的原因后，我的心渐渐地开始排斥与爷爷奶奶们的相处。在我的眼中，他们是一对封建的老顽固，我这个新时代的青少年怎么会与他们有共同的话题呢？这之中也许也有我对他们将姐姐送走的怨气，也许也是因为当时的我正处于青春期的叛逆中。

有一天，我将心里的想法告诉了妈妈，妈妈跟我说爷爷奶奶已经想开了，觉得女孩没有什么不好，而且他们是真心爱我们的。可我觉得这只是因为我大姐的优秀满足了他们的虚荣心，他们有了向别人炫耀的资本而已。直到我看到爷爷奶奶因为我生病而紧张的样子，我对他们的所有怨气，以及好长一段时间的迷茫与困惑也化解了，我才相信他们是真的爱着我们的。

现在，我很庆幸妈妈生了我，让我拥有了一个幸福的家。

我爱我的家人们。

老师：晓霞，你讲了一段很沉重的故事！你爷爷奶奶因为重男轻女的思想，把你的姐姐送给了别人，也意外地让你获得了出生的机会，可见传统观念对人的影响之大。由于你姐姐在养父母家比较得宠，所以她渐渐不爱上学了。我想她放任自己，可能也有对自己身世的自卑吧。

晓霞，我们现在是新社会，国家提倡男女平等。传统文化中有些是封建糟粕，它对人的危害极大，你以后要积极宣传男女平等的思想并践行它。

时光不能倒流，晓霞，面对现实，学会和长辈和解，做好自己，希望类似的错误不要在自己身上重演。

抱　怨

我的家乡在温州鹿城，温州的具体风俗我不太清楚，但是因为去年我哥有了自己的孩子，所以我也了解到一些当地的风俗。孩子出生后外婆家会送诸如金锁、金手镯之类的，让孩子戴着，以祈求平安，还要送孩子尿布、奶粉、玩具等。我们那儿的风俗好像是娘家做的事情比较多，婆家也会买东西给孩子，但没有娘家那么多。到满月的时候，自家人会办满月酒，到孩子周岁的时候会请家人朋友一起吃周岁酒，分蛋糕礼券给亲朋好友之类的。

我小时候的事，已经记不清楚了，但是这些年从爸妈那里听到过一些关于我小时候的事情。先说我的名字吧，我们家是按照家族辈分来排名字的，按理说我们这辈的女孩名字第二个字应该是施。但是因为堂姐的名字叫作施施，爸妈认为用施字取不出什么更好的名字了，所以我名字的第二个字就用了我们这辈男孩的字，取名叫志虹。哈哈，可能我现在性格比较活泼，像男孩子一样和这个有一定的关系吧。

我哥哥比我大十一岁，所以妈妈生我的时候年龄已经很大了，是当之无愧的高龄产妇。我可以想象，当初妈妈生我的时候有多困难。虽然妈妈说我是顺产的，她并没有觉得很痛，但是我知道或多或少有些隐瞒。就算生产再怎么顺利，生孩子本来就是很痛苦的，所以我很感激妈妈生下我。现在想想，小时候我还是做了很多让自己后悔的事情。哥哥年纪比我大很多，我前面也有很多哥哥姐姐。我大堂哥的女儿和我是同岁的，就连最小的哥哥和我也差了六七岁。我从小就和哥哥姐姐们交流得不多，可能是因为有些代沟吧。小时候经常被长辈念叨说，哥哥姐姐们读书都不太争气，你要更争气，念好的大学，做好的工作。

过年去酒店吃饭我也都是坐在大人桌，这下和同辈的交流就更加少了。虽然如此，但我也很反感长辈们一直对我碎碎念，总觉得他们对我的要求特别多。我那时候经常跟妈妈抱怨，为什么那么迟生下我，或是为什么不先生我再生我哥，或是为什么我要一个人听各个长辈的念叨之类的。

最近几年，哥哥姐姐们都结婚生子了，我有时候会问我妈为什么生下我，让我和哥哥姐姐年纪差那么大。接下来，我的孩子和他的哥哥姐姐又差了很大的年龄。也会问她为什么生下我造成这种循环，等等。现在想想觉得自己太不懂事，太不体谅妈妈了，妈妈在那么大的年纪生下我，又照顾我，还一直让我过很好的生活，我不仅没有和她说过一句谢谢，反而还产生那么多抱怨，甚至还发脾气，让她难过。我现在知道，这一切都是不应该的。

我有时想，我的出生是一场幸运，要是没有父母给我的生命，我怎么会认识那么多朋友，知道那么多好玩的东西。妈妈也说很开心生了我，因为她无聊的时候，再不会像以前一样只能对着两个男人不知道说什么了，现在有我和她聊天，我还帮她弄电脑教她玩游戏之类的。可惜我现在上了大学，经常不在家，每次给我妈打电话时，她总是在睡觉或者在忙，我们的交流也越来越少。

我觉得妈妈很辛苦，每次都说回家要帮她做些事情，可都是不了了之。我希望下一次回家的时候，可以认认真真地帮妈妈做些事情，不要再因为一些小事和她顶嘴，让她少一点操心和劳作，我也尽可能做我该做的事情。

老师：志虹，你讲了在困惑中长大的故事！你和哥哥姐姐的年龄相差很大，缺乏和他们共同成长的经历，为此，你很困惑，也抱怨过妈妈。我想说，人是

不能选择自己出生时间的。令人欣喜的是，你终于从积极方面体会了妈妈养你的艰辛，决心多帮妈妈做事！

我给你加油！

你很想按自己的意愿发展，但长辈给你许多要求，尤其是把其他后辈没实现的愿望都寄托在你身上。为此，你很反感，也很有压力。你一方面要学会理解他们，另一方面要多与他们沟通，努力做最好的自己，以后让自己的孩子按他自己的意愿做最好的自己。

小 棉 袄

我叫张飞燕，我的名字和我的性格有关，也和我的经历有关。

我爸妈是老师，由于当时只能生一胎，我爸妈可谓费尽心思，他们想要一举得男。可惜我一出生，却发现是个姑娘！这下可不得了，盯在我身上的几束热切的目光都冷了下去。可这孩子生都生出来了，总要起名字吧。都说起名字是个细致活，可到我这儿，却不是这样。说要文化人取名字，我外公是个语文老师，可惜这语文老师也真够不靠谱的。他说，这女儿嘛，嫁出去的女儿泼出去的水，到头来什么都没有，就是个零，那，就叫圈圈吧。我妈听了，老大不高兴。没办法，这取名字的任务就又交到了我爷爷手里了。爷爷说，姑娘家家的，如珍如珠，闭月羞花，那就叫珠花！咳，你说这都是什么名！还好，这名字太俗了，又给我妈否决了。这时我爸说了，闺女就要像堂前的燕子一样，要能飞得出去又记得飞回来，那就叫飞燕吧！这么好的寓意，也触动了我妈的心，我妈点头了，我的名字就算是定下来了。

听我妈说，我生下来就是白胖滚圆，不像隔壁床的姑娘，皱巴巴的，一看那俩眼珠子，就知道长大是个皮实的。

我妈挺遗憾，当初生我生得太顺利，又不刮风又不下雨的，她没有刻骨铭心的回忆。她只说生我的时候是傍晚，外头的晚霞特别漂亮。我妈说这段的时候，我就觉得奇怪，本来以为这晚霞总该对我有些影响，就算不求人生同这霞光一样美好吧，好歹名字里总该有个“霞”字吧。我妈却说：“霞字多难听，你品位真差！”这我就要反驳了，难道“霞”字就太土了吗？再说了，“燕”字还不是一样的接地气吗？

我妈曾说：“我就喜欢燕子会回家，女儿不就是小棉袄吗？”

我妈当初一直想要个大胖小子，她内心也一直把我当男孩子养。虽说不是女汉子，我却也算不得大家闺秀。难怪我现在的性子也不太像个姑娘家，我性子大大咧咧，女孩子该有的矜持和内敛，也完全没在我身上体现出来。

要说这人的一生啊，也真是短暂，妈妈每次感慨的时候我都不信，我就像那飞出去的燕子，却忘记了回家的路，可以说，我向来是没心没肺的。我很少伤春悲秋，可有一次“生命教育”课上宋老师问起，你是不是有受到这名字的影响啊？这一问击中我的内心，我回答说：“是啊！”凭心而论我至今似乎都没有什么特别的思乡之情。可细想来，我一直都忘了父母给的这个名字的真正含义。

老师的这句问话如一声棒喝，让我醍醐灌顶，我要踏上回家的路。飞燕飞燕，既要展翅高飞，也不能忘了往回看看啊！

老师：飞燕，讲你名字的故事，其实就是不断化解困惑的过程。你的名字是在家人争论中逐步清楚、明确的，可见，化解困惑的方式之一就是集思广益，不断地讨论。

时代不同了，男女都一样，你不要自卑，在实现中华民族伟大复兴的新征程中，各行各业都有杰出女性的身影。我祝你，还有班级的女同学，加油！

名字代表了我们的出生，名字代表了美好的期许。然而，最重要的却是诠释自己的名字，它告诉你做什么样的人，过怎样的生活。

记住，方法比问题多。其中，有一种方法是回到开始，就叫不忘初心吧。

飞燕，不要忘记父母对你的期待：既要展翅高飞，也不能忘了回头看看啊！

蜕　变

有人说："经历过磨难的人生才能闪闪发光。"我想，每一个人的成长都经历过许多的迷茫与磨难，我也是如此。回顾我自己的成长历程，印象最深的就是我高中的时光。父母给我取名为"张杨杨"，希望我能如同杨树一般坚韧顽强，乐观积极地面对生活中的任何苦难和挫折。在我前十几年的人生中，大部分事情都是相对顺利平缓的，我也很安然地沉溺在这样的情境里，就像婴儿依赖温暖的襁褓一般。

谁也不希望自己的生命经常忍受磨炼，哪怕真的可以因此增加人生的阅历，也不会有人欢呼着说："啊，我多么喜欢折磨式的历练呀！"人总是向往平顺和安然的。然而，不幸的是，折磨并不以人的主观愿望为依据，不论人们喜欢与否，它只管我行我素，甚至有时还要强加于人，谁奈它何？于是，一直人生顺利的我来到了高中后，之前平静顺利的日子被打破了。不用说，完全陌生的环境，骤然增加的学习和课业压力，第一次面对住宿问题，等等，这些难题一个个接踵而至。

还记得刚开学那一周，因为面对全新的住宿生活，我在床上辗转难眠，每天去电话亭给妈妈打电话，都向她哭诉说："不习惯这里的环境，不习惯这里的同学老师，什么都不习惯。"

当人生遇到困难时，一般会有两种人格出现，一种是积极面对的人格，一种则是逃避型人格。而我，很显然完全地被后一种人格控制了。我上课总是游离于老师的思路之外，下课也很少和身边的同学交流。看着其他同学都已经熟悉起来，而我却总是一个人在校园里面，我觉得自己是这个世界上最没用的人。我好像也找不到自己存在的意义和目标了，心里焦虑极了。这样的情况持续到了第一次月考，我的成绩处在了全班倒数的位置，班主任联系了我的家长。那个周末，我本来以为回家后会面对父亲的责骂，母亲的叹息。但是，出乎意料的是，妈妈对我说："你很久没有去看过外婆了，明天去外婆家看看她吧，外婆很想你。”

第二天，我和妈妈一起去看了外婆。

外婆一看到我就开心极了，一会问我要吃什么，一会问我要喝什么，又问我学校里的事情。我和外婆讲了这一个月我在学校的生活，她听完后，摸了摸我的头，笑着对我说：“其实每一个人到了新的环境多多少少都会有些不适应，可是既然事情已经发生了,你若没有办法去改变它,那么你就只能尽快去适应它。你不可能一直依赖爸爸妈妈，我们都要学会自己去面对。你外公走了好几年了，我也很伤心，但是日子还是照样要过下去，对不对？而且你也不是最没用的人，你来看看外婆，外婆就高兴得不得了，头也不痛了，腰也不酸了，你的作用大得很哩！”我被外婆最后一句话给逗笑了。抬头看了看外婆，没想到外婆又老了那么多。以后，我的父母也会变老，到时候就要变成父母依赖我了。如果现在小小的一点苦难就能打倒我，以后的路我就更难走了，所以我应该积极勇敢地面对。

人总是希望平坦和安逸的，谁也不想要折磨式的历练，但是它却没有因此而不来。作为被动的承受者，又不想就此妥协，那么就拿出你的智慧，化腐朽为神奇吧，人生也将因此而走向美丽。虽然此举属于被迫的性质，但也比无所作为好。

歪打正着，亦弥足珍贵。

回顾我们过去的人生，我想，我们会感谢那些苦难的，是它让我们学会思考人生，积极寻找解决困难的途径，我们的灵魂也因此在闪闪发光。

老师：杨杨，你讲得好！人生不是一帆风顺的，你从初中到高中，这巨大的变化让你难以摆脱痛苦。无论遇到什么事，困难都是你越想躲它，它却越是冲你而来，你若是面对它，勇敢地去与它交朋友，它反倒成为你前进的动力。

不要怕困惑，要积极面对它并解决它。

杨杨，记住外婆的话，化解人生困惑就是要积极地面对。

两个女孩

我的老家在温州文成县下的一个小村子里，在小学二年级之前，我是一名山区留守儿童，跟着外公外婆一起长大。后来外公外婆要照顾的孩子太多，忙不过来，我又被送到了爷爷奶奶家，而我的父母一直在外打工，直到小学三年级我才回到他们的身边。

回到爸爸妈妈身边后，我和老家的小伙伴联系少了，只有过年的时候我才会回老家。

时光如梭，渐渐地，我就和儿时的玩伴疏远了，但是每次过年我都会去找小霞。小霞比我小两岁，在我没有回到父母身边时我们是很好的朋友，做什么事情总是会在一起。她住在我家隔壁的隔壁，和她奶奶还有一个残疾的妹妹住在一起。她的妹妹不会说话，现在还只有两三岁小孩的智力。她的父母都在国外打工，很少回来。每年过年回去最开心的事情莫过于又可以和她一起玩了。我们那个小地方只有一所学校，而且是三个村共用的。幼儿园、小学、初中和高中，全都挤在小小的一个地方。小时候上学，我俩总是结伴同行，她上幼儿园，我去上小学。到现在我还记得，每天早上爷爷会踩着三轮车把我们从家送到学校，我们会端着小板凳坐在车里。那时候，我们要跨越一座长长的桥才可以到学校。每次过桥的时候，我们都会一边手握着手，一边紧紧抓着扶手，生怕掉下去。那条河对小时候的我们来说，真的是太宽太长了。

小时候的很多事情我都记不太清楚了，但是有一件事一直忘不掉。每次想起来，历历在目，伴随而来的是一种酸酸的又胀胀的感觉。

那天是一个雨天，天气很闷热，像有什么东西重重地压在了人们的心口上，让人喘不过气来。下午的时候突然下了大雨，天都黑了下来。我们这条街的每家每户都搬了椅子，坐在门口乘凉。那天，我被奶奶抱在怀里看雨，突然很想我的妈妈，我想如果妈妈在就好了，可能是因为对面的小朋友是妈妈抱着的吧！我的妈妈在外打工，一年只能回来一次，我对她的印象总是停留在过完年，她和爸爸骑摩托车要离开的时候，她拉着我的手流着眼泪。在我默默憋着眼泪的时候，我看到小霞她家也在门口乘凉。她们家只有她奶奶一个大人，奶奶怀里抱着残疾的妹妹，她只能自己一个人坐在旁边的小板凳上。因为妹妹比她小，比她更害怕，更需要大人的呵护。我看着小霞一个人孤零零地坐在门口，就忍不住想到我们都是爸爸妈妈不在身边，我们都是一个人，都没有人要。顿时，我的眼泪就开始哗哗流，怎么也止不住。突然，我看见她冒着雨跑到我家来，紧紧地抱着我和我挨在一起。她从来都不叫我姐姐，但是那一次她突然就叫了我一声姐姐。

她哭着抱住了我。

在雨声的掩盖下，我们俩终于可以哭得肆无忌惮。

谁说小孩子是没有烦恼的，我们也有对父母的思念、对未来的迷茫、对好友的依恋。我们的世界很小，尤其是我们幼小的心灵，经历得少，可能更脆弱。大人可能不知道，我们也有许许多多的困惑，我们无处诉说，没有办法解决，只能压在心里。在那个雨天里，一个女孩抱着另外一个女孩，她们给了对方安慰。

后来，我被爸爸妈妈接回了身边，小霞还是留在了老家。虽然渐渐地，我们不再像儿时那样亲密，若在村子里碰上也只是打个招呼。但是在我心中，永远也忘不了那个雨天，永远也忘不了那两个相拥而泣的女孩。

我到现在都忘不了，每每想起我心中总是感觉暖暖的。

天上有多少星光，世间有多少女孩，但天上只有一个月亮，世间也只有一个你。

老师：佳琪，你讲得太感人了！我希望小霞现在过得很好。你是一个留守儿童，小时候遭遇了许多困惑，无法一一化解。你需要父母的陪伴，但又留不住父母远行去打工的脚步。你和小霞一样承受了很多痛苦，这需要我们慢慢自我疗愈。

学会理解父母，他们也有许多无奈。不过，希望你以后在你的孩子的成长中多多陪伴他，不要让孩子重复你的痛苦。

我希望你有机会去看看小霞，给她一个倾诉的机会，宣泄一下压在心底的情绪。我们都要长大，接纳过去的不幸，努力过好未来的生活。

迷　惑

生活中总有一种力量，会震撼我们的心灵；总有一种感动，会让我们泪流满面。“真、善、美”，始终是我们感动的源泉，是打开我们最真挚情感的大门。我们的感动常来自平凡的人，他们崇高的品质演绎着不平凡的人生，深深地触动和震撼我们的内心。

与这个世界同行二十年以来，让我感动的事情不计其数，但很多已经被我保存进了人生的珍藏册里。正所谓患难见真情，最近最使我感动的是一位陌生的阿姨，她无私地帮助我，每当我想到这件事，一份感激之情就会涌上心头。

一个寒冬的早晨，我缩在厚厚的羽绒服里赶去上课。一阵冷风吹来，不由得打了个哆嗦。我心想：要是有人送我去学校该有多好呀，我就可以早早地去复习了。这时，一个骑着自行车的阿姨从我身边经过，正好擦到了我，她回过头向我道歉。当她看见我手中写着“柏社中学”四个大字的书时，就笑着对我说:“你是不是要到柏社中学上课？”我迷惑了一下，回答说:“是呀，怎么了？”阿姨就说:“天太冷了，不如我送你去吧，顺路，而且骑车快。”我有些犹豫，没动。阿姨仿佛看透了我的心思，转过头对我说:“快上车吧！早去学校可以早准备一下。”阿姨真诚的话语打动了我，我立刻上了车。看我坐好了，阿姨便骑着车飞快地向学校奔去。

阿姨双手握把手，迎着风使劲踩着脚踏板，一个劲地往前冲着，还时不时地提醒我坐稳了。我想：阿姨真好，待会儿一定要谢谢她。这时，一阵冷风吹来，却不像刚才那样冷，而像春风那样温暖。不一会儿，学校就到了。我从自行车上下来，从口袋里拿出十元钱来，递给了那位阿姨。没想到阿姨却摆摆手说：“你这是什么意思？你以为我送你来是为钱？快去上课吧！”说完，就骑上车飞快地离开了。

我站在大街上，迷惑地望着那位阿姨的身影。阿姨刚才说的话让我百感交集，一股暖流慢慢地流进了我的心田。虽然阿姨的举动在她自己看来是一件再小不过的事，但却深深地印在了我的心里。

人间处处有真情，真情时时暖人心。陌生人的爱在每个人的身边，时时让人感动。这令我感动的一件事，体现了人类高贵的情感。在生活中，令我们感动的事无处不在，也许只是一个细微的动作，也许只是一个普通的画面。

人生就如一段旅途，每个人都会遭遇迷茫与困惑，这一生的成功与失败只有在你走到终点回首往事时才会体味出来。我走过的人生旅途中，困境之后是机会，雨过之后是彩虹，这些美丽的路边风景都深深烙印在我的心中。总有一段感动我的记忆，它潜藏在我记忆的深处，让我久久不能忘怀。它可能是我们分享成功的喜悦，飞扬的心情，也可能是分享一段音乐的浪漫，一朵鲜花的美丽。

怀着积极的心，努力发现感动。

感动是会流动的，我也会传递这种感动。

老师：鹏飞，你讲的故事感动了我！当然，世上还是好人多。每个人的内心都有良知与善良，它需要教育开启，也需要文化熏陶。我想说，当我们遇到困惑时，要积极寻找帮助，主动求助或接纳别人的帮助，这都是走出困境的方式。

当然，我们也要富有爱心，乐于助人。一个爱帮助他人的人，更有可能得到别人的帮助。

害　怕

夏天是个闷热的季节，骄阳似火，闷热的空气令人几乎窒息。老天总在不经意间就下起暴雨，让人猝不及防。高中学习压力大，我当时每天都要上补习班，由于父母工作忙，我只能顶着大太阳，每天与炎热斗争，步行回家吃饭。

那天的中午与往常一样，没有风，闷热的空气压得人喘不过气。没走几步就已经满头大汗了，我环顾周边，像捉着一根救命稻草般，急忙跑到路边的一棵大树底下，总算觉得凉快了些。我在阴凉处待着，想着等到过一会儿白云遮住了太阳，我再继续走。

大约过去了十分钟，一阵风吹过，可凉快了。我走出阴凉处，带着几分喜悦准备回家。可忽然一阵大风吹过，我没有防备，险些跌倒。我抬头看了看，太阳不知去了何处。只见一大片乌云在天空中翻滚着。风更大了，此时行人们都一路小跑，他们在匆忙赶路。不一会儿，马路上已没有几个人了。看样子，一场暴雨即将来临。我有些害怕了，着急地向四处望去，想要找到一个地方躲雨。

天渐渐阴了下来，路上行人寥寥无几。一会儿，乌云翻腾着，风吹打着树枝发出刺耳的声音。此时我心里十分慌乱，不知所措地站在原地，怎么办？天一下子黑了下来，就好像整个世界都要被吞没。我就如一片树叶，被任意吹荡不知要被吹到何处。

突然身后传来一阵刹车声，我转身一看是一位骑着电瓶车的中年男子。这个中年男子长得很高大，黝黑的皮肤，穿着一件褪了色的浅蓝色衬衫，他的发丝中还夹杂着不少白发，眼角皱纹清晰可见。他一脸急切地来到我身边，我后退了几步，有些防备，心里想："他不会是坏人吧？"想到这我更加害怕了，有些颤抖。"孩子，快下雨了，你要去哪儿，我载你一程吧！"中年男子有些严肃地大声说。"不……不用了，谢谢。"不等男子回复，我急忙向原来那棵树的方向跑去。

大约跑了几十步，我回头见男子没有追过来才安下心。

我蜷缩着依偎着大树，焦急又无奈。此时乌云终于忍不住，大雨倾盆而下。豆大的雨滴如脱缰的野马，肆意地击打着我的身体。寒冷与痛苦侵蚀着我，仿佛要将我吞没。我把头埋在身体里哆嗦着，不敢探出来。

我的大脑一片空白，泪水一涌而出，混合着雨水慢慢流下脸颊。我无奈蜷缩着身体，迎着风雨的拍打，无助地小声哭了起来。

我多么希望父母来接我，多么希望雨过天晴啊！

不知怎么，过了一会儿，雨突然停了，但雨水击打地面的“嘀嗒”声却未停止。我抬头一看，一把雨伞举在我的头顶。这把伞就像一个保护罩，让我不再受雨水的侵蚀，顿时我感到十分温暖。仔细一看，撑伞的正是刚才那个中年人。他看着我说：“孩子别怕，我不是坏人，我只是看你一个人，想帮助你而已。”他停了一下又说：“我本来已经走了，但是不放心你，就想来找找，果然找到了。”男子递给我一条毛巾，我怔了怔。这条毛巾虽然已经洗得发白，但却很干净。看得出来，他是个很整洁的人。男子见我愣住了，摸摸头笑着说：“哦，对不起啊，都成这样了还给你用。”

“没关系，没关系。”我感激道。

我接过毛巾擦了擦脸，毛巾上有一股清香，虽然很清淡，但却温暖了我的心。世间好人还是很多，当遇到困难时，我们要求救，毕竟人与人之间充满了爱。

雨过天晴，我回到家。

一颗爱心的种子植入了我的心田，我以后也会传播爱。

老师：越越讲得很感人！遇到困难，我们很需要父母的帮助。当陌生人帮助时，我们会陷入困惑，是否是坏人呢？我认为世界上还是好人多，我们不轻易相信人，但也不能不信任人。

我认为遇到有人帮助，我们要提高警惕，分清场合，要做好风险评估。即使遇到了坏人，也不要害怕，要沉着冷静，不要硬拼，要学会机智脱身。不过，我们要乐于助人，让爱在社会中弘扬，让助人之心星火燎原。

老师：同学们，我们在生命会客厅分享了关于“迷茫与困惑”的话题，我现在总结一下。

我们要长大，要走一条没走过的路，这就不可避免会遭遇一些意想不到的事。当我们无法处理时，我们就会陷入迷茫与困惑。实际上，我们每个人自从离开母体的那一刻，也就开始了独立的寻梦之旅，这就是我们长大的轨迹，从此迷茫和困惑也就伴随我们的一生。因为，我们要长大，要寻求独立与实现自己的目标，我们的经历和目标别人是无法复制的。

在实现目标的过程中，我们常遭遇意想不到的困难，面临诸多趋避冲突。人生的这些挫折与磨难都需要我们去经受，迷茫与困惑在所难免。我们有一颗长大的心，在多少次与命运的抗争中，我们可能触及灵魂深处，不断叩问自己是谁，自己的目标究竟是什么等。无疑，我们人在旅途，尤其是有明确目标的人，其心在经受洗礼，在多少个不眠之夜要认识自我，要思考目标，以及人生的终极意义问题。

迷茫与困惑，是我们成熟的练兵场，我们要多读书、多向社会学习，积极寻求解决办法从而获得人生的蜕变。

第七章　我要励志

我们做什么事都需要动力，也需要目标。生活中的苦难会激励我们坚持不懈地做事，不断地超越自己。生活中的感动会滋养我们的心灵，让我们拥有源源不断的动力。要学会发现生活中的感动，努力从生活中汲取力量。无论遇到什么样的困难与挫折，我们都要昂着头，鼓足精神，鞭策自己不断前行。

不忘初心，铭记生活中的感动，这些是我们精神的驿站，是激发自己前进的加油站。

激　励

老师：同学们，欢迎来到生命会客厅，我们今天要分享“我要励志”主题中的“激励”话题。什么是激励呢？激励是管理学的术语，指用各种有效的方法去调动员工的积极性和创造性，使员工努力去完成组织交代的任务，实现组织的目标。换句话说，激励也就是激发人们做事的积极性。

做事需要动力，动力有来自外界的，也有源自自己内在的。加深对活动目的的认识，调动我们自己做事的积极性，这是我们坚持不懈做事的真正动力。人有生存的需要，还有自我发展的需要，这些都是激发我们做事的动力来源。向生活学习，积极关注感动我们的事，从中汲取我们做事的动力。多向书本学习，多问问自己生命的初心，这些都能给我们建构人生目标的提供帮助。

同学们，想想让你感动的事，它将会激发你满怀激情地做好每一件事。

手　机

我是一个很感性的人，虽然平时让我感动的事情有很多，但是这几年印象最深的就是高考完的那个暑假，爸爸妈妈带着我去买电脑和手机。

在高考前的一段时间，我曾经向他们提起过这个要求：等我去读大学，我要买什么样的手机和电脑。因为我们都不了解这方面的知识，尤其是电脑的内存、性能等，爸妈答应我的预算是一万元左右。我自己想了想觉得这样确实可以，我就按照这个预算先了解了相关方面的知识。后来，我又和他们提到我要买的手机和电脑，我妈说我不用考虑那么多，先把高考考好。此后，我就没再想这件事。

高考结束后，我妈就提出要带我去买新的手机和电脑。真没想到他们会这么主动，我就和他们说了我的打算：手机可以买差一点的，电脑要买性能好一点的，可以按照 4：6 的预算分。毕竟，手机更新换代的速度比较快。然而，我爸爸直接开车到了苹果的专卖店，他们打算给我买个苹果手机。虽然苹果手机

小时候，父亲鼓励我骑车，他说我行！父母给了我最好的东西，我每次想到这就会产生克服困难的勇气。

已经是市场非常流行的了，还刚新出了苹果 7 系列，但是我的家人一直用的还是国产手机。他们觉得国产手机和苹果手机功能差不多，况且苹果手机还特别贵。在那之前，我也从来没有想过会买一部苹果手机。由于贵，我有些犹豫，但妈妈很坚决。在挑选型号的时候，我妈妈直接就询问了苹果 7 系列。当发现苹果 7 比普通国产手机体积要小好多时，他们没经过多少考虑就选择了价格贵 1000 多元的苹果 7 plus。我很惊讶，以为我爸妈中了彩票了，居然会花这么多钱来给我买手机。

然而，更令我想不到的是，在选完手机后，她又问了关于笔记本电脑的问题。他们选择了一款比较适合我的电脑，还选择了最大内存的！这两样加起来已经严重超过预算了。我有些不好意思，就对妈妈说，电脑不用买这么好的，像惠普、戴尔之类的就可以了。然而，爸爸妈妈还是坚持给我都买苹果的。当时我的眼睛就红了，心里满是乱七八糟的想法。父母尽自己的努力给了我最好的东西，虽然他们并不怎么了解电脑，他们只是单纯地认为价格贵的东西就是最好的。付钱的时候，我微微低着头，心里有愧疚，不愿让他们发现我已经红了的眼睛。我的爸爸虽然没有说什么，但在付钱的时候还是很果断的。这让我想起他们平时省吃俭用的场景，他们是连一块钱都不会浪费的啊！

在回家的路上，我的手一直紧紧拽着那个包装盒，想起我妈妈因为工作上要联系的人很多，她的手机用得时间也很久了，我也曾劝过她换新手机，但她多次拒绝，说哪里来的钱换。想到他们给我买手机的场景，我的心里更不是滋味了。虽然我们家并不穷，但他们还是在自己身上能省则省，就是为了给我最好的！这样的经历有很多，像他们不怎么经常给自己买衣服，每次逛街回家大包小包都是我和姐姐的衣服鞋子。等到我和姐姐回家，他们又大鱼大肉地烧起来。我每次去学校前和他们说再见时，我妈总是说“在学校照顾好自己”，爸爸总是说“到了学校好好读书，自己用点心”。

买手机和电脑的事，让我刻骨铭心，父母的一举一动都让我感动不已，同时内心也萌生丝丝的羞愧。

现在想想，生活中的每一个细节都体现了父母对我的关心和爱，虽然他们不怎么会用言语表达出来。

自那以后，我似乎长大了，我下定决心以后一定要努力学习，找一份好的工作，努力让他们过上更好的生活，尽量花更多的时间来陪陪他们。

老师：唐唐，你讲述了高考后父母给自己买手机而引发的内心触动，这个故事真实感人！父母平时省吃俭用，尤其是母亲，手机已经很旧了，还不舍得换新的，但给你们姊妹买衣服、烧好吃的都是非常舍得的，尤其这次买的手机和电脑都是最贵的。

经历是最好的教育，有体验才有感动，有感动才有思考与智慧。这次买手机激发的感动，引发了你的内疚与反思，从而激励你努力学习，尽可能多花时间陪他们，做一个成熟的孩子。

向父母学习言而有信，父母的爱是渗透在平凡的生活中的。

唐唐，我们是新时代的大学生，支持国货是爱国的一种表现。随着我国科技水平的提高，华为等电子产品也远销国外。买东西不可攀比，要以实用为目的，要节约，要学习父母的消费观，要对国货有信心。

亲历是最好的学习，身教重于言教。

转　学

秋天即将过去，冬天就要到来。秋天是一个既舒服又让人感伤的季节，我有点小遗憾的是，“生命教育”马上就要结课了，它给我最大的收获就是让我变得勇敢了一点，变得更珍爱生命，变得对未来充满好奇。

我好奇什么呢？好奇曾给我感动的人以后会过得怎么样？我又会过得怎么样？

高二那年我受到了校园冷暴力，不过不严重，只是一个寝室的人都不和我说话。不管在寝室、操场，还是在教室，她们都会肆无忌惮地议论我，传字条骂我，甚至当着全班人的面开我的玩笑。我在整个过程中都没有说过话，心里的难过是无法形容的。我很孤单，想着要是有一个人和我说话就好了。我很恐惧，上完课不敢立即走，怕看见别人都是成群结队的，而我一个人落单，我不敢去人多的地方。若走在别人前面，只要听到有人笑，我就会觉得他们是在嘲笑我。我也很痛苦，晚上睡觉之前我都会想我到底做错了什么？为什么没有人告诉我？我究竟做错了什么？

整个学期，我都觉得活在黑暗中，偶然一次问了一个同学，他们为什么讨厌我？然后，她说，因为别人讨厌我，所以她也讨厌我。

事过境迁，然而心有余悸。即使现在想起来，我依旧能感觉到当时的种种场景。后来，我实在受不了这样的环境，向父母提出了转学，但我并没有告诉他们我所遭受的欺辱，只是说离家太远了，而且学习环境不好。

大概是母女连心，妈妈猜到我说谎，她和爸爸一直追问，我当时不想让他们知道我被同学欺负。不管他们怎么问，我就是不说我怎么了，我不想让他们那么操心。不久，哥哥来了电话，他说你跟我说实话，是不是同学欺负你了？

我笑着说没有，不会有的。

当电话那边传来奔跑的呼吸声，还有哥哥的哭腔，我有些忍不住了，也想哭了。他说："你知道吗？你在学校过得难过，我和爸爸妈妈在这边也不好过"。

当时我的一家人都在外地打工，独留我一个人在家读书。

哥哥还说："你知道你要转学我们会有多担心啊，你要是因为受到了欺负，你才转学，这是可以的。因为太远，哥哥无法帮助你。"这是我第一次听到哥哥为我哭，我当时急了，泪水再也忍不住，我说转吧，不想过这样的日子了！

从头到尾，不管我遭受了多少伤害，我从来都没有想过轻生，因为我有我爱的人和爱我的人。我的爸爸妈妈哥哥都爱着我，他们给了我生命，不是让我受到伤害就结束生命的。后来，我成功地转学了，进到了县城的另一所高中。我待的这个班有 64 个人，其中有 50 多个女生。说实话，我是害怕的，刚刚转来什么都不懂，食堂在哪都不知道。一天，在放学的人潮中有个人叫住了我："咦，你是我们班刚转来的新同学吧？”我呆呆地回答着：“是啊！”原来是两个女同学，然后她们拉住了我的手。“一起走吧！”她们笑着说。

这是让我期待的一句话。“谢谢你们！”我感激地回答。

转到新学校以后，我终于结束了被校园暴力的日子。受到周围同学的感染，我逐渐不再去回想高二的生活，虽然我并不会忘记它，但也不想回忆它。它是我的一段成长经历。正是因为这段过往，我知道我的家人有多爱我，我现在的同学有多么的难得，我要更珍惜，更加懂得生活。当然，我也知道自己有哪些不足之处，它也让我逐渐成长起来了。虽然这一小段路走得很是辛苦，很是艰难，但是我成功走过来了。家人、同学，还有我自己，这些经历带给我的感动，让我刻骨铭心。回忆这段过往，我发现还有人爱我，慢慢地我也就释怀了。想想，谁的人生中不会遇见挫折呢？现在的我乐观、开朗，对生活充满激情。

但是，我还是特别抵制校园暴力的，我希望任何同学在学校受到校园暴力时，不要退缩，不要害怕，要勇敢地告诉老师，让老师帮着调解。一定要告诉家人，因为他们永远都是你身后的护盾，一直都在保护着你，所以不要害怕，不要一声不吭，更不要想不开选择放弃生命。若你想不开轻生的话，那你失去的不仅是你的生命，更是一个家的希望。要知道，你的轻生只会让你的家人痛苦，让那些对你施加暴力的人得逞。别放弃对命运的抗争，毕竟你的生活一定还会遇到不经意的感动和好人的。

世上还是好人多，生活还是阳光多。有一次我要回家，就在公交站等车，可是等了快一个小时都不见车来。和我一起的还有一个大叔，他问我准备去哪？我说回家上学。我问：“大叔你呢？”他说他儿子要高考了，他准备回家去照顾他。大叔问我高几了，我说高二，他说你要好好读书啊，不要辜负父母的期望。说完，他就打了个出租车向我招手一起去火车站。我当时是不太情愿的，因为出租车很贵，但是火车又快赶不上了，只能硬着头皮上去了。到了地点后，我准备付钱，然后司机却说你的叔叔刚刚已经付过了。当我下车后已经找不到那个大叔了。

有时候生活真的活得很像电影，那个带给你感动的人有时候眨眼就消失在人海，以后回忆起来只知道有这么个人曾经帮过自己，给自己带来了温暖。

生活似一本书，我虽然在那个时候经历了不好的事情，可是在同一时间我也经历了很温暖的事情。生活总是这样的，主要取决于我们如何看待问题。要学会从积极的方面看待遭遇的事，努力把痛苦当作一次成长。虽然我知道伤心难过的时候真的超级想哭，超级害怕，但是你想想，经历了这些坎坷你还会害怕未来吗？所以呀，这些都是路上的荆棘，我们要做的就是披荆斩棘，对生活、对未来要一直充满激情。我要说，相信自己，相信那些爱我们的人，不要让他们失望。

生活是酸甜苦辣，没有什么承受不了的苦，只有让人忘不了的感动，最后给自己一个加油，也给自己一个拥抱吧！

老师：玲玲，你遭受了校园暴力，又转到了一所新学校。从这件事中，你发现家人是多么爱你，这正是患难见真情。然而，需要指出的是，你当时很无助，却没有积极去寻找老师和家庭的帮助。

你毅然转学，我认为这是你选择被动逃避的应对方式。

若今天逃避了，明天还能逃避吗？

人生漫长，人生不可能一帆风顺。因此，当遭遇苦难时，我们应该勇敢地面对，要通过正常的手段去谋取解决。

匡扶正义，惩恶扬善，这是我们应该弘扬的法治精神。

小 太 阳

生命就是在不断地经历一件件事情，这一件件事情就构成了我们的生活。在我的生命中，有许多令我感动的事，但印象最深的是这一件事。

高中的时候，学习非常紧张，但是一到炎热的夏天，我就会止不住地出汗。为此，我经常会趁着下午课外活动和吃晚饭的时间，急忙回寝室洗澡。正如大家知道的那样，高中学校安排的时间都很紧凑，如果要洗澡就根本没有时间去吃晚饭。有一天，我如往常一样去洗澡而没有吃晚饭。想着晚自习下课后，去超市随便买点东西吃。当我回到教室时，大家都已经陆陆续续回来了。这时候，有一个同学来问我：“你吃晚饭了没？”我下意识地回答：“没啊，根本来不及，等会儿去超市买点吧。”想不到的是，在上课铃声响后，一个碗经过了好多同学从后面传递过来。我打开一看，里面是西红柿牛腩饭，还外加一张小字条，上面写着“我们俩一人一半”。

在那一刻，我心里满满的全是感动。

虽然这一碗饭根本值不了多少钱，但是我真觉得重要的是她的心意。我们俩的位置比较远，我原本以为刚才见面的一句话，不过是一句无关痛痒的问候。没想到，她竟然放在心上了。她知道我没有吃晚饭，把同学带给她的饭分了我一半。

我知道，也许这对许多人来说根本算不上是什么值得感动的事，但在我看来感动的事并不需要感天动地，只需要感动我就好了。那个女孩明明可以自己一个人吃，但是她还是分了一半给我。那一天，不止那一天，以后很久的时间，我都因为她的分享而感动，更因为她真心待我而感动。每次想到这感动，我就会浑身暖暖的，认为生活很美好。我认为，朋友之间需要的不是那么多的分分合合，不是物质上的等价交换，而应该是情感上的爱。我希望我和我的朋友之间更多的是细水长流的陪伴，我们有分歧但是可以做到求同存异，我们可以有不愉快的时刻，但是这可以很快就过去，我希望我的快乐可以分享给我的朋友，能把一份快乐变成许多份快乐。最好，再把这件事放大一点。

回首往昔，生命中让我感动的事就是我有许多爱我的朋友，我们一起分享，一起感受着快乐。

我记得有这么一句话：“你首先要对自己负责，然后才能对别人负责。你活成一个小太阳，才能把阳光投射给身边的人。”我觉得那个同学就像是一个小太阳，她在不断地给别人温暖，而我，也需要成为自己想要成为的小太阳。

生活中你会遇到很多事情，有如你意的，也有不如你意的，有让你开心的，也有让你伤心的。我觉得最不该忘记的就是生活中最让我感动的那部分，这些触动了我内心最柔软的那部分，激励着我成为更好的那个人。

老师：雪雪，患难见真情。在我们陷入困难中时，意外获得的帮助总能让人难以忘怀，让人刻骨铭心，甚至感动得流眼泪。最为重要的是，这感动会让你感受到生活的阳光，也会激励你努力做一个有爱心、乐于助人的人。

热爱生活，努力发现生活的真善美，积极滋养我们的心灵，做一个践行真善美的人。

我们要相信这个世界上好人多，积极弘扬社会正能量，为社会的和谐与美好贡献一份自己的力量。

命　运

如果不是老师问了这个话题，我或许永远不会提起我的出生，那并不是一件让人开心的事。然而我却庆幸我能够出生在这个世界上，毕竟二十年来，我感受到世界带给我的快乐，抵消了我出生所经受的不幸。

我没有问过我的妈妈我是怎样出生的，可是偶尔她和别人提起我小时候，总是露出怜悯的表情。从拼凑的断断续续的记忆，以及她和别人的话语中，我也大概了解了我的出生。也许是因为时间太久远了，即使画面还记得，可那时候的感情已渐渐淡化，这些竟不像我的身世，倒像是在讲一个和自己毫不相干的故事。我知道，我只有对所得到的去感恩，我才能够对曾经受的苦释然。

我是怎样出生的？我确实不知道，也没有问过我妈妈，只知道，家里很想要一个男孩，然而，我一出生就让人失望，因为我不是个男孩。在当时的大背景下，我的出生不仅让人失望，还带来很多麻烦。我还有一个姐姐，于是我就成了非常麻烦的存在，最后出生没几天我就被送走了。我想爸爸妈妈是不迷信的，一定是爷爷！妈妈曾说爷爷本来想把我卖给别人，可是妈妈执意不肯，最后反复协商只好将我送到福建的一个阿婆家。就这样我开始了我的漂泊之路，不断被送走，又被送回家，又被送走，又回家。

岁月匆匆，一直到我三岁，我都是在别人的家里度过的，可是这期间我到底被送到哪里我也不清楚，毕竟我还很小。

三岁之后，我还是没能真正地回家，但我已经和妈妈生活在一起了。因为妈妈怀孕了，也不能在家里待着，妈妈就把我带到身边，我们一起住在离家很远的一个朋友家里。在这时候发生的事，我大概都是记得的。

那时候，我和妈妈住在一间小房子里生活，我和妈妈经常去散步，若遇到小店，妈妈就会给我买头饰和零食。这次，我终于和亲人在“家”过了第一个年。我穿了新衣服，还和房东一起去城里拍照片，一起去看灯会，真正享受了一个普通小孩的幸福。

后来妈妈的肚子慢慢大起来，天气也越来越热。

有一天下雨了，妈妈和好多亲人从外面回来。我看着妈妈从车上下来，手里抱着一个小婴儿。等到她躺到床上，我就趴在床边问：“这个小孩哪里来的？”妈妈说：“捡来的。”

我很喜欢这个小孩，他很可爱，我也很喜欢逗他，他就是我的弟弟。唯一遗憾的是，妈妈没空照顾我了，我的头发也因没人打理而只好剪掉。有天夜里我醒来，摸到旁边的人，是陌生的感觉，然后我就哭了。后来，爷爷来了，他们在房间里商量事情，我在院子里呆呆地看着。再后来，我们搬走了，可是没有直接回家，而是去了叔叔家。一天早晨，我们一起下楼在马路边等着。车来了，妈妈抱着弟弟上了车，我也想上去，却被婶婶拉着抱了下来。我感觉气氛有些不对，这时我才真正意识到，我又要过曾经的生活了。我慌了，心里酸酸的，拼命挣扎着想上车，然而无论我怎么叫都无济于事。我哭喊着，叫着“妈妈！妈妈！”可她似乎没有听见。

车开走了，我在后面歇斯底里地叫着，妈妈还是没有回头看我。

等到车开远了，我坐在地上哭。

虽然堂姐买了零食逗我，可我还是一个劲地哭。我想我心里是清楚的，我又要开始“漂泊”了。果然，就在这天下午，爸爸和叔叔带我离开了。我坐在车上，沉默地看着窗外。印象中，窗外是一片黄泥地，里面停着一辆挖掘机。

这次我去了姑婆家。

我本来该忘记这段记忆的，然而，一次偶然的机会，我看到汽车开走的场景，猛然又想起小时候这段记忆：窗外停着挖掘机，我伤心欲绝地哭泣。熟悉的感觉顿时涌上心头，泪水不由自主地充满眼眶。唉，想想都会觉得心酸。

后来，我还去了舅舅家、外婆家、叔公家。一直到我六七岁该上小学了，我才算回到家。我的名字也是上学时才取的，这之前别人一直叫我囡囡。

尽管如此，我现在还是生活得很好，感恩能出现在这个世界上。

我一定要努力做事，我想掌握自己的命运。

老师：春梦，听到你童年的经历，让人伤心不已！过去的事就让它过去吧，如果实在放不下，可以去做个心理辅导。我们做好今天的事儿，开启明天乐观的生活。

你可以这样想想，和那些未出生就夭折了的，以及那些童年多病而夭折了的孩子相比，我们还活着，这是多大的幸运啊！虽然你小时候辗转多家，过着漂泊的生活，但还是有人关爱着你。

我们不能选择出身，但可以选择自己未来的路。

感恩过往，珍惜生命，努力做事，把握自己未来的人生吧。

传　承

我出生在浙江的一个小镇，长大后，我从妈妈口中得知我是凌晨 4 点出生的。在我出生的当天夜里，妈妈做了一个梦：她在家里抱着一个小孩，有一个老妇人走进屋里和我妈闲聊，说我们家会有喜事。然后母亲肚子一阵绞痛，我就在天蒙蒙亮时落地了。

正如母亲所做的梦，我的诞生给我家带来了欢声笑语。我得到了父母的万般宠爱，爸爸给我取了名字——林甲超。当我刚上学时，我也曾问过爸爸为什么取了一个叫“假钞”的名字，就不能改下“甲”字吗？我爸爸告诉我“甲”是改不了的。随着我慢慢长大，有一次过年，我才从长辈的闲谈中知道了我的姓氏和名字的来历。

一位伯父的家里保存着一份族谱，在其上的第一个名字叫作林坚，是“林”姓的姓始祖。传说商汤后代比干，他“三代孤忠”，以忠正敢言而闻名，不幸被暴君纣王挖心。他的夫人妫氏遂逃难到今天河南卫辉、淇县一带的长林。她千辛万苦，生下一个儿子。周武王姬发灭商后，赐他儿子林姓，并封在博陵（今河北安平县一带），此人就是林坚。林姓由他最早发源，后人尊他为林姓始祖。林坚的子孙后来形成了著名的西河郡、济南郡、下邳郡、晋安郡、九牧郡等郡望，还有问礼、九龙、忠孝等堂号，成为林姓最大的派系。

其中九牧林第九房林既之后林法旺，于唐开元六年（718 年）在福建三明市大田县吴山乡梓溪开基创业，成为梓溪始祖。林法旺次子林载惠生七子，其中第六子林常春，于宋淳祐年间自梓溪迁居安溪县辛康里柏叶开基创业，成为安溪柏叶林氏始祖。柏叶林氏第十三世林玉庭迁居瑞安马屿涂，成为马屿涂林氏始祖；林玉朝迁居安马屿九甲，成为九甲林氏始祖。

在祖父那辈，林氏又从马屿搬到了温州瑞安陶山镇，在陶山开枝散叶，并留下辈分诗，到我这时刚好是甲字辈。在温州话中我的名字没有谐音，又好记，所以爸爸就给我取了名字叫“林甲超”。从我的名字中，我感受到了中华民族姓氏和族谱辈分的凝聚力，也为流淌在我血脉中“三代孤忠”的比干、“九龙世泽，十德家声”的九牧堂而自豪。

当我满月时，外婆送了我一对银脚镯子，我舅舅、姨妈送了我新衣、鞋帽、座椅、推车，还有摇篮等用品。待到满月时，家里办了满月酒，宴请亲朋好友，他们都吃了满月蛋，屋内屋外一派喜庆。

在我的记忆里，小的时候，我戴着脚镯子，光着脚在庭院里到处跑。镯子上还挂着小铃铛，叮当、叮当，我经常在院子里欢乐地跑着，还乐此不疲地去寻找声音的源头。

在宋老师的“生命教育”课上，我看了一个卵子和精子从结合开始，到诞生一个新生命的动画过程。第一个让我感到震撼的就是动画的背景音乐。刚开始音乐十分紧张、激烈，后来又非常祥和与庄严，渲染了一个精子在与上亿个同伴的竞争中脱颖而出，努力与卵子结合成一个受精卵，然后是胚胎发育，这是一个神圣的过程，我还看到胎儿在母亲体内的发育过程。

我震撼于母亲的伟大。十月怀胎是一个漫长的过程，母亲因怀孕而恶心、呕吐、失眠，甚至胎儿在母亲的肚子中蹬腿等。母亲用自己的青春岁月孕育了我们，从我们呱呱坠地发出第一声啼哭，母亲便承受了人世间最揪心的痛楚。她的付出，赋予了我们生命，让我们有了生存的权利。从此，我们和母亲就建立了难以分割的血脉联系。她呵护我们的身体，还关注我们的品德。不能忘怀，从我们牙牙学语开始，母亲就不断地教给我们做人的道理；从我们迈入校门开始，耳边就不时想起母亲的叮咛。母亲总是给予我们无私的关爱，抚育我们健康快乐地成长。我一路走来，真正感到了母亲的伟大与无私！

生命是渺小的，就像大海中的一粒粒金黄的细沙；生命是伟大的，就像泰山上的一棵棵挺拔的苍松。父母给予了我们生命这个美好的东西，它很珍贵，属于我们的只有一次。我们生活在这个世界上，会遇到许许多多的苦难。有人在苦难面前更加坚强了，有人在苦难面前倒下了，也有人在根本不算苦难的“苦难”面前，轻易舍弃了自己的生命。

生命的意义是多种多样的，它有多种解释，但属于自己的却始终只有一个，我们要为生命的意义而奋斗！

林氏的由来，让我自豪，亲人对我的百般呵护，促进我不断成长，也激励我不虚度年华，痴心不改做大事。

老师：甲超，从你的名字解读中，我感受到你句句充满自豪与爱。你对先祖充满敬仰，非常感恩父母的关爱，这些是渗透在字里行间的生命关怀的故事，它们都成为激励你不虚度年华，痴心不改做大事的强劲动力。

你非常体谅母亲的辛苦与付出，知之深爱之切。

珍惜生命，你的名字会激励你一路前行。

超　生

我是浙江龙泉人，我有两个姐姐，当时在农村第一胎若是女儿就可以生第二胎，所以我属于超生人口。当母亲知道自己怀孕时，她很纠结，到底该不该生下来，可是她舍不得自己的骨肉，这便确保了我的存在。然而，这也决定了母亲即将开始的“逃亡”之路。

随着我的不断长大，母亲的肚子越来越明显。于是，父母开始收拾东西，将我大姐寄托到外婆那，另外带着二姐找到了云和的一个亲戚家。我不知道当时的计划生育工作做得有多严格，我只知道当时亲戚也很怕受牵连，不敢收留我们一行人。不过，他还是给我们找了山上的一户人家来安顿我们。那段时间大家过得都十分辛苦，也穷得要命，给二姐买一本想要的图画书都没钱，给妈妈补身子的东西更是少之又少。

天下还是好人多，当时居住的那户人家还挺好的，有时候会端来一碗鸡蛋给我妈妈补补身子。

在某日的凌晨三点钟的时候，我迫不及待地要出来，亲戚家的表哥一个人跑到邻村叫来接生婆。母亲每次提到这一点便很感谢他，毕竟勇敢的表哥那时还是个小学生。在母亲坐月子的时候，父亲既要跑去打散工赚些钱给母亲买补品，又要照顾我二姐，有的时候本该在床上好好养身子的母亲，不得不到河边给我洗尿布。每次想到这个场景，我都会忍不住红了眼眶。我的出生让我的家人如此辛苦，就连在外婆家的大姐也常常因思念父母而流泪。

回到龙泉后，重男轻女的奶奶知道母亲生的是女儿，便开始怂恿父亲将我送走，甚至还找好了几户人家。外婆怕母亲痛苦便中和了一下意见，建议母亲把我给当时只有一个儿子的舅舅养。母亲很伤心，她被这种重男轻女的思想伤透了心，对父亲也有了一些失望。母亲不舍得我，提出即使离婚她也要自己带我。这时父亲很快也有了自己的主见，他与母亲四处借钱交罚款，然后将我上了户口。之后，他便只身到四川打工去了。

这已是久远的事了，我知道自己出生不易。我一定要好好学习，将来报答父母的养育之恩。

我名字当中的“慧”字是随姐姐们的，这个“杰”字是母亲取的，她希望我虽为女儿身，却不比男儿差。在这个重男轻女的家庭里，父亲打工在外，无法呵护母亲，她曾受到许多来自婆家的冷落。那些事只有大姐知道，我们都太小太小，但我还是记得很多事情的。

我小的时候爷爷奶奶都不搭理我，有时候还会骂我，可是大伯的儿子还有女儿都对我很好。我很小的时候，爷爷奶奶不来看我，表哥们常常抱着我玩，印象深的是玩抛高高。虽然母亲很怕我会摔着，但是我觉得母亲是高兴的，因为这样表示这个家族中不是所有人都不欢迎我。因为交了罚款，家里没有钱买胶卷，我儿时的照片很少很少，只有一两张。五六岁后，表哥们会赚钱了，他们给我拍照才让我有了一些照片。外婆外公也对我很好，虽然小时候没有钱，去外婆家还要走两三个小时的山路，但我还是很喜欢去的。即使冬天路滑，边走边滑我也不哭。每次快走到时，我都是第一个冲进厨房找外婆的。那时我想要什么玩具，外公总会给我做出来，我记得最清楚的就是他给我做的一把弓箭，那是我玩了好久的珍品！

小小年纪，我品尝了世态的冷暖，它让我坚强，虽是女儿身，但也要巾帼不让须眉。

我的出生和成长给我的家带来了很多变化，也让我看到了真正的亲人是什么样的。感谢那些在我降临之时、成长之时关爱我的人，感谢我的家人，感谢我的母亲，她是我最爱的人。

“我的母亲是最美丽的人，时光你别伤害她。”

“妈妈，我努力奋斗，要陪你慢慢变老！”

老师：慧杰，你讲得很感人！重男轻女的思想让你险些被送走，由于母亲的坚持，你留在了她的身边。母爱真伟大，要不忘母亲的生养之恩。当然，家里爱你的亲人还有很多，这让你感觉到有存在的价值。虽然你从小经历了坎坷，但这些经历却教你学会感恩，尤其是激励了你，虽是女儿身，也要巾帼不让须眉。

我们要用历史的眼光客观看待计划生育政策，它具有时代性，对国家人口问题及发展起过积极的作用。我们要遵纪守法，站在国家的层面去理解与遵守国家的政策。

重男轻女是不对的，国家提倡男女平等，你要自信，不仅认同男女平等，还要践行男女平等。

珍惜生命，努力奋斗。

含辛茹苦

十九年前春季的某一天，温暖的太阳初照在这背山环水的宅院里，母亲的腹部突然开始疼痛，这预示着我马上要出生了。

时针嘀嗒，光阴流转，时间从不等人。由夜入昼，又由昼入夜，母亲仍在挣扎，我仍未降临人世。家里为母亲坐月子养了一小群母鸡，它们已经从山里回归到院子边的笼子里。我想，那该是希望着、庆幸着我晚点出生吧，好让它们多活些日子，享受这万物复苏的美好春天。

村子里的庄稼人，他们日出而作、日落而息，这会大都熄灯睡觉了，然而我家的院子里却灯火通明。或许，是继承了母亲的勇敢与体贴吧，我终于没有折腾到深夜。我，一个女婴，来到了这个世界。然而，家里仍然有着重男轻女的封建思想。虽然我是父母婚后第二年就生的第一个孩子，但是我是个女孩。如果我是个男孩，那我应该能为这个农村家庭做更多事情吧！

人的出生不能选择，但走的路却可以选择。乡下重男轻女的思想反而激励我，虽是女儿身但也要有男儿的心。

母亲坐月子时，有众多的亲朋好友来探望，还送来礼物祝福。但是，母亲的娘家却在千里之外的地方。他们若来这里，途中要转好多好多趟车，他们来一趟是极不方便的。即使女儿生孩子这样的大事，他们也不能来探望，只是托亲朋好友带过来些礼物，也就是两只老母鸡、两套小衣服以及水果。可是家里有习俗，坐月子的妇女是不能吃水果的，这让一向喜欢吃水果的母亲嘴馋。更让母亲难以接受的是，她不能经常地洗头洗澡了。母亲向来爱干净，可是一个月后,她才能洗澡,而且要洗的水是草药熬过的。热腾腾的水里还放着葱和生姜，就像是煮汤似的。洗头的水也差不多。母亲说，当时她都恨不得把那油腻腻的头发给剪掉了。

这一个月，我与母亲一直都窝在房间里，不能外出，也不能邀很多人来探望玩闹。

终于满月了，母亲能洗头了，我却是要剃头的，然后我们终于可以活泼地到屋外，享受外面阳光的世界。家里的满月酒办得不大，就三五桌亲朋好友，饭菜大都是自己家里准备的。

我的名字很特别，是母亲起的。母亲含辛茹苦地生养了我，她坚持亲自为我取名，她说就叫含茹吧！这个名字陪伴着我，我还是很乐意的。虽然在家乡用方言念出这个名字，和咸鱼的发音差不多。后来，我的亲朋好友和同学们不叫我名字，都直接叫我“咸鱼”了。但我一笑置之，我还挺喜欢吃咸鱼的呢。咸鱼翻身，昭示我翻出那小村镇，来到车水马龙繁花似锦的城市，这寓意好，真好啊！这是提醒我，在外一定要努力学习，不忘母亲的养育之恩。我还要锻炼自己，让自己变得强大，好在回去的时候让家里变得更美好。

我不会忘记母亲的辛苦，她的期望是对我最好的一种激励，我将用我的一生来感恩回报她。无论我身在何方，我都将思恋她，照顾好自己，让她少操点心。含茹记得母亲含辛茹苦的养育，也必将如母亲照顾我一般地照顾母亲，让自己更强大更有能力。妈妈小时候一直热爱读书,遗憾的是,由于家庭经济原因,高中成绩优异的母亲没能上大学。青出于蓝而胜于蓝，妈妈你放心，如今我在大学里圆了你的大学梦，我一定要让母亲放心和自豪！

含辛茹苦，是一剂激励我的药！不忘我的名字，重温妈妈的教诲，助我一路前行！

老师：含茹，故事中没有听到你讲爷爷奶奶以及爸爸？结合你说的农村重男轻女的封建思想严重，我就明白了几分。

你说到母亲含辛茹苦生养了你，我更加明白你母亲的伟大。

社会倡导男女平等，男尊女卑是封建糟粕，你要树立男女平等的思想，要自信。

含茹，如今你已经长大了，放下小时候不愉快的事儿，为了母亲你要乐观地生活。

名字是有含义的,但如何解读是自己的事,你对名字的诠释具有激励的作用。

不忘你的名字，砥砺前行。

自　卑

我想说的不是童年发生的一件令我刻骨铭心的事，而是我的整个童年的经历。

我从小就和爷爷奶奶一起生活，不是父母外出务工，而是连同父母一起和爷爷奶奶住在一起。那时，我们刚从乡下来到城乡接合部。坦率地说，若能很好地维持生计就不错了，更别说买什么房子了。我们是在一个厂子里租的房子，这些房子是一排排的，被分成近十个大方格，每个大方格就是一户人家。好在有几户人家里有同我一般大的小孩儿，我总算有了玩伴儿。厂子的老板是做窨井盖的，在后门的一大块空地上时不时会运来一堆堆沙石。沙石堆不高，容易滑动，那便是我们几个孩子最主要的乐趣所在。我们总喜欢比赛爬“沙山”，一起做沙球，挖赛道来评选出最厉害的“球王”，甚至可以挖沙坑，在上面铺上塑料袋制作“陷阱”。再后来，我们还发现，沙堆里掺杂着一些小贝壳、小海螺，此后，我们便开始在沙堆中“寻宝”的活动，如何找到这些小玩意儿便是我们最大的兴趣。此外，因为好几户人家都是农民，包括我的爷爷奶奶，他们闲下来时，便在房子的侧面开出一大片土地。很快这里就成为他们种菜的园子，每年春夏之交，邻家的大姐姐、大哥哥就会带我们去田地里的小池塘捉小鱼和小虾，夏天还会带我们捉蜻蜓。这么说起来，我的童年生活真是相当有乐趣了。整个童年，我就是在这样的田野里度过的。这是多么自由与美好的生活，它弥补了我们物质生活的贫乏，让我们这群孩子尽情挥洒了天性。当然，这也是从现在的眼光来看的了。

然而，与之形成鲜明对比的是，上了学后，我开始自卑了。

小时候的我，因为童年郊外的田野环境，感到深深的自卑。当班级里的同学相互邀请去别人家做客时，我不敢讲话。我也很想邀请好朋友来和我一起玩儿，但想到不同于外面的公寓式住宅的我家那铁皮制的小产权房，我自惭形秽。我想，他们可能根本不想来。每次填写个人基本信息时，我根本不知道自己家的具体位置，父母告诉我的也总是沿家门那条崎岖小路走出来，隔了两条大马路紧邻的对面便利店的位置。当其他同学都在热烈地讨论摩尔庄园、小花仙时，我总是插不上话，因为我家连电脑也没有。小女孩的心思也总是格外敏感，那时的我总感觉特别羞赧，为什么我好像总是格格不入的那个？我的朋友们是不是都看不起我？明明她们什么也没做，但我总会有各种乱七八糟的想法，它们先入为主地充斥在我的脑子里。这让我陷入内向、自卑的情绪里。或许，我应该改变自己。为此，我开始努力学习，想通过好成绩超越自卑。当我的成绩上去以后，老师开始关注我了。在受到老师的肯定和表扬后，我开始积极参与班级的各项事务，也开始与班上更多的同学有了交流。随着年纪的增长，可能我的心态也发生了变化。欣喜的是，这一切悄然的变化，让我逐渐从那个自卑的影子里走了出来。我开始对自己的成长环境和别人“不一样”这件事不那么敏感了，渐渐地，我也可以用平常的口吻向朋友、向其他同学复述我的童年经历。比起我以前一直在想的那些轻视的目光，我发现他们更多的是投来羡慕的目光。

在他们看来，玩沙子、捉鱼虾是多么有意思的事啊！我逐渐意识到，原来我的童年生活、我的小破房子才是我独一无二的人生财富！

都说小时候的记忆是最深刻的，小时候的经历对我现在的影响也是最大的。即使后来我已经不在意了，但之前养成的敏感脆弱的心，以及内向自卑的性格却好似刻在骨子里。哪怕现在我已经改变了很多，它也仍会给我带来影响。当然，这些影响中也有支撑我自尊的积极的方面，比如我现在的性格中，还有在童年时留下的真诚、敢于尝试新事物、善良、不拘小节的美好品质。我只能说，我如今引以为傲的善良的品质也正是因为我的童年经历。我现在反而庆幸，若不是在那样的环境中成长，我将不会是独一无二的我了。

若在前几年，我可能还会被自卑所折磨，我会觉得自己是个多么差劲的人，长得不好看，家境不富裕，学习成绩也平平的，还不会社交，胆小自闭。我甚至会想，如果我成为学霸，我是不是就会生活得更加快乐与洒脱呢？如果父母的孩子不是我，那他们会不会更开心一点？我想我应该凡事做得完美，被老师或他人表扬肯定，我才会有满足感，才会感到自信。但现在，我正在尝试将自己从这样的情绪中拉出来。我应该培养这样的价值观："即使做得不完美，我仍是值得被爱的，因为仍是有价值的。"我要知道那些不完美也是我的一部分，人无完人。殊不知，正是因为有了这些不完美，我才更加真实，更加完整，我才是我。每个生命个体都是独特的，无论我是平庸还是天才，都是世界上不可或缺的，是独特、唯一的存在！因此，为了更好地发挥自身生命的价值，让自己活得更轻松、更快乐，我更要学会接纳自己的不足，悦纳自己，要对自我生命有所肯定，这样才能走向自信，从而更加珍爱自我生命个体！我是独一无二的，天生我材必有用。

感恩以往的经历，尤其是苦难，它们都是我成长的财富。一个人只要自己强大，任何外部力量都打不败自己。我要敞开胸怀，以乐观的心态迎接明天的生活。

老师：炜微讲得太好了！每个人的成长环境都是不同的，但我们走的路却是可以选择的。一切都是最好的安排。我们不要自卑，要善于发现生活的美。

人们不喜欢苦难,但苦难可以磨炼人。况且,苦难是不以人的意志为转移的。积极面对苦难，努力在磨难中成长。

一个人的价值不取决于外表，更不取决于他已有的身份与地位，我想说，主要取决于他自己独有的人品与能力。努力做最好的自己，做最真实的自己。

第二节

奋　斗

老师：同学们，欢迎来到生命会客厅，我们今天要分享“我要励志”主题中关于“奋斗”的话题。

如果激励是动力的话，那么奋斗就是努力做事。不言而喻，奋斗是指为达到一定目的而努力，是为一个目标去战胜各种困难的过程。我们能否做大事，关键在于能否有效地克制自己不受外界干扰，把有限的精力放在一直从事的目标明确的活动上。虽然这个过程会充满压力、痛苦、挫折，但是奋斗不光是取得幸福的手段，它本身也可以是一种幸福的姿势。无论是不达目的誓不罢休的人，还是遭遇人生磨难而发愤做一番大事的奋斗者，他们之所以最终获得成功，重要的原因就是他们生命中存在奋斗的精神。

同学们，重温一下你们奋斗的经历，讲出你奋斗的那些故事。

冰　凌

汤溪是金华市下的一个镇，当时我爸爸还在汤溪开店。当我问妈妈我是怎么出生的时，妈妈说她在2月11日晚上，肚子开始隐隐作痛，但是因为还不严重，就没有马上去医院。想必是我比较体贴爸妈，不想让他们深夜还要辛辛苦苦地去医院。第二天一早，爸爸送妈妈去了医院，然后我就在金华市的汤溪镇出生了。那时是冬天，地上还积着雪，我出生时是六斤左右，正常体重，但是现在却稍微偏胖。

因为妈妈是老师，只能生一胎，所以我是家里的独生女。爸爸妈妈说女儿好，可是奶奶似乎不是那么想。她认为她那辈中她为傅家生了三个儿子，我爸爸是排行最小的。我这一辈男孩较少，我的大伯伯已经生了两个女儿了，我爸爸又生了我一个女儿。让奶奶欣慰的是，二伯伯生了一个儿子。我奶奶特别疼爱她那唯一的宝贝孙子，妈妈也经常说到这件事。我小时候都是外婆带的，奶奶几乎没有带过我。那时纸尿裤还没有流行起来，奶奶甚至连尿片都不愿意为我洗。奶奶带的都是我堂弟，也就是我们这一辈唯一的男孩子。大伯母和堂姐

我要坚强，要下定决心，不达到目的誓不罢休。
不辜负父母的期望，我的名字昭示我勇往直前。

也说到过奶奶重男轻女，以及如何差别对待孙子孙女。我对小时候的记忆不多，但我从记事起，就发现奶奶做的并没有她们说的那么明显，所以对于她们的抱怨，我只能笑笑不发表任何评论。

外婆在我五六岁时因病去世，妈妈说我出生时，外婆和姨妈不辞辛苦地从老家赶到汤溪镇的医院来看我。我的记忆里只有外婆模糊的身影，却怎么也不记得她真切的模样了。我印象最深刻的是外婆下葬时，妈妈和二姨妈扑在棺材上，哭着不肯让棺材入土，我抓着大姨妈的手说我怕。大姨妈是外婆的第一个孩子，大概因为最大，那时候她没有像妈妈和二姨妈那样扑在棺材上哭，而是带着我站在旁边。外婆生了一共五个孩子，三个女儿两个儿子，她不像奶奶一样重男轻女。妈妈说外婆对我很好。我认为妈妈说得对，我小时候的记忆里有外婆背我上幼儿园的片段，却没有关于奶奶如何对我好的。

金华这边有迎接孩子出生的风俗，但是我们老家的习俗似乎不是很讲究。妈妈说我出生后没有抓周过，没有办过酒，好像只戴过金锁。附近的其他地方，还都会给孩子戴银镯子什么的。金锁比较金贵，我至今记得，上面写了我出生的时辰、我的生肖等。

我的大名是吴冰凌，我的名字没有什么动人的故事，只有比较“冻”人的故事，因为我是在冬天出生，所以名字里面带了一个冰字。至于凌字，是取自杜甫的诗句“会当凌绝顶”，另一个寓意是凌波仙子。说来好笑，我一直不知道“凌波仙子”是哪位仙子，后来上网查了一下，我才知道凌波仙子是水仙花的别名。关于她啊，还有美好的传说。网上是这样说的：水仙花，又称凌波仙子，石蒜科植物，生于水滨，花期２～３月，入夏休眠。原产中国，在中国已有一千多年的栽培历史，为中国传统名花之一。后来上了初中，老师要求我们买《中华汉语词典》，我在里面竟然找到了自己的名字——冰凌，是冬天下雪后，房顶的积雪融化，顺着屋檐滴下而冻结成的椎状冰柱。那时候“科学”课总会讲到某些动物濒临灭绝，每当那时同学们总会看向我，我不明白为什么这样？现在我明白，那可能和冰河纪，也就是地球上冰天雪地有关吧！毕竟，生命需要温暖的阳光啊！我一直觉得我名字还算可以，没有很俗，也没有偏向男性化。然而，到了大学后，我却不止一次被误会为男生。最近一次是科学实验课的老师点名，因为我没到场，他竟然问我同学我是不是男生。

我喜欢我的名字，冰凌昭示我要坚强，即使遭遇冬天也要勇敢战胜困难，对未来充满希望。我认为，这是一种奋斗精神吧！我希望我能够像我的名字那样，总有一天“会当凌绝顶，一览众山小”。

我的名字激励我，不畏严寒，努力攀登高峰。

老师：冰凌，你是一个宽容、开朗又热爱生活的人！你讲你出生的故事，字里行间流露出重视亲情，又心怀感恩的内心。你的名字激励你不断奋斗，努力追求成功！

学习父母吃苦耐劳的精神，奶奶思想陈旧，你要放下过往的恩怨，学会和她和解。

我希望你即使遭遇困难，对未来也要抱有希望。

前进路上，我们与你同行！

你总有一天能“会当凌绝顶，一览众山小”。加油！

司　机

长这么大我从未思考过我为什么活着。说实话，活着的意义对我来说太多，三言两语似乎难以道尽。

从小我对司机就有一种好感，尤其是中年的货车司机。我的父亲是一名货车司机，他是我家的大山，我生活在父爱如山的家庭里。小时候，周围的人一直说我很爱笑，他们认为我一定是个比较开朗乐观的人。其实不然，用我小姨的话讲，我小时候就像一颗干瘪的小豆子，瘦瘦巴巴的，又沉默寡言。这就是说，我骨子里内向、自卑，这可能就是我与生俱来的特点吧！作为家族的长女，我从小就知道长辈们对我的期待，希望我能自立自强，弥补我不是男孩子给他们带来的失落。听我妈说，我出生的那个早晨，外公原本打算去医院看我的。然而，当在路上听闻我妈生了个女孩时，他脸色一变，掉头就往回走。这个小笑话至今还不时被提起。我想，如果外公在场，他内敛又充满岁月痕迹的脸上一定会露出不好意思的笑意。当然，为了表示对长辈的尊重，大家都会避免当面提起。说真的，二十来年的成长经历告诉我，长辈对我的关怀从未在我的成长中缺失。我想我活着的意义就是为了让家人感受到我的存在，也让他们感受到生命传承的温度。毕竟，每一个孩子都是父母爱情的结晶，我也一样。父母用抗争换来了他们的婚姻，伴随着爱情和希望孕育了我。

父亲是个货车司机，有着中国男人的传统特点：善良、内敛而又寡言，肩负着我们家庭的重任。记忆中，他早出晚归，风尘仆仆，总是给我一个忙碌的背影。记得小时候寒冷的冬天，父亲一旦碰上半夜出活，就会抱着一床被子去车上睡觉，为的是不影响我们休息。虽然，他现在年纪大了，却依旧把出活当成他的首要任务。今年夏天，妈妈说你爸睡着睡着还会说梦话，甚至还怪我不叫醒他，抱怨他出活要迟了。其实，那天早晨他压根儿就没有生意。

从小到大，父亲似乎很少用言语向我表达爱意，我们也没有电视剧中父女间的那种亲密。但是，我永远不会忘记：他因为没看牢我，让我不慎从货车上坠落而摔伤了半张脸，他悔恨极了，竟自扇嘴巴；他带着小升初考得很差的我，去学校求情而遭人嫌；他拖着疲惫的身躯，红着眼眶为我在学校门口排队取号……这样的事情在我的生活里比比皆是，他总是用默默的行动来表达他对我的关心与爱护。

司机的生活是劳累的，也是充满危险的。我弟弟出生的那年，因为一场意外，爸爸差点儿没了一条腿。还好，他福大命大，保住了那条腿。以后，他忍受各种不便，用他的一双腿支撑着我们这个家。想想，一个年过半百的男子，拿着一个灌满浓茶的杯子，一摇一摆的背影，诉说着生活对他的残酷。因为过度劳累，近年来他的身体出了毛病，去年动了手术。之后，他出不了长途，干不了重活。可是没办法，他说，自己生来就是一个面朝黄土背朝天的人，不干活全家都得喝西北风。妈妈是那种传统的家庭主妇，家里经济条件还好的时候，妈妈是不做活的。爸爸老是和她讲，你只要把孩子照顾好，把家照顾好就行了。然而，命运总爱和我们开玩笑，我高三那年，妈妈不幸肺部查出了有巨型肿瘤，全家被吓得半死。当时的我犹如五雷轰顶,天天感叹家庭的悲惨。也许苍天开眼，幸运还是眷顾我们的。妈妈的手术很成功,由于保养得当,至今也没有什么大碍。那年年末，由于爸爸身体出了问题，迫于家里经济的压力，妈妈不得不开始找活做。在家的每天，我都是伴随着缝纫机的声音醒来的。

原谅我没有什么大的志向，我无法像周围的同学那样自信地说出“我要为自己而活”。生活告诉我，活着的意义就是为了我们家人能够更好地生活，让我的父母能够更好地享受生活。当然，我也为自己而活。

真的，我很累，现实虽然残酷，但是我心甘情愿。

我的父亲是货车司机，我一生向阳，苦难让我成长，面对所遭遇的一切，我迎难而上。

老师：尹尹，你讲述了一个动人的故事。人的出生不能选择，但可以选择我们所走的路。你的父亲勤劳、有责任感，不管外界如何，他倾其所有为你们撑起了一个充满温暖的家。

尹尹，重男轻女是封建思想，我们现在倡导的是男女平等。作为一个女大学生，你要自信，你应该是男女平等的捍卫者，同那些男尊女卑的旧思想做斗争。

艰苦的生活让你学会了责任，从吃苦耐劳的父亲身上，你学会了面对与坚持，我们也要向你学习一生向阳，面对与接受生活的一切，迎难而上。

我和你一样，坚信生活会越来越好的！人生的意义就是责任、付出与爱。

女孩儿

当产房里传出婴儿的啼哭声时，亲人会有莫大的喜悦。记得去年我姐姐的孩子出生时，我爸爸妈妈很激动，像是中了大奖一般，高兴得一大早就给我打电话。那时候我才刚起床，一接到电话就猜到了这个喜讯，可见我们对这个孩子的喜爱。

但是我从妈妈的口中得知，我出生的时候却没有我的小外甥那么幸运，不仅家人没有这么开心，妈妈还因为我受了很多气。妈妈曾经很多次跟我说我出生前和出生后的事，每每讲的时候她眼中都会有泪光和委屈。小时候不懂，但是上了学以后，我就开始明白了。

我并不是独生女，我有一个大我八岁的姐姐，妈妈怀我的时候家里的条件不是很好，因为妈妈曾说不能让我生出来都没有地方住，所以那时候我家里还在建房子。当时建房子需要很多钱，家里压力很大。尽管我妈妈想吃好的，但是也只能吃我们那边的梅干菜，不能沾到半点荤腥。无论刮风下雨还是大太阳，妈妈都得到工地看着，甚至还得打个下手，去帮忙建房。每次讲到这里妈妈就觉得很愧疚，她觉得我现在身体不好也是因为在她肚子里时营养没跟上。那时候建房子不像现在要怎么就怎么样，只要可以住就行了，所以我还没出生房子就建好了。因为建房子花了不少钱,也借了不少钱,妈妈即使怀着我也得去上班。不用说，我就是在妈妈上班的时候出生的。

妈妈说那时候大家都在上班，突然间妈妈觉得肚子很痛，因为已经生过姐姐了，所以妈妈很快就反应过来是要生了，她赶忙让同事们帮忙把她送到医院。我觉得能在医院出生，还算比较好的了，有的人都直接在家里出生的。

到了医院，妈妈就进了产房。

妈妈说，可能是我比较小，生我的时候没有像生我姐姐那么痛苦，毕竟我出生时的重量只有姐姐的一半多一点。

1995 年 5 月一个下午的 4 点 05 分我出生了，但从此，妈妈的苦日子也就开始了。

妈妈说，她出产房的时候爷爷和外婆都到了，爸爸还在赶来的路上。当妈妈被送出产房时，爷爷就甩下一句话："怎么又是个女的，不争气，走了，我自己带孙子去了。"妈妈说，这句话她怎么也忘不掉。爷爷所说的孙子就是我婶婶生的儿子，是比我大几个月的哥哥。妈妈听到爷爷的话后，就哭了，但是外婆好像也不高兴，也是因为我是个女孩，没说话也走了。当爸爸赶到的时候就只有妈妈一个人，她在病房里哭。妈妈把事情和爸爸说了之后，爸爸就说：“这是我们的女儿，不用管别人怎么说。”有了爸爸这样的安慰，妈妈才稍微好受一点。那时候不像现在，生完孩子要在医院住好几天，第二天妈妈就出院了。

回到家，妈妈本来是应该坐月子的，但是爸爸忙着赚钱养家，爷爷又嫌弃我是个女孩，只帮忙照顾婶婶，也不让奶奶来照顾妈妈。家里所有的活都得妈妈一个人做，也正是因为这样，妈妈落下了病根。每次看见妈妈生病，我都觉得很对不起妈妈，也就责怪自己为什么不是个男孩呢？如果自己是男孩，妈妈就不会这么痛苦，为此也暗暗想下辈子一定要成为男孩。

也因为我是个女孩，满月酒、周岁宴等都没有办，亲戚也没怎么来过，当然也就没什么礼物可以收。我们村子里封建迷信特别严重，他们总是说猪和蛇是不和的，我会冲到我爸爸的，这导致我爷爷想趁妈妈睡觉的时候把我丢了。幸好，这举动被妈妈发现了，她及时拦下了，甚至跪下来求爷爷。但爷爷还是坚持丢掉我。最后还是爸爸回来，他明确地跟爷爷说，我的女儿我自己都不怕，别人担心什么，爷爷这才没办法。发生这件事后，妈妈和爸爸出去工作了，他们除了过年很少回到村子里，他们也把我带在身边。

虽然我出生时的事情并没有那么让人高兴，但是我又该庆幸我是个女孩，因为这样我才可以一直由父母带大，由父母教育。因为从小就知道这些事情，我读书的时候总是特别努力，想出人头地，一直想：不能让爸妈丢人，要让爸妈在村子里抬得起头来，让那些认为女孩就没本事的人看看生女儿也是好的，还有可能比生儿子更好。现在，我也算成功了一半，至少现在村子里的人一说到我和姐姐，都是说我们两个好的，说爸妈很幸运，尤其是爷爷也感觉到我和姐姐的优秀，也不再针对我们了。

如果现在再问我下辈子是做女孩还是男孩，我觉得无所谓了，只要不让爸妈丢人，不让爸妈伤心就好了。

这就是我的出生，虽然不是让人很开心，但至少我现在很幸福，这样就够了。以后的路，还要靠自己走。

老师：婷婷，人们都说女儿好，女儿是父母的小棉袄！

你父母，尤其是母亲的坚持，让你有了一个幸福的童年。塞翁失马，焉知非福。因为是女儿身，激发了你的斗志，让你努力奋斗，终于你和姐姐在村里抬起了头，也赢得了爷爷的喜爱。

婷婷，我们现在提倡男女平等，重男轻女是封建社会男尊女卑的思想，你要树立男女平等观念，同一切男尊女卑的旧思想做斗争。

人生不相信眼泪，你和姐姐用实力证明了女孩不比男孩差。

放下过往，也让自己开心！

谁说女儿不如男

我出生在一个四口之家：爸爸、妈妈、姐姐和我。

我出生的时间是 1994 年 8 月 9 日，更确切的是中午 11 点左右。因为临近午饭的时间点，我的出生常常让我自嘲肯定是个“吃货”，是专门踏着午饭点来的。好神奇，这导致我以后每每在中午 11 点左右，肚子就饿得咕咕叫了。我想这个时间点出生也是我十分能吃的原因之一吧！因为爱吃，我是一个身形比较胖的女孩子。因为胖，我的性格比较内敛，有点缺乏自信，这是我对自己性格不满意的地方之一。我一直希望自己能是那种自信，又十分外向的女孩子。

妈妈告诉我在我出生前，她被检查出生产时可能会出现血崩，所以医院在产房备好了氧气瓶，预防妈妈生产时出现意外。不过好在妈妈身体强壮，平平安安地生下我！我想，如果一个孩子的降生能为一个普通的家庭带来幸福，那这样的孩子应该天生就带着吉祥吧！

我是我们家的二胎，通常而言，生产二胎的时间比头胎要短。据我姐姐说，在中午的时候，她和爸爸出去买盒饭，买完盒饭回来就听到我已经出生的消息。

重点是买盒饭的地点就在医院里面！这也难怪我称自己为“吃货”了，明显是奔着午饭来的嘛！

但是，令我伤心的是，爸爸并没有因为我的降生而很开心，反而脸色不好，因为又是一个女儿。我的爸爸是在一个重男轻女的家庭中成长的，他骨子里的家庭观念是重男轻女的。在生了一个女儿后，他想要的二胎理所应当是个男孩，可惜又来了个女儿。我知道爸爸对我出生的反应是在我长大后，我是听邻里之间开玩笑时说的。当时，他们都拿这件事当玩笑说，我作为当事人，听到这样的消息，心中就像打翻了五味瓶。不得不说，这件事是我成长过程中的阴影，也是我一直最想否认的事实。我不喜欢妈妈在医院里只有外婆照顾，我也不喜欢爷爷奶奶更喜欢叔叔家的弟弟。不过，爸爸还是接受了现实，他慢慢开始疼爱我了，而且越来越疼我。我总是觉得我跟爸爸的感情远比姐姐和爸爸的要亲近得多。他有点把我当男孩子来对待，这可能是因为我小时候特别皮，也可能是因为爸爸心底想要男孩。

周围人都说，我和姐姐完全是两种性格。

在我的成长中，我家附近的同龄人中只有我一个是女孩子。可能是因为自尊心强，也可能是因为我不认同重男轻女的思想，所以无论是在学校还是别的什么地方，我都要去拼，做得比男生更好！有时爸爸在教育我时，经常把我跟那些男孩子作比较，我经常觉得这不公而哭泣。但久而久之，我发现自己越来越坚强了，也认同并发展了自己身上男孩的性格。爸爸希望我优秀，但是他从来没有把我当女孩对待！虽然事实是残酷的，我没法做到最好，但是我尽力了。在这样的环境下成长，我发现自己养成了吃苦、坚强、乐观的性格。我是女儿身，但我不是较弱的女孩子，我在生活上很独立。这些都得益于我爸爸妈妈的教育，他们让我长成了现在的我。

我名字的由来可能就有些草率了。我的名字是晨莉。我姐姐的名字中带有霞，本来我应该随着姐姐的名字叫“燕霞”，又或者是我妈妈想给我取的“如燕”。我不得不说“晨莉”这个名字不洋气，但是相比较“燕霞”和“如燕”这两个名字，我还是对现在的名字很满意的。“晨莉”是一个和我姐姐同岁的叔叔取的，他说女孩子就要叫“晨莉”。“晨莉”在我家和“顺利”的方言读音一模一样,“晨莉”的寓意就是顺顺利利。这也是我的爸爸妈妈希望的：一辈子什么事都要顺顺利利的。

有同学说,我名字的意思是早晨陆地上的茉莉花——清纯、质朴、玲珑、迷人。

回顾自己的出生史，就好比是在读一则故事。其实，每一个人的出生都是童话书上新出现的故事，因为生命就是一场演出，或平凡，或精彩绝伦。

人的出身可能会让我们自卑，我们可以从自卑走向自信与超越，我要让自己强大。我不能选择出身，但我可以选择自己要走的路！

老师：晨莉，你出生的故事是一个奋斗者励志的故事，有些花木兰的影子。你虽为女儿，但身上有许多男孩子的性格，如吃苦、坚强、独立、乐观。

我们现在是新社会，倡导男女平等，各行各业都有巾帼英雄，谁说女子不如男！

在我们这个新时代，女性和男性一样，他们积极投身中国梦的实现中，比如女飞行员、女宇航员、女科学家等。

你已经从自卑走向自信与超越了，希望你越来越强大。

倍加好

我叫周倍好。我曾问母亲，我为什么叫“倍好”？母亲回答说，这个名字是特意请家乡有名的先生帮忙取的。“倍好”，顾名思义，就等于加倍好，这是当初那位先生对我的期望，也是我的家人对我的期许。

有时候，我觉得名字对我是一种束缚和压力。每个家长都有“望子成龙，望女成凤”的愿望，我的父母亲也不例外。小学的时候，母亲对我非常严格，只要考试没有考到九十五分以上，等待我的就是母亲失望的目光。母亲希望我能“加倍好”，乃至于成为“最好”，所以她用严厉甚至极端的方式教育我。在这样的家庭环境下，我慢慢地长大了，母亲对我外在的约束渐渐地也成了我自己绑在身上的枷锁。十三岁时，我上了家乡最有名的寄宿制初中，里面的同学都是非常优秀的，我倍感压力。不仅如此，学校的老师为了让我们懂得中考竞争的残酷，从初一开始就给我们频繁排名，月考、期中考、期末考都要排名。由于我不适应中学的上课节奏与学习方式，再加上母亲不在我身边，那时的日子对我来说就是一道坎，也是人生的劫难。第一次的月考，我就成了班级的倒数几个之一，这个消息如同五雷轰顶，让本有优越感的自己瞬间崩溃。为了缩小与其他同学的差距，我开始发了疯似的努力，想要“变好”。早上五点半起床，晚上十一点半睡觉，十三岁，我就要开始养成这个不是习惯的习惯。经过一年半的努力，我终于一跃成了班级的第六名。这是我第一次尝到努力过后成功的滋味，它如沙漠中的甘泉，给了我久违的幸福感。但是，“倍好”永远不会止步于此，我仍用最严苛的方式对待自己，让自己考了一所大多数人都羡慕的高中。如果说人生有两次成长，第一次成长是为了某个目标而做到真正的全力以赴，第二次成长则是明知努力没有用而坚定努力。对我而言，初中的我就是第一次成长，高中的我就是第二次成长。为了考上一所好大学，实现我的梦想，我用尽全身的力气去奔跑、去追逐，可有些事情会事与愿违。高中三年，因为成绩不好，我不知道撕心裂肺地哭过多少回。每每看到平常看似没有很努力的同学却取得了比我优异许多的成绩，我就会嫉妒到“发疯”。我讨厌我的名字，我为什么要一直追逐更好的自己呢？这样多累啊！如此短暂的人生，我为什么不能快快乐乐的，反而要去得到这些可能根本就不属于我的东西呢？

这是我失意时，我对人生一次次的拷问。

我的名字是我的陪伴，我的成绩是我情绪的晴雨表。更多时候，我觉得我的名字对我是一种鞭策和动力。上了大学之后，我始终保持着中学时期的学习习惯与生活方式。大学两年多的时间里，我从没有睡过一次懒觉，我从没有拖欠过一次作业，我从没有放松过对自己的要求。或许，正是在“加倍好”的驱动下，我看到了在大学中自律、自信的自己。不同于中学时期的自己，在大学里我能很好地调控自己的生活节奏，我能以最有效的方式完成任务，我能成为很多同学眼中“不可思议”的“周倍好”。甚至有些时候，当我感觉身心疲惫，想要懈怠时，一旦看到电脑屏幕前“周倍好课表”这几个字，我便会重新打起精神继续奋斗。

天道酬勤，功夫不负有心人。真没想到，我的努力没有白费。大学的我，获得了从未想过的荣誉，得到了从未得到的嘉奖，我是一颗周围同学学习上的“明星”，光芒万丈。我喜欢现在的我，喜欢现在的周倍好，我是一个充满斗志，充满激情，充满活力的周倍好。我喜欢我的名字，在追逐更好的自己的道路上，我看到了人生不一样的风景，我看到自己无限的可能性。现在，我终于明白了中学的那段日子是“黎明前的黑暗”，只要熬过了它，我就一定能看到希望与光明。幸运的我，终于等到了属于我的阳光。

我的名字是对我的一种激励，它时时鞭策我追求超越。这已成为我的人生观和生活方式，我认为人生短暂，那又为什么要让自己成为一个碌碌无为平庸的人呢？既然只能活一次，那又为什么不让自己去追逐更好的自己呢？如果我不去变得更好，那么我将永远都不知道，自己居然能这么好！我现在大三了，开始为考研全力以赴。因为我相信自己一定能更好，而我也值得更好。

我的名字，似乎在冥冥中决定了我的生活学习方式，决定了我的人生就是永远追逐的人生。我也曾问自己，如果大学时期的我，仍处于“黎明前的黑暗”中那该怎么办？会放弃吗？我的答案是：不会。因为我是“倍好”，只要我始终保持着努力的姿态，那么我的人生就是精彩的，我会看到不一样的风景，不论好坏，都是我一生最宝贵的财富。

我的名字决定了我是一个奋斗的人，它也激励我不断践行奋斗的人生。

老师：倍好同学，声如其名，人如其声！人生短暂，我们不能虚度，每个人都应活出最好的自己，这样我们才不枉此生。名字激励你不断奋斗，永不言败。

名字是你的陪伴，似一个假想观众一样，召唤与鞭策你只争朝夕。

希望未来的你不断超越自己，努力把自己的奋斗和国家的发展联系到一起，期待你为社会为国家绽放自己生命的光辉。

顺便提醒一下，注意劳逸结合。

赞助费

我们的一生都在经历各种情绪，有快乐，有难过，有感动，还有痛苦。在时间的齿轮中，我们不断地创造和书写属于我们自己的人生。没有人一生都是快乐的，也没有人一生都沉浸在痛苦之中。

新的学期已经过了一个月，可身为新进的大三学生，我仿佛还没有适应这样的身份。匆忙之间，我已经度过了两年的大学时光。恍惚间，我已经 20 岁了。但是，童年时期的我似乎还未走远，我仍然是那个赖在妈妈怀里撒娇嬉闹的小女孩。我常说，我是一个被爱包裹的小孩，我的爸爸妈妈用爱为我建造了盔甲，给了我安全感与幸福感，好像不管发生什么事情，爸爸妈妈都会帮我解决。在我 20 年的记忆中，我经历了许多让我感动的事情，但是唯独有这么一件事情是让我一辈子也不会忘记的，这件事让我感受到了妈妈对我如山般的爱，让我铭记一辈子。

我一直都十分清楚自己不是一个聪明的孩子，因此，在学习的时候，我常常会更加努力地钻研知识点。但是，可能是因为自身的情绪易波动，每次遇到大型考试，我都会出现失误的现象。与其他女生不同，我一直特别喜欢数学这门学科，并且相比于语文和英语这样的文科类科目，我更喜欢和擅长数学和科学，在几次的模拟考中都考得不错。然而在最后的中考上，我的数学和科学却发挥失误了。在得知中考成绩之后，我整个人都开始发蒙，无数个“为什么”出现在我的脑海中，紧接而来的便是“怎么办”。

当看到发布的考试成绩时，家中一下子变得沉寂起来。我一直心仪的高中是没有希望了，爸爸妈妈为了让我接受更好的高中教育，便开始四处打听其他的学校。我们了解到一所刚刚创办的私立学校，这是一所拥有良好的教学资源和环境的学校。但是因为我的中考分数比较低，要想来这所学校读书的话需要先交出 10 万元的捐资费。听到这个数字，我和爸爸妈妈都沉默了。我们家有三个孩子，为了照顾我们，妈妈便全身心地待在家里，爸爸则是在外打拼，为我们遮风挡雨。听到这个数目之后，我便决定放弃这所学校，即使内心充满不舍和惋惜，我还是毅然地拒绝了这个机会。在填写高中志愿的前一天晚上，我怀着一种少有的责任意识，和妈妈坚决地说不读这所学校了。

大概是母女之间的默契，虽然我多次表明不读这所昂贵的私立高中，但是妈妈还是读懂了我内心的想法。在填写高中志愿的当天早上，妈妈六点多就起床了，她独自一人带着从银行里事先取出来的现金开车到学校缴费，为我获取了就读这所学校的资格。当我睁开惺忪的睡眼时，便看见妈妈兴奋喜悦的笑容，她用轻柔的动作帮我梳理着杂乱的头发，告诉我可以去好的高中读书了。

从妈妈身上，我看到了一种欣喜，这种欣喜是由内而外的，是对我能够进入好的高中读书的开心。从那一刻开始，我似乎长大了。一种责任与担当涌上了心头，我感觉到无私的爱，我提升了自己的勇气与意志力。

其实那一年，正好是妈妈人生中的第四十个年头，在此之前，她早就已经计划好了，想要在生日的时候办几桌酒席宴请亲戚家人们，但是为了能够让我有好的高中上，妈妈放弃了这个机会。对我来说，高中三年的学习时光真的很痛苦，周围高压的学习环境，老师快速的教学进度以及被学校一再缩短的假期，这些都让我多次想要放弃努力。但是，每当这时，我都会想起妈妈在填志愿的那天早上为我早起的场景。我抖擞精神，昂起头，咬咬牙，砥砺前行。

对于我自身来说，我并不是一个很有追求的人，但是因为不想辜负父母对我的期望，所以我一直在不断地努力着，想要做到最好。现在的我已经是大三的学生，但是我永远不会忘记当时妈妈对我的支持。我想，如果不是当时妈妈的坚持，现在的我还考不上这样的大学，也许我会默默无闻并且没有这份对生活的热爱与上进。

小时候，是妈妈用无限的爱来保护着我的成长，余生，我也会竭尽所能陪伴着她。妈妈的爱是我奋斗的动力。我无所畏惧，只争朝夕！

老师：婉婷，一份赞助费改变了你的人生！父母对你的爱可能很多，但在你陷入人生低谷时，母亲倾家里所有，甚至放弃举办自己一直想要的生日宴，凑出 10 万元赞助费，努力让你读好的高中。它是一种伟大的爱，激发你不言败，继续奋斗。同时，也提升了你的勇气与意志力。

父母的爱，尤其是母亲的爱，将是你一辈子奋斗的精神动力。

以后的人生，请你不忘父母的爱。

仪　式

高中时，我们的英语老师是我最难忘的人。她是一个东北女人，性格非常直率，说话对事不对人，她无论是上课还是管理班级都特别负责。在我们之前，她已经连续带了两年的毕业班了，是一位具有奉献精神又很认真的老师。她总是在鼓励我们，虽然有时候有些鼓励的话听来很好笑，她还是不厌其烦地告诉我们，我们很棒。即使是在高三课业压力极大的情况下，她也不放弃我们课前的“仪式”：她喊“class begain”，我们接上“we can，we can，we can！”每当喊完三次“我们可以”，才感觉英语课要开始了。

如果只是这样，她只是一个我很喜欢的英语老师。但后来发生了一件事，让她成为我很敬仰的老师。

大概是高三上学期快结束的时候吧，大家都还穿着冬季校服，我们做操回来在楼梯口听到了一个消息——她怀孕了，她难得请假是去做孕检。大概是因为刚怀孕，一切教学照常，但随着我们高考的临近，她的胎儿也越来越大了。学校怕她的压力太大，想让她只带自己的班级。她是我们班的任课老师，也是隔壁班的班主任。当这个消息一出来，我们都很紧张，新来的老师真的能和我们磨合得很好吗？但仔细想想，这也没什么，我们看着她的肚子一点一点大起来，其实心里早就有准备的，等月份大了我们就要换老师。当我们都接受了我们将要换英语老师时，突然又传来了新消息。她在课后找到年段组长，据理力争，一定要给我们班继续上课。当得知这个消息时我们都非常感动，当她走向讲台给我们上课的时候,许多学生都忍不住偷偷地哭了。可她看上去像没事一样，还安慰我们:其实我才不想带你们的，只是因为带了你们这么久，才舍不得你们。

从那天起，我便开始默默地关注她。

早上，她是最早到教室的老师。六点半，连我们都还没到的时候，她已经在教室准备督促我们背单词了。不是她的课时，她也不回办公室，就带着一沓试卷坐在自习室为我们批改，课间再来班上分发。她还是像平常一样，从下午坐班到第一节晚自习，然后再回家吃饭。吃完饭后，她又匆匆地赶来监督我们自习。有时我真是忍不住了，就放松一下，她也从不骂我，只是让同桌看着我睡五分钟。我们学习的地方在四楼，她挺着大肚子爬上爬下，总是不厌其烦。晚自习结束后，她还会邀请我们继续留下来学习，一直学习到十点半，然后就和我们一起回去。

对，她还是像平常一样，布置下来的任务总是很多。当给我们打气加油的时候，她也和我们一起做。有时候真的会想，如果不是她怀孕，我能注意到她这么的辛苦吗？在接手我们的两年里，她告诉我们很多学习的窍门，还给我们鼓劲、加油。她也告诉我们理想与现实的差距，只有靠努力奋斗去弥补，到最后才能够得到胜利的果实。

难忘的是，她在孕育着小生命的日子里，仍旧不辞辛劳，像一个小陀螺，她以我们为中心，给我们一次又一次爱的浇灌。虽然她的爱朴素无华，但真诚往往都是这样质朴的，也是最能打动人心的。每当想要闲聊偷懒的时候，我就会想到老师挺着肚子在楼梯口一个阶梯一个阶梯走上来的样子。我就会很心酸，很快放下浮躁的心，安心地打开课本又投入学习。我有时想，难道学习真的只是为了自己吗？我认为一定会掺入不想辜负老师的爱与关心这一因素吧！

我认为向她学习的过程本身就是一种了解生命、享受生命的过程，做她的学生的过程就是一次与她一起燃烧爱与诚的过程。

她是一个有激情，充满奋斗精神的人，她是我的偶像，将激励着我克服懈怠，一直向前。

老师：琪琪，你是一个善于观察与学习的人！处处留心，人生皆学问。我认为责任感往往是从社会中的亲历学习中获得的。交一个好朋友，认识一个有爱心的人，都能提升我们人生的境界。

无论何时，无论何地，我们都要做一个好老师，做一个有正能量的公民。

你的英语老师热爱生活，对待工作充满激情，无比敬业。她处处以学生为本，热爱学生，具有很强的人格魅力。

你的英语老师不仅是你，也是我们大家学习的榜样。

抗　癌

今年，是2021年，是我父亲抗癌的第八年。

我的父亲沉默寡言，和农村大多数男人一样，他在枯燥无味的工作结束之后，还要回到田地里看看种下的黄瓜有没有被烈日灼伤。年年岁岁，他在家、田地和工厂之间三点一线来回转悠。父亲早年辍学，身为家中的长子，早早担起了养家糊口的重担。年轻时，他在宁波的大街小巷骑着自行车卖饼干。他还在双龙洞里，撑着低矮的小船当过船夫。后来，他娶了我妈。他当时很穷，穷得甚至买不起像样的家具。他们用的家具，全是我外公当年送过来的嫁妆，我们家至今还在使用。

日子是平淡的，如同夏天的莲子蓬、冬天的白萝卜一样常见。在我童年的记忆深处，有集会时的冰糖葫芦，还有父亲宽厚的肩膀托着我，看着戏台上难以理解的黄梅戏。后来，我们家迎来了第四位成员，我的弟弟。于是，我的父母成了别人嘴里的幸福人，膝下儿女双全。

2014年，父亲的身体开始出现发病的前兆，大量便血，这引起了母亲的注意。父亲刚开始以为只是简单的便秘而已，但是长期的便血愈发严重。在母亲的执意要求下，他最终还是去了医院。医院的报告让我们惊慌，他已经是晚期的直肠炎，已经有癌变的趋势。很难想象，当年父母在回家的公交车上是什么心情，我现在想想眼睛都有些发红，喉咙有些被堵住了一般。不久，父亲的性格开始变得暴躁，家里一丁点不顺的小事都会引得父亲大发雷霆。家，成了酿造痛苦的药罐子。母亲的眼泪开始变多，家里成了装满苦药的眼泪盆子。母亲常常独自一人抹眼泪，但母亲从不在我们面前掉眼泪。

父亲第二次大出血时,我和我妈一同陪他去了医院。父亲还没从检查室出来，检查报告已经从冰冷的机器里吐了出来。

母亲看着报告，良久，一言不发。

父亲在医院住了整整一个月，母亲就这样陪了父亲一个月，我和弟弟被寄养在外婆家。父亲嫌医院的菜又贵又不合胃口，母亲就每天早起去菜市场买新鲜的食材，在家做好了带给父亲。父亲又心疼母亲起早，有时候随便对付两口，却被母亲一顿臭骂。为了照顾父亲的胃口，母亲日日变化花样给父亲做菜，每一样菜都要考虑父亲的胃受不受得住，小肠是否能吸收。父亲出院的时候，比之前瘦了不少，母亲同样消瘦不少，整个人都干瘪了。

人生的转折点，是从柴米油盐的一点一滴开始的。父亲开始接受自己生病的事实，注意自己的饮食，注意工作与休息的平衡。不知从何时开始，我们家的餐桌上再也没有出现辛辣油腻的食物。我和弟弟也恪守着不惹父亲生气的原则,在家庭里做好一个子女应该尽到的责任。为了减轻家庭的负担,从大二开始,我就开始兼职。我吹过冬天晚上九点的寒风，看过早上六点的太阳，我就这样在忙碌的时光中轮转。生活的艰难也让弟弟早早成熟，他很自律，在学业上很是自觉。虽然他总是为考不过年级第一而苦恼，但他在第二的宝座上稳稳当当。我和弟弟都很努力,不让他们操心,也让家里多些希望和快乐。母亲曾告诉我们,我们是他们的骄傲。

今年，是我们全家抗癌的第八年，或许还有第十八年，第二十八年，这个家永远有我们，我们会陪着父亲永远走下去。

苦难，让我更加理解生命，也知道自己的责任。苦难，提升我们生命的价值，我要好好经营自己的生活。苦难压不垮我们，我们姊弟俩都在奋斗着，也在撑起家里的希望。

老师：佩雯，听了你的故事，我们都很心酸，也有些欣慰！

我们一方面为你母亲的坚强而感动，另一方面也为你和弟弟的懂事而感动。每个人都不想遇到困难，但我们无法选择。我认为困难是人生的常态，不是说人生不如意十有八九吗？

天无绝人之路，遇到困难我们要面对，把它当成自我成长的契机。

抗癌八年，也逼着你不畏艰难奋斗了八年。

坚持，阳光总在风雨后！

老师：同学们，我们在生命会客厅分享了“我要励志”的话题。下面我做一个总结和补充。

做什么事都要有动力，也就是说，只有充满一腔热忱，才能矢志不移，我们才能克服各种困难，最终实现自己的目标。辩证法告诉我们外因是变化的条件，内因是变化的根据。自我激励是驱动个体行动的最大动力。自我激励就是自我强化，自我鼓励。结合心理学的研究，我总结了下面行之有效的激励方法，如果我们熟记并付诸实际，那必将提高我们生命的活力，这些方法如下。

用快乐的心态生活。快乐的生活是人生的一种智慧，如果我们带着快乐的眼睛看待生活，一定会发现生活本身无所谓顺境逆境。因为生命是一个过程，“祸兮福之所倚”，事物都是辩证的，任何困难的后面也有积极的意义和价值，要给目标再增加一个意义。生活目标之所以激励我们去实现，是因为它对我们的未来充满价值和意义。

对目标赋予的价值越多，越容易唤起我们信仰的力量，如果人为把目标神圣化，目标就具有非凡的激励人行动的魅力。

把目标具体化、阶段化。远大目标的确能激励人，但是达到却需要长久的时间，只有拥有顽强毅力的人才能走到最后，成就人生的大事，可是这样的人毕竟是少数。对一般人而言，可以把目标分成若干阶段，然后分解成小而具体的目标，这样容易达到，能使个体及时获得成就感。

反思自己，把握现在。在人生的挫折面前，个体往往比较脆弱，容易丧失信心，甚至全盘否定自己，怀疑自己的能力等。如果遭遇这种境况，不妨反思一下自己的过去。一是回忆以往的成功经历，用事实找回自信；二是重温自己的付出，鼓励自己勇敢地面对困难，坚信自己走过了困难，成功就在眼前；三是接纳活在当下的理念。不考虑过去，也不想现在与未来目标之间的距离。把注意力放在目前的问题上，只有聚精会神于问题，我们才会忘却一切干扰情绪的担忧和想象中的困扰。

人常说：人生最大的失败是自己瞧不起自己，人生最大的帮助是自我拯救。所以，只要我们不放弃自己，不断自我激励，那么任何困难也不会打垮我们。

第八章　我是成功者

一个人的生命是由父亲的精子与母亲的卵子结合后孕育而成的。这是一个神奇的过程，父亲的亿万个精子不断摇动着“尾巴”，向着母亲的卵子勇敢地游去。它们经过层层“关卡”，克服种种困难，竭尽全力“飞”速前进。

虽然有的体力不济中途歇气了，有的没有干劲早就放弃了，还有的在原地打转转，有的甚至走错了方向，这亿万大军中只有寥寥无几的“小兵”能坚持下去。残酷的是，最后，只有一个精子最终能与卵子结合为受精卵，此时，一个新生命就成功诞生了。

也就是说，生命就是历经千辛万苦的过程，我们一开始都是一个成功者。

第一节

生命是独特的

老师：同学们，欢迎来到生命会客厅，我们今天分享“我是成功者”主题中关于“生命是独特的”的话题。

在这个世界上，每个人都是绝无仅有的，也是独一无二的。毫无疑问，每个人的外表、动作、个性乃至思想都是唯一的。我们人生经历的故事是独特的，也就是，过去没有，现在没有，将来也不会有别的人与你一模一样。在这天地之中，你就是你，无人可以取代，我们每一个人都是地地道道的“天生赢家”，我们自己的生命就是一个奇迹。

生命是独特的，独特也是生命的价值所在。

同学们，让我们畅所欲言，说出你独特的成功的故事。

妹　妹

我和我的同卵双胞胎妹妹，在 1995 年 10 月 1 日的深夜呱呱坠地了。妹妹四斤八两，而我只有四斤。

那是家乡的红十字医院，只有两栋不大的房屋，可我对它却充满了好奇。因为，那是成千上万个妈妈把孩子自然分娩出来的地方，那是成千上万个爸爸焦急等待孩子降临的地方。然而，那儿同样也是让我爸妈伤心过的地方，因为我出生在一个重男轻女的家庭里。

长辈们根深蒂固的封建思想，也许就已经注定我们得不到本该收获的祝福吧？当希望满满的爸爸得知妈妈生出了两个女儿时，他的希望在一瞬间彻底地破灭了。他甚至都忘记去看望还躺在病床上虚弱的妈妈，他木讷地扶着墙壁走出了医院，游荡在空无一人的马路上。妈妈也只能强忍着泪水，抱着瘦得皮包骨的我，难以入睡。

我的外公听闻他多了一对外孙女，也更加失望。对于妈妈来说，她没有感受到来自家人的关心和祝福，对于我来说，我也没有感受到来自亲人的喜悦和欣慰。

经常听妈妈回忆过去的事，其中祝福我们姐妹俩的几乎没有。听妈妈说，只有爸爸的婶婶曾经来家里探望过我们，并且给了我们一个五毛的红包作为她的祝福。我想，这是我收到的唯一祝福吧！有时候，金钱的多少，还是能说明一些事的，它表达了对一件事的重视程度。

中国人总是对取名字非常重视，到了该给我们取名字的时候了。家长把自己寄予孩子一生的期望全都体现在名字里，我们也不例外。

过了很久很久，爸爸也许是想通了，想明白了，女儿是自己生的，以后也一定会比儿子更听话、更懂事、更孝顺，自己没有理由不爱她们。于是，爸爸释然了，他想到了玉如意。

以前，取如意之名，表示吉祥如意、幸福来临。在古代，如意也是贵重礼品，

说自己，也说妹妹，其实双胞胎也是不一样的。每个生命都是独特的，他未来的发展也是别人无法复制的。如同妹妹手指的独山，活出自己的个性，就是表达自己生命的存在。

富有之家相互馈赠，祝愿称心如意，象征吉祥。我出生的年代取名盛行三个字，爸爸便在姓和尾字之间加了一个“佳”字。《说文解字》有言：“佳，善也。”爸爸希望我们心中能够永存善念，所以取了“佳”字，我的名字也就成了赵佳如。

人世茫茫，没隔几年我又有了妹妹，父母也终于接受了现实。人生也真是不如人愿，你求什么可能就没什么。这就是人生不如意十有八九吧！这不用赘述，这已是后话！

从小到大，我一直觉得刻骨铭心的事很多，但最令我感动的事就是爸爸妈妈顽固思想的转变和对他们三个女儿无微不至的爱。

在这个漫长的过程中，我知道有来自他人的嘲讽需要面对，我也明白有来自长辈们的轻视需要忍受，我更清楚有自己内心的鸿沟需要跨越。这对我来说是一个成长，也是克服困难，走向成功的准备。同时，我真的很感谢爸爸能给我们起这样一个名字，是他让我明白，他不会放弃我们的，会一直希望我们健康快乐地成长。我们亲历的一切尤其是苦难,也让我明白,我要成为自己的主人，不在乎别人的眼光，要为自己活出生命的意义和色彩！当然，每当我遇上让我感到自卑的事时，我就会想起爸爸的良苦用心和妈妈回忆往事而流出的幸福眼泪，这又会激得我满血复活，信心满满地面对。

我认为过往的辛酸经历是我们超越自我、走向成功不竭的动力。

时光荏苒，如今 20 岁的我们，已经长成了爸爸希望的样子。长辈们重男轻女的观念似乎也随着时代的进步渐渐转变，而我们也收到了来自他们“迟到”的祝福。现在的我，很幸福，努力做最好的自己。

老师：佳如，你的故事让我既伤心也欣慰！相信生命会变化的。小时候，父母重男轻女的思想现在也都转变过来了，父母是不会舍弃你们的，你们姐妹也收到了迟到的祝福。

你的人生是独特的，不要记恨过去，要和过去和解，父母也是旧思想的受害者。

佳如，你是大学生，社会倡导男女平等，你要积极同男尊女卑的思想做斗争。

如你所言，心酸的经历是你们超越自我，走向成功的不竭动力。

出身不能选择，但你可以选择你要走的路。

公 交 车

记得那是个冬天，我上初一，学校要开家长会。我们班有个活动：对爸爸妈妈说出自己的心里话。当时，家长都站在教室的后面，我是第一个举手上台说话的，主题是“妈妈，放手让我长大吧”。

我初一的时候，因为学校离家有点远，所以上下学都是由父母接送，但是身边的同学好像都是自己回家的，于是我也想自己坐公交车回家。那时家里弟弟还小，也需要人照顾，有时候妈妈也会来不及接送，为此，我有一段时间要住在学校。那会儿我还不会坐公交车，妈妈也不让我单独乘坐，慢慢地，我开始羡慕那些能自己坐车回家的同学。

怀着这种心理，我在那次家长会上，大胆地对妈妈说出了心里话："妈妈，我已经 13 岁了，但是我还不会坐公交车。"说到这的时候，班里的同学都笑了，我低着头、红着脸念着自己写的信，不敢看站在教室后面的妈妈是什么样的神情。

"我知道你可能是担心我，怕我走丢，我也知道现在弟弟还小，你要照顾他，可能没那么多的时间来接送我，所以您可以试着放手让我自己学会做一些事情。我已经长大了，我想要更加独立点，所以请您不要太担心我……"

念完信的时候，班里响起了一阵掌声，自始至终我都不知道我的妈妈站在那儿听的神情。

家长会结束后，我和妈妈就像没发生过任何事一样回到了家。我以为这件事就这样过去了，直到晚上躺在床上睡觉的时候，妈妈走到床前，她躺在我旁边与我讲话。我只记得其中两句话："我不是更爱弟弟，你和弟弟两个我不会偏向任何一方。你不要想别的，好好读书，以后我会慢慢放手让你自己做那些事情的……"我不知道妈妈怎么看出，我认为她更疼弟弟的。不过，那时我一直觉得妈妈更喜欢弟弟，有什么东西都是先给弟弟，她还抱着弟弟睡觉，带弟弟出去玩，甚至从来没打过弟弟。慢慢地，我开始不爱跟爸爸妈妈讲话了，也不是很喜欢弟弟。我觉得自己在他们心中不是那么重要，所以我会更加努力，更加独立。

那时我并不清楚妈妈说的是真的还是骗我的，但我在心里相信妈妈说的都是真的，所以自那以后，我开始放开自己，不再纠结这些问题，妈妈也开始放手让我自己坐公交车回家。虽然有几次都坐错车了，然而在好心人的帮助下，我又独自回来了。印象很深刻的是，有一次我坐错站，竟到终点站了，后来好心的司机叔叔还给我车钱，让我坐另一辆车回去。回到家后，我跟妈妈愉快地分享了这件事。妈妈笑着说我傻,开始对我嘱咐这嘱咐那。其实经过了这些事后，我发现妈妈一直是爱我的，只是我自己看不清而已。

现在回想起来，觉得那时的自己还是很勇敢的，迈出的那一小步其实也是我成长道路上的一大步，更是我和妈妈之间的一大步。

不久,我就学会坐公交车了,我在很多事上也开始独立了。我觉得人要成功，第一步就是要勇敢表达自己，努力迈出第一步。

老师：安婷，你讲得好！每个生命都是独特的，都要由依赖发展到独立，然后做自己喜欢的事。独立是生命走向成熟乃至成功的第一步。如果不独立做事，我们就不能确立人生的目标，进而克服困难，努力去获得成功。

生命是独特的，我们都能走向成功。

发挥我们的创造力，从学会独立开始。

老爷爷

在我记忆深处，有太多太多的事令我哭笑不得，有太多太多的事令我感到忐忑不安，有太多太多的事令我难以忘怀。随着一天天长大，有许多事情会慢慢淡忘掉，但有一件事却令我至今难以忘怀。

那是一个星期天的下午，因为晚上家里有客人要来，妈妈就带我到农贸市场去买菜。农贸市场里面人山人海，十分拥挤。由于我还要买毛笔，我就不断地催促妈妈快点。情急之下，我们来到了路边一个小菜摊上买菜。摊主是一位老爷爷，他满脸皱纹，像一个黑核桃，一看就知道是一位饱经风霜的地道农民。他小摊上的菜很新鲜，品种也多，妈妈上前问了价钱，便开始与他讨价还价。可是那个卖菜的老爷爷一直斤斤计较，怎么也不肯降低半毛钱。我在旁边不耐烦地催着妈妈。妈妈也着急了，便胡乱地选了几样菜，称过菜后付了钱，我们就匆匆忙忙地走了。谁知到了家门口开门时，妈妈才发现钥匙不见了。妈妈东摸摸西找找，突然惊叫起来：“钱包也不见了！”怎么办？待会还有客人要来呢。妈妈顿时紧张起来，脸上也露出了焦急的神情。突然，妈妈醒悟了过来，说：“我买菜时放在那菜摊子上了！”

“这下糟糕了，钱包里有那么多的钱，谁还会还给你，更别说那个斤斤计较的老爷爷了！你自认倒霉吧！”我说。

我跟妈妈你一言我一语地议论着。经过一番激烈的心理斗争，妈妈还是决定回去碰碰运气。于是，我们又朝市场的方向奔去。

等我们赶到农贸市场，已经是傍晚了，市场上人已不多了。在昏暗的灯光下，我们看到了那位老爷爷还在那儿，菜摊子上的菜已经卖空了，他守着空摊子，眼睛向四处望着。他一副很焦急的样子，像是在等什么人似的。我和妈妈走上前去，老爷爷很快就认出了我们，他用长满了老茧的手把钥匙和钱包递给妈妈：“你看少了什么东西没有？”妈妈十分感激地接过钥匙和钱包，迅速地打开钱包，里面的2000多元钱都还在，什么东西也没少。妈妈很激动，顺手从钱包里面拿出五张一百元的钱塞给老爷爷。老爷爷说什么也不要，与先前那个斤斤计较的老爷爷判若两人。

这一刻，老爷爷在我的眼前忽然高大起来，也不再是先前那个斤斤计较的样子了。我和妈妈都很感动，千谢万谢后依依不舍地离开了。

一路上，我和妈妈都默默无语。

我偶尔偷偷地看妈妈一眼，发现妈妈的眼角湿润了，我的泪水也夺眶而出。这不仅是为老爷爷的行为而感动，更为我之前的议论而感到羞愧。

如果我们对老爷爷抱有偏见，我们就不会去碰运气，当然也拿不回钱包。这件事告诉我们遇到事不要慌，要相信世界上还是好人多，我们任何时候都要相信善良。其实在我们身边有着许许多多令我们感动的事，这些事常常微不足道，但是，只要你细心观察，留意身边的事，有些事会感动你的一生，让你永远难忘。

相信这个世界上还是好人比较多，多帮助别人，我们也会收获更多的帮助！

老师：纯纯，你讲得很感人！通过对卖菜老爷爷看法的变化，反映了老爷爷的朴实与善良，也为自己的狭隘羞愧不已。每个生命都是独特的，我们不能单纯用自己的想法去揣测别人。相信世界上还是好人多些。

如果我们也友善、诚信，相信这个世界上的好人会更多。

我们一同努力，去做一个正能量的传递者。

张 婆 婆

我读小学的时候，在一个风雪交加的晚上，天气异常寒冷，我家来了一位客人，她就是我最喜欢的人，我叫她张婆婆。

那天晚上，我正和爸爸、妈妈，还有生病躺在床上的外婆一起看精彩的电视节目。“咚、咚、咚”有人敲门，我心想这么冷的天有谁来呢？急忙拉开门，眼睛一亮，呀！原来是外婆的好朋友张婆婆来了，只见她左手提着一大包麦片，右手提着我最喜欢喝的牛奶。我高兴极了，连忙和爸爸妈妈一道把她请了进来。

张婆婆进屋后跺了跺脚，她还是穿着那一套深褐色补了几块补丁的棉衣棉裤，她不停地快速搓着自己那冻得发红的双手。我连忙把门关上，不让寒风吹进屋来。妈妈从厨房里冲了一杯热乎乎的茶，送到了张婆婆的手里，想让她驱驱寒。张婆婆闻了闻，吹了几下，小心翼翼地喝了一小口，然后就把杯子放在了桌上。她那干枯的手先在棉衣上搓了搓，仿佛暖和多了，扭头对爸爸妈妈说道：“今天我来，主要是来看望生病的老伙伴和你们那胖乎乎的乖儿子。”

说完后，她把牛奶递到我手上，然后开始关心地问外婆：“身体好些了吗？要多注意自己的身体，好好休息。”外婆好像是动了感情，眼睛里似乎有泪珠。“张婆婆，你怎么还买东西来看我，你都那么困难了，下次你再买东西就不准进屋来。”外婆有点愠怒道。

“哎！”张婆婆应声笑了笑。

张婆婆是个八十岁的孤寡老人，经常听外婆说起她，她没有一个儿女，又失去了劳动能力，全靠国家的救济过日子。我到她家里去过，黑乎乎的没有一台电器，只有一张旧床、一把椅子和桌子。听妈妈说，我三岁前就是张婆婆把我带大的，那时张婆婆经常抱我出去玩，给我喝牛奶。不难想象，她每次从口袋里摸出两元钱有多么难。此时，我拿着张婆婆递给我的牛奶，不知道说什么好。我只知道这瓶牛奶的情意太重了，那是张婆婆的一份真情。突然我又想到了那些大款，穿着昂贵服装，脚上套着牛皮鞋，顺手摸出上百元买东西送人，那种情意的分量有多重呢？

过了一会儿，张婆婆就准备走了。张婆婆打开门，迈着完全不像八十岁老人的步子走了出去。我和爸爸妈妈来到门口送张婆婆，爸爸探着身子，大声朝张婆婆喊道："张婆婆，有空来玩。"可这时，张婆婆已消失在漫天风雪中，我们已看不见她的身影了。

那天发生的一切使我感动不已，张婆婆虽然生活上很贫穷，但是她在精神上却又很富有，不论自己多么贫穷，她都要伸手去援助别人。那么大年纪了，她做事首先想到的是别人，她有一颗真诚待人的心，她帮助别人完全是发自内心的。

人需要物质上的成功，更需要精神上的滋养与发展。生活中遭遇的每一件感动的事，它都会促进心灵的思考与精神的提升。

老师：铭铭，张婆婆的故事太感人了！她是一个善良、充满爱心的老人，也许她不富裕，但她重情义，不忘关心别人，她是值得我们尊敬的。

铭铭，你若有机会多关心一下张婆婆这样的人，她们比较孤单。我们要懂得感恩，友善是社会主义核心价值观之一。

人需要物质上的成功，更需要精神上的滋养。如果每个人付出一点点爱心，世界将变成美好的人间。

张婆婆是平凡的，也是独特的，希望我们都学习她这种精神。

动　力

父母这个普通话题，它是古老的也是永恒的，不同的人总有不同的阅历和感受。从古到今，有不少文人墨客留下无数笔墨抒写了母爱的伟大，描绘了父爱的坚韧，像孟郊的《游子吟》、朱自清的《背影》。我所感受过的父母亲的爱，风过无痕，真爱无声。父母的亲切，催发我心灵的温馨。

小学毕业那年，整个六年级都蓄积了一股惊人的学习能量。我也不甘落后，加足了马力，紧锣密鼓地复习起来。可偏偏不幸，此时我既要准备期末考试，又要筹划“六一”儿童节的节目，还要练习乒乓球参加比赛。不凑巧的是，我还碰上了天立学校的升学考试。那段日子，我几乎每天就像一台机器，马不停蹄地工作着，没有一刻能够停下来歇息。令人欣慰的是，我在期末考试中仍取得了好成绩，也在舞台上出尽了风头，尤其是在球台上越战越勇，并且以高分考进了天立学校。

是什么让我有如此大的力量，跨过这一道道坎坷，让我有如此大的勇气战胜重重的困难？是爱！是父母亲给了我源源不断的鼓励，让我多少次在灰心丧气面前站起来，重新找回了自信。

每天放学铃声一响，我便以飞快的速度冲向操场，开始排练所要表演的节目。爸爸妈妈总是在一旁微笑着看我在舞台上忙碌的身影，一种爱的微妙气息如同一束阳光射进我的心田。排练过后，我抓起乒乓板便奔向乒乓台，在张老师的培训下练习削球、旋球、提球，还有各种发球和接球的方法。有时爸爸妈妈在一边欣赏我的球技，我常常忍不住带着一脸神气偷偷去看爸爸妈妈。那眼神彼此交会中所蕴含着的父母对子女的鼓励，慢慢地融入我的身体，也让我不知疲倦，直到打得大汗淋漓。待天色已经完全暗淡下来后，我才迅速地跑回家。在爸爸妈妈的陪同下，我又开始了另一道工序——攻数学难题。有时候，我们抓住书本聚精会神地读题；有时候，我们会在饭桌上兴致勃勃地探讨；有时候，我们握着笔在草稿纸上全神贯注地算题。不用说，所有的难题在我们一家三口面前都迎刃而解。晚上躺在床上，我心里不由生出一些感慨——父母亲的爱就如水一般浇灌着我们的心灵，清纯、圣洁，但他们的爱却又比春天还要绚丽多彩。

有人说，爱是与生俱来的，亲情是我们理解爱的最好范本和老师。人再伟大也走不出爱的射程，人的生命之所以没有界限，那是因为爱的射程本身就没有界限。假如母亲是条小溪，母爱就是溪里流淌的泉水，它细腻而温柔。假如父亲是座大山，父爱就是山上伫立的风景，它博大而浑厚。我被父母亲的爱深深感动，也许这世界就是如此，充满感动。这感动在我们心里沉淀，在沉淀中升华，让我们再去创造新的世界。

父母的爱是独特的，它让我感动，它是我走向成功的动力源泉。

老师：海海，你讲得既温馨又感人！如果没有父母爱的呵护，我们将无法存活，更甭说长大了。母爱似水，父爱如山。父母的爱是习以为常的，也是平淡无奇的，它就是一种暖心的陪伴，但却给我们无往而不胜的强劲动力。

这是父母生命的独特价值，也是他们尽职尽责的成功。

不过，我们要自我强化，学会自强自立。

一 束 花

在人生这场漫长而短暂的旅行中，我们用自己的脚步，触摸着生命的深度，也延伸着生命的长度，努力提升着自己修复痛苦的能力。

人生中每一次对自己心灵的释惑，都是一种修行，也是一种成长。相信生命中的每一次磨砺，都会让自己的人生折射出异常的光芒，也会让自己的身心焕发出不一样的感受。

生活里的每一个人，都是我们的一面镜子，你给别人什么，别人就会回馈你什么。当你为一件事情不悦的时候，应该想想你是否给过人家负面的情绪。

我的性格非常内向，不善于人际交往，尤其是在公众场合一般不会主动发言，比如在课堂上，老师叫我回答问题时，我才会回答。不管会不会这个问题，让我上讲台讲话我就会更加紧张。在陌生的环境，若和不熟悉的人交谈，我一般找不到话题交流，也不太愿意主动去交流。我感觉自己会有一点社交恐惧症。我的朋友圈子基本上都是我初中、高中、大学的同班同学。我可以研究数学、计算机、物理一整天，我也可以一个月，甚至几个月不出校门，我还可以整天待在图书馆学习，研究我喜欢的东西。然而，一旦提到人际交往，我就会胆怯，感到有些自卑。

在一节户外体育课上，我做了一件事情，这件事可以说是我人际交往能力的一个突破。这是一节户外运动的课程,那天,老师突然给男生布置了一个任务，要摘一朵花送给一个女生。我一时慌了,心里想这个任务是很难完成了。没办法，这是一项任务，大家都这么做。我心突突地跳个不停，但我还是硬着头皮上了战场。

一路上走着走着，回头看的时候就看到一个女生，心里就想摘一束花送给这个女生。然后我就摘了一束花，当着很多人的面送给了她，后来我们就成了朋友。她是我主动去认识的第一位异性朋友，在后来的一些接触中，我发现她性格外向，温柔大方，总能微笑地面对生活，积极地对待未来的变化。她是学美术专业的，有理想有目标，她就像一道光照亮了我。因为她的影响，我从她那里接触到许多新的东西，如素描和书法。她在一家美术培训机构兼职上课，她让我去蹭课，像老师一样指导我练习楷书。从此，我就开始喜欢书法。

人生就像一场旅行，我们所行走的每一步都是在丰富自己生命的意义。我们一边穿越在陌生的吸引里，一边咀嚼回味着远走光阴的旧味。我们未来的一切仿佛都是不可预料的，但一切又似在预料之中。

世界上美好的东西那么多，有缘来到你的身旁，被你握到掌心的却又是那么少。所以请学会珍惜拥有的一切，因为大多美丽的东西只会为你来一次。你一不小心就会失落，无处找寻，这会增加你人生的又一次遗憾……

学会珍惜，这就是人生成功的秘诀！

活在当下，努力做好正在做的事，这是快乐，也是我们谋求的成功与幸福。

老师：丽园，说得好！有一种成功叫学会珍惜。生命是变化的，变化是生命独特的本性。任何美丽的东西只会为你来一次。正如，世界是变化的，人不能同时踏进同一条河流。珍惜生命中的每一次相遇，因为它不可能再来第二次。

学会珍惜，把每一次的机会都当成最后一次，这是生命成功的独特之处。有些事不能等，要把握当下。

盛年不重来，老大徒伤悲。

珍惜时间，我与你同行。

萝　卜　头

名字是伴随一个人终生的符号，然而对于一个家庭而言，名字却有着无比深远的意义，它并非是个符号这么简单。孩子是父母爱情的结晶，也是一个家庭最为核心的人物。因此，在大多数父母眼里，孩子是他们的一切，也是他们的骄傲。

抚养一个孩子看上去是件非常简单的事情，无非几十年的事情。然而，从教会他走路，到让他自己学会生存，这几十年间，父母要经历很多的事情。当一对夫妇面对刚诞生的孩子时，是那样喜悦，但同时，也意味着他们即将为人父为人母，需要承担更大的责任。

小生命诞生之后，随之而来的，是一件令全家都伤脑筋的事情，那就是取名字。我们都知道，家人通常在孩子身上注满期待与期望，通常也将这些希望以“名字”的形式展现出来。比如说，名字中含有“根”通常是希望自己的孩子能够茁壮成长，当然还有许多其他的用意。

生命作为独立个体存在着，它具有自己的独特性，俗话说“世界上没有两片完全相同的叶子”，说明每个人都有属于自己独特的特征。虽然在生活中，即使有许多和自己同名同姓的人，但是他们也是完全不同的个体。

我的名字叫罗媛，这个名字是老妈取的。因为当时生活条件有限以及交通的不发达，所以我是在家里出生的。由于家中不像医院设备齐全，所以妈妈生我的时候遭遇了许多困难。听奶奶说，妈妈生我将近用了三个多小时，她忍受着剧痛，经历了漫长的折磨，终于平平安安地生下了我。因为难产的缘故，我刚生下的时候，脑袋并不是特别圆。碰巧隔壁邻居家也生了一个女孩。她白白胖胖的圆脸蛋，让我显得是那样丑，就连年幼无知的姐姐都会暗地“嘲讽”自己的妹妹长得又黑又丑。

之前，我从来没有问过家人为什么要给自己取这个名字？直到小学的某一天，一次无意间翻到字典上对“媛”的解释：形容非常美好的东西，特指美女。我心里欣喜，当时是满满的愉悦。后来，自己琢磨，大概是老妈希望我长大后，可以出落得美丽动人些，而不是姐姐口中的“丑八怪”。

绰号通常是对一个人名字的不尊重，然而有时候却表示一种亲密的关系。因为“罗”与“萝”读音相同，所以在读书期间，我常常被同学叫作“萝卜头”。说来可笑，当时的自己，经常会因为别人叫自己的绰号而生半天的气。然而，当回忆过去那段被叫作“萝卜头”的日子，我却又是乐滋滋的。

记得在幼儿园的时候，因为自己普通话不标准，再加上自己不会写自己的名字，老师就把媛读成了月。后来回家，我就情不自禁地流下了眼泪。现在想想，因为老师读错自己的名字就流下眼泪，让人啼笑皆非，但这也让我下定决心多认字，不把别人的名字念错。

名字是一个符号，因为生命的存在而具有意义。一个人在社会上的影响力、知名度越高，他的名字也就更加会被众人周知。曾在一次电视节目里看到一名将军，他和我竟是同名同音的，只是字形略有不同。自此，每次当别人说到我的名字时，我都会有些自豪感。因为感觉自己的名字不差，非常荣幸地能够和一名将军同名。另一方面，或许是觉得自己也受到了关注吧！小学的时候我是个腼腆、相貌平平、成绩平平的学生。除了班主任，我想应该没有老师知道班级里还有我的存在吧！因此，每次课堂上，我总是默默地低下头。但是在一次英语课上，老师要求班上的同学进行朗读，老师无意间却叫到我。当时，自己心中的喜悦就如同捡到钱一样。或许是觉得自己受到了关注，后来，我也就是因为这样事，渐渐地喜欢上了英语这门课。回忆过往，我真的非常感谢那位老师，她在我自己都怀疑自己存在价值的时候，让我重新燃起了对生活、对学习的信心！

成功是自己价值的体现，老师或父母要多鼓励孩子做自己喜欢的事，多提供让孩子表现的机会。

老师：媛媛，你是独特的，不仅是你的名字，你的生命也是独特的。你不要自卑，你是独一无二的，从一出生，你就是一个成功者。多大胆地表现自己，就有机会发现自己独特的潜力。

别人念错你的名字，激发了你多认字，努力不认错别人的名字。你见贤思齐，见不贤而内自省也。

你特别善解人意，注重提高自己的修养，这将是你走向成功的独特魅力之一。

我非常认同你说的话，成功是自己价值的体现，要多鼓励孩子做自己喜欢的事，多提供让孩子表现的机会。

痣

童年的笑藏着彩虹，秋千和玩偶占满心中。长大以后我们才懂，生命的苦乐还有很多，睁开双眼渐渐看清世界，发现自己早已拥有太多。在岁月的记录下，我从不懂事的娃娃开始渐渐长大，向书本学习，向社会学习，我经历了许许多多的事，似乎每一件事情都印证了我的成长。那些成长记忆中，有我最开心的，有我最难忘的，还有我最刻骨铭心的。

八月，透蓝的天空中悬着火球般的太阳，中午没有一丝云，没有一点风，一切树木都无精打采地、懒洋洋地站在那里。路旁的柳树像病了似的，叶子挂着尘土在枝上打着卷，枝条一动也不动。

这时，我的母亲正拿着香喷喷的饭菜，去田里给劳作的父亲送饭。可是她刚走到自家的地里，肚子突然就一阵阵痛。吓得父亲急忙扔掉手中的锄头，和旁边的人一起把母亲送进了城里的妇保医院。妈妈很勇敢，她用尽全身的力气将我生下。我的爸爸寸步不离在手术室的门外，他焦急地等待着。不知等了多久，医生终于走了出来，告诉父亲是一个女儿，而且母女平安。

父亲在多年后告诉我：当时他在外面，紧张得冷汗直冒，直到医生宣告母女平安，他心上的大石头才真正放下。妈妈出来了以后，爸爸陪妈妈去了病房，护士将小小的我抱给我的外婆，外婆说我脸上有一双带着稚气的、被长长的睫毛装饰起来的美丽的眼睛，就像两颗水晶葡萄。爸爸说我的头发乌黑乌黑，像柳丝一样轻柔。妈妈看到她怀胎十月生下的我时，十分欣慰我是一个健康的孩子。

舅舅、阿姨都因妈妈生了一个女儿而高兴，因为我这一辈外婆家只有我这么一个女孩。他们都认为女儿好，是父母的贴心小棉袄。当时，我的小舅舅还闹了一个笑话：他抱着我时以为我嘴巴上有一个脏东西，然后使劲地帮我擦，弄得我都哭了。可是一直擦不掉，后来才发现不是什么脏东西而是一颗痣。哈哈哈！小时候老是有小朋友嘲笑我的痣，要我去点掉。可是外婆告诉我，这颗痣长在嘴巴上是掉下来就有的吃的意思，所以不能把痣点掉。

小时候，我就是一个十足的吃货，当然现在也依然如此。每次我想吃什么的时候，总是会吃到。爸爸就会说因为我属老鼠又是在中午出生的所以特别有的吃，但是妈妈却说是因为我的痣长得好。虽然两种说法都带有一点迷信，但我知道这是爸爸妈妈希望我能一辈子不愁吃喝。

《颜氏家训》载:“赐子千金，不如教子一艺;教子一艺，不如赐子好名。”《论语》云:“名不正，则言不顺；言不顺，则事不成。”又有古人曰:“不怕生错命，就怕起错名。”可见自古以来人们对后辈起名的重视程度。取名字同时也是一件复杂的事情，要从字义、音调等方面配合姓氏。字音要悦耳，要注意阴阳平仄、富于节奏感受等。

爸爸虽然是一名老师，有丰富的知识，但为了给我取一个好名字，他也翻遍了字典，由此可见他对我名字的重视程度。经过深思熟虑，最后他为我取名为杨琳。琳，美玉，尤指青碧色的，还指玉石发出的声音，这些都是比喻美好珍贵的东西。用作人名时，寓意美好无瑕。爸爸说我就是他一生最好的礼物，他认为我就像是一块美玉，需要他用自己的一生来守护。

每次听妈妈说起小时候的事，我总是会因自己的愚蠢而发笑。最愚蠢的居然是我想嘴巴可以吃花生，那鼻子应该也可以。为此，我就天真地把花生放进了鼻子，弄得鼻子好疼，妈妈连忙带我去医院。可是，大晚上的哪有车啊？妈妈抱着我走了好久，终于遇上了好心人送我们到了医院。医生尝试了好几次可是都失败了，医生说可能需要开刀才能把花生米拿出来。妈妈吓坏了，当时爸爸出差还没回来。这时，送我们来的好心人说让妈妈带我去另一家医院看看，另一家医院的医生很快就把花生米拿出来了。这让妈妈悬着的心终于放下来了，但受到惊吓的我，却在妈妈温暖的怀里进入了梦乡。

我的长大，是父母精心呵护的结果。

成长中总有这样那样的事情发生，如果没有爸爸妈妈的精心照顾和耐心的陪伴，我不可能躲过一次次生命的劫难。现在，我已经长大了，我要照顾他们，守护他们。

老师：琳琳，你讲得生动有趣！人心不同，各如其面，生命是独特的。你嘴巴上的痣给家里带来了许多有趣的故事，说明了家人对你独特的关爱。

小时候，你竟然把花生米喂进鼻子里，有些危险啊！不过，这也反映了你是一个好奇、爱探索的人，也比较勇敢。

在父母精心的呵护下，你才长大，这是父母的一种成功。

第二节

我能成功

老师：同学们，欢迎来到生命会客厅，我们今天分享“我想成功”主题中关于“我能成功”的话题。

我们能活着来到这个世界，实际上就是成功者。从小到大，随着发育和成长，我们有许多与外界相互作用的时刻，虽然有失败，但更多的是成功。生命有限，我们每个人都要珍惜，做好身边的事。如果说，每个人来到世上是有使命的，那么我们就要有敬业精神，努力做好要做的事，哪怕是微不足道的，那也是我们生命中的一次成功。

我们都梦想成功，说说你曾经取得的成功，重温成功的回忆会让我们信心满满地迎接明天的挑战。

呵　护

我长这么大，离不开父母，尤其是妈妈的呵护。小的时候，当看到镜子里的自己，大大的眼睛，小小的嘴巴，卷卷的头发，我脑中就会想起外婆说过的话：囡囡，长得越来越高了，越来越漂亮了。每当这时，我就会缠着妈妈，让妈妈说我出生前后的事情。

在妈妈肚子里的初期，我只是一个小小的胚胎，妈妈拼命地吃有营养的东西，生怕饿到我。可是，刚开始的时候，妈妈孕吐得很厉害，吃什么吐什么。过了一些日子，我长大了一些，妈妈没有孕吐了，我却给妈妈带来了另外一些麻烦。随着我的长大，我总是会调皮地踢妈妈，妈妈走路也不方便了，但这些都被妈妈克服了。为了安抚我的情绪，妈妈还会放一些轻缓的音乐，爸爸还会趴在妈妈的肚子上和我说话。

时间很快就到了妈妈的预产期。那一天妈妈感觉肚子里翻江倒海，五脏六腑就像要被撕裂了一样，妈妈知道要生了。很快，在家人的陪护下妈妈到了医院，医生马上让妈妈进了产房。一开始胎位不正，经过医生和妈妈的努力，我顺利降生了。然而妈妈还是留下了一些病根。妈妈说我生下来的时候，全身都是通红的，两眼惺忪，就像一只丑小鸭，身长大概也只有一尺多。妈妈说，在看到我的那个瞬间，她忘记了疼痛，觉得之前的一切都是值得的。我和妈妈从此结下了一世亲缘，她身心有我，我身心有她。她陪我长大，我陪她变老。

我的名字叫“卢洁”，这是登记在户口本上的名字。但在这之前，我还有另一个名字叫“卢佳佳”。“佳”有长相标致的意思，在名字中有美丽等含义。“佳”可以组词为“佳气”，“佳气”有吉祥兴荣的意思。但后来，爸妈发现“佳佳”这名字太大众化了，不少小孩的小名就叫“佳佳”，于是，爸妈又去翻字典，把“佳佳”改成了“洁”。

我大概是一个慢热的人，别的孩子都是“三翻六坐”，我却是“四翻八坐”。到了四个月的时候，我才慢慢地会翻身打滚，到了第八个月的时候，我才会扶

小时候，我动作发育迟缓，但大了以后，我各方面的发育都跟上来了。人达到成功的速度是不一样的，如同爬山，我们一开始走不同的路，结果都能达到山顶。我们成功在山顶相聚，但看到的风景和途中的体验却是不同的。

着东西慢慢地坐起来。到了九个月大的时候，我有一天突然从嘴巴里蹦出一声“妈妈”，家里人高兴坏了。从那一天开始，我每隔几天，嘴巴里就会蹦出几个让大家惊喜的词语：爸爸，茶茶，奶奶……

我认为每个人天生都是一个成功者。虽然有些人动作慢，但他还是一步步像其他孩子一样，按照自己的节律成长。

在这样的日子里，我越长越大。而后，我虽然不会走路，但我很会爬，用手将妈妈的拖鞋用力地抛到我自己的正前方，然后用自己最快的速度爬过去，捡起来又扔，爬过去再捡再扔，我可以这样很精神地玩一整个下午。慢慢地，我开始不满足于爬，我开始向沙发上的东西进军。再后来，我可以自己扶着沙发走上几步。又后来，我可以放开沙发自己走路了。

我一步步成长，一步步走过昨天，迈向明天的成功。我们要相信自己，多给自己加油。我认为人生每一步的成功都离不开小时候父母的爱与呵护，它们给我前进的动力。人生的道路可能是坎坷不平的，但父母的爱与呵护却是我们成长的不竭力量。

这就是我的由来，我的出生经历和我的成长之路。

老师：洁洁，你讲得真好！每个人生命发展的节律是不一样的，有的人早慧，有的人却大器晚成。不要羡慕别人的成功，要耐心等待契机，努力积累自己成功的条件。

每个人天生都是一个成功者，在以后的人生中，努力活出最好的自己，这就是成功。

从小到大，父母的爱与呵护是我们走向成功的动力。

交　谈

回想二十年来，记忆最深刻、最让我感动的就是那天和爸爸的畅谈。

我和父亲畅谈的次数并不多，大多时候父亲还是做一个支撑我生活的人，我会和我姐姐交流。但是，这次和父亲的交流，却让我终生难忘。

那时我刚刚上高中，我考上的高中学校历年来本科的升学率不是很高，因此，我感觉自己的愿望好像就这么破灭了。我一直想当老师，一直都想，如果说真的问我原因，我好像也说不出什么确切的原因，可能是对自己的小学老师的喜爱，可能是向往老师的寒暑假生活，也可能是觉得教师的工作稳定吧！那个时候我也没有答案，但就是想要成为老师。可是，我考取的高中学校并不足以让我实现这个愿望。就在这个时候，父亲发现了我的困惑和我进行了交流。可能你们会困惑为什么不是我的母亲和我交流，因为我从小到大的学习都是父亲在监督管理，父亲会更明白我的情况。

我记得很清楚，那天的天气是阴沉沉的，就像我内心的感受一样，我比较自卑、泄气。我犹豫好久，终于开口和父亲说，我好像没有什么希望了。因为我小时候想当老师，每当父母问我的时候我也总是回答说我想当老师，由于这个学校升本科的概率不高，我想当老师的豪言壮语就好像灰飞烟灭了一样。毕竟，我考上的这个学校，以后连考上二本都很艰难，那我又该如何去当老师呢？那一晚，我絮絮叨叨地说了很多，说了自己的担心，说了自己的心情。

父亲一直在旁边听我讲，他思考了许久，然后对我说，那你想好就当老师了吗？我点点头，肯定地回答了他。现在想想，可能就是对教师的一种执念吧，父亲安慰了我很久，给我讲了许多道理。他说如果你真的很想做一件事，那就去做，没有什么是不能成功的，你读的这所中学虽然升本科的可能性小，但并不是一点可能性都没有。你现在遇到的只是小小的一道坎，你想当老师，那你就认真学习，不要觉得自己没有机会了，机会主要是靠自己去创造的。我们还可以走“三位一体”这个途径。不要害怕困难，父母是你的靠山，我们一直都在呢，有困难，我们一块儿去克服。

那次谈话之后，我就有了自己的目标，我告诉自己，要在学考中拿到更多的“A”。虽然有一门的考试科目的成绩没有这么理想，但是我还是通过另一条路进入了小学教育专业。

现在回过头想想，我真会觉得当时的一切困难也并不算什么，人们常说：世上无难事，只怕有心人。这真是一句真理，有什么事情是困难的呢？只要你相信自己，信任自己，努力奋斗，就一定会成功。我觉得我应该感谢困难，正是因为困难，才会有现在的我，不是所有的人生路都是畅通无阻的。困难可以是磨炼你意志的一个东西，当你发现你遇到了困难，你就要想着坚持，或许在遇到困难的那个时候你感受到了痛苦，但是当你克服困难之后你会享受到无穷的乐趣。正如村上春树说的：当你经历过一些事情之后，眼前的风景已经和从前不一样了。还要记得条条道路通罗马，你失去了第一次机会，并不代表你失去了全部的机会，你需要做的是寻找机会，把握机会，成就更好的自己。当你觉得这一条道路堵塞了之后，就要去寻找其他的道路，可能就会柳暗花明。

当然，要好好学习，努力提升自己，要提高自身的知识储备量，因为教师要灌溉的是祖国的花朵，他们是祖国的未来，教师要用自己最好的面貌去面对他们。

遇到困难不要怕，更不要退却，要多向外界求助，还要记得多多和家人联系。家庭是我们精神的港湾，我想如果没有爸爸的一席话，我可能并不是现在的我。

家人是我们最大的后盾，他们可以为我们的成功提供许多的帮助。

老师：丽丽，与父亲的交谈让你改变了自己的心情，也有了前进的信心。

人生不如意十有八九，但遇到困难时，我们要积极寻找帮助。每个人都会有盲点，找人聊一聊，你可能会获得启发与力量。

遇到困难不要怕，更不要逃避，相信方法总比问题多。

家人能给予你最有力的支持和帮助。

活着也是一种成功

上天是不公平的，人有美丑之分、贵贱之别、贫富之差，然而，对于每个人来说，生命都只有一次，上天竟又是如此的公平。

十月怀胎，一朝分娩，母亲吃了多少苦。不过，喜怒不全由她自己，妈妈心里时刻惦记着的是她腹中的孩子。父亲抚着母亲隆起的肚子，脸上漾起开心的笑，他心里藏着一个寄托。从此，父亲工作之余，家务全揽，忙完这个又忙那个，奔来跑去。他满头大汗，但也不觉得累，他全身仿佛有着使不完的劲。他的心中有了希望，这个即将出生的孩子寄托着他对美好未来的憧憬。

孩子对父母这般重要，仿佛孩子健康地活着就是一个家庭所有的期待。

据说，我妈妈怀我的时候非常不容易，那年赶上了计划生育。

我有一个比我大十岁的哥哥，妈妈怀上我的时候计划生育的政策很严格，村干部要求把孩子打掉，但我妈妈不肯，然后就跑到我外婆的老家，准备偷偷把我生下来。或许是因为压力大，那时候她真的太痛苦了。有一次就索性吃了堕胎药，讲到这里，或许你们都很奇怪，为什么没事呢？也许，是上天要我留在我妈身边吧，我妈安然无恙地把我生下来了。

正是由于父母的呵护，我来到这个世界上，我很开心，可以感受生命的意义。

为了我们，母亲被岁月憔悴了容颜，让风霜爬上了两鬓，她操碎了心，费尽了力，毕竟，在她的心目中，我们就是她生命的全部啊！世上很少有什么是不求回报的，但父母对孩子的爱却绝对是例外中的例外。如果问一下全天下的父母，他们希望孩子为他们做些什么。我看，十有八九都回答不出，或许他们根本就没有想过这样的问题。

有一次，我搂着母亲的脖子，问她最大的愿望是什么，她先是一愣，既而认真地告诉我，希望我和哥哥一生健康平安，永远开心快乐。我被这句平淡的话深深地感动了，泪水顿时涌了出来，几乎模糊了我的双眼。那一刻，我觉得母亲很伟大，没想到她最大的愿望竟不是希望自己怎样，而是考虑到孩子们的幸福，这是何等的爱、何等的无私啊？我终于知道，我们活着，不仅仅为自己，还为父母，因此我们不但要活着，而且要好好地活着，毕竟我们的生命不仅仅是我们自己的生命，也是父母生命的外延，更是他们幸福的源泉。

我们走过漫漫的一生，有时候会突然发现自己的生活是如此平淡，所有的日出日落、寒来暑往没有什么区别，一切的欢笑和泪水相去无几。我们没有耀眼之处，浑然无知地穿梭在每一个平凡的日子中。我们平凡得像一束远方的微光、一叶小草、一滴晨露，为此我们惆怅，我们也感叹，我们渴望一番轰轰烈烈的壮举。其实，我们不必为平凡悲叹，因为平凡也是一种美！平凡是荒原，孕育着崛起，只要你努力开拓。平凡是泥土，它孕育着收获，只要你肯耕耘。平凡是溪流，孕育着深邃，只要你肯积累。

我曾思考成功是什么？是壮举，是光环，但也是一种平凡，是按照既定的轨迹，历经风雨，一直往前走。

人生匆匆，有些时光来不及碰触就已经过去了，所以我认为我们要珍惜生命中的每一分、每一秒，不要活在追忆和怀念中，要勇敢战胜生命中的拦路虎，做一个顶天立地的战士。当我们达到站在泰山我为顶、走到海角我为岸的境界时，平凡的我们就会被一种无形的力量所激发，带给我们面对人生的一切艰难都砥砺前行的信心。

生命虽然短暂，但也要让人生有意义，对自己走过的路无怨无悔。

于是，这生命在冥冥中承担起了一份不容推卸的责任，就是活着，然后去创造。所以，我们要珍爱自己的生命，善待自己。想想那些夭折的生命，还有那些残害生命的恶行。如果我们负责任地活着，积极践行人生使命了，谁说这不是一种成功呢？

留得青山在，不怕没柴烧，这是流传甚广的一句话。

生命有时就像一颗流星，它是美丽的，也是短暂的。生命只有一次，要美丽一生。

我要努力活着，一步步践行我的人生使命。

老师：斯佳，你讲得很朴实，也很独特！

生命的成功首先是要活着，只有健康地活着，我们才能创造，才能彰显自己生命独特的潜能与价值。

我们可能平凡，但只要践行了自己独特的使命，那也是成功的。

不是说，留得青山在，不怕没柴烧吗？

好好活着，活着是谋取成功的基础，努力活着也是一种成功。

探　路

故事发生在我的高中时期，那时我上高二，当时许多同学都报名参加市里的英语等级考试。考试的地点是一所重点高中，但我们都不知道那所重点高中的确切所在。

考试的时间是周六早上，我们决定派个人提前一天去探探路，以免第二天大家迟到，于是我就毛遂自荐了。我们知道学校到考试地点大概的公交路线，但是具体到哪一站转车，转的是哪路车，之后是哪个站下车，这些都是我们不清楚的。

那天是星期五，我早早出发去探路了。这一天的公交车如往常那样拥挤不堪，我在公交车上站着，一路上满头大汗。我上车、下车，又上车、再下车，我按照预想的路线乘坐着车。

天渐渐地黑下来了，但是依旧没有找到最后一班车的上车站点，我心里有些焦躁。我反复询问打听，又过了一段时间，我终于到了那个目标站点附近。

下车之后，天已经非常黑了，路灯都已经亮了起来，面对错综复杂的交通道路，我实在不知道该何去何从。我困惑极了，究竟在哪个路口上车呢？当时我的手机还不是智能机，并不能用导航。

为了找到那个路口，我在马路上游荡了将近一个小时。在这段时间里，我不断地向路人打听。虽然走了不少的冤枉路，但最终我还是如愿以偿地找到了正确的路口。当时已经是晚上八九点钟了，那条通往考试点的路有些偏僻，加上路上已经没有多少行人，顿时我心里不安起来。虽然呆呆地坐上去往那所重点高中的公交车了，但是否继续坐到头，我有些犹豫了。不幸的是，这时公交车上只剩下我一个人了，我有点恐惧。脑海里一直感觉就像进入了一个深渊，我看不到底。我坐在最靠近司机的位置，司机可能出于好奇，语气和善地问我一个人去哪里。我说了地点，说去那里看看。司机师傅告诉我返程的最后一班车什么时候来，还叮嘱我要注意安全。学校与站点还有一些距离，到了终点站后，车没有停，司机将车直接开到了学校门口。我下车后，只在外面徘徊，司机看到后，就大声对我说可以进去看一会，车还有一会儿才会过来。

有了司机的友善提醒，即使在这昏黑的地方，我独自一人也不那么恐惧了，倒是感觉一股暖流涌上心头。

感恩这位不知名的司机，他的友善、热情让我成功完成了探路的任务，也让我回去的路上更为轻松。

这个世界上好人还是很多的，生活在这个时代我很高兴！当然，我也会努力传播这种爱心和友善，努力做一个乐于助人的人。

老师：飞燕，很高兴你能遇上好司机，得到他的帮助，顺利地完成了探路的任务。

你很勇敢地承担了这个任务，我认为下次你可以找一个伴，结伴而行会更加安全。

以后的人生还会有许多困难，如果遭遇了，我们就要想办法寻找帮助，不要硬扛着。记住，世上的好人更多。

不忘好心人的帮助，我们都要努力做一个乐于助人的人。

风　筝

明媚的春，五彩的夏，金色的秋，银白的冬。转眼我已经走过了很多个五彩缤纷的年头，这些年来我经历了许许多多的事，有温暖，有快乐，有遗憾，有艰辛，更多的是幸福。然而，却有这么一件事，它深深刻在我的脑海里，让我无论何时想起都不得不动容。

十三岁那一年，我还是一个懵懵懂懂、慢热的孩子，一个周末，爸爸妈妈来学校接我。在路上，我快乐地欣赏着春天美丽的景象。春姑娘把大地装点得一片翠绿，这正是放风筝的好时机。爸爸妈妈带了我最心爱的蝴蝶风筝，我们去了家附近的锦屏广场。

那里有一片空地，很适合放风筝。我们来到那片空地，看见蓝蓝的天空上飘着一只只美丽的风筝，把天空点缀得五颜六色，好像一匹色彩缤纷的布。有的是威风凛凛的“黑猫警长”，有的是勇猛凶恶的“老鹰”，有的是胖头胖脑的“小叮当”。我被这气氛感染，跃跃欲试。于是，我迫不及待地把风筝拿出来，顾不了展开，就准备开始放。我把风筝高高地举起，然后嘴里自顾自地喊着“风快来风快来，我的风筝赶紧飞起来”。一阵微风拂面而来，我觉得一切准备就绪了，这次应该十拿九稳了。“放咯！”我边叫边向前跑。快跑到广场尽头，我回头看，只见“调皮”的风筝在猛烈地“翻着跟斗”。妈妈笑着说：“傻孩子，你忘记放风筝线了。”我顿时脸红，说：“妈妈，我重新试一次。这次，我绝对不会粗心大意的。”准备好了后，我信心满满，嘴里不停念叨着：“一，二，三，飞咯……”就这样我一次又一次地奔跑，一次又一次地放。直到累得满头大汗，然而风筝还是没飞起来。我有点生气，边喘着大气边一屁股坐在了地上。

爸爸见到我这样，便安慰我说：“孩子，你这样就轻易放弃啦？你看，这里有这么多的小朋友，他们有些来得比我们还早，但现在还没放飞成功。他们失败次数肯定比你还多，但他们仍没泄气，还在继续努力放呢！风筝放不起来，你除了继续努力，还要想想原因，及时改变方法。放风筝的时候要逆着风向跑，左手握线轴，边跑边用右手放线。要不，你再试试看？”我听了爸爸的话后，又看了看周围那些比我还小的小朋友，只见他们还在一次次地努力放风筝，我心里感到十分羞愧，心想：“我怎么可以连比我小的小朋友都不如呢？我一定要成功！”想到这，我就拍拍屁股站了起来。深深地吸了一口气后，怀着满满的信心，就又开始放风筝了。

“一，二，三……一，二，三……放……”喊完后，我就像刚刚离弦的弓箭一样快速奔跑。我这次汲取之前的教训，左手握住线轴、右手放线，我一边跑，一边把风筝线缓缓地放出。我感觉到风也好像配合我的行动一般，猛烈地向我吹来。此刻，我的心里别提有多高兴了，便鼓足全身的力气，使劲地向前跑。当我跑了一大段路后，气喘吁吁地回头，终于看见我的风筝飞上了天空。这时，我兴高采烈地跳起来对爸爸妈妈说：“爸爸妈妈，你们看！你们看！风筝飞起来了。噢！飞起来咯！”爸爸妈妈看着我，欣慰地说：“孩子，真棒！爸爸妈妈就知道你能行！”我把风筝线慢慢地放出来，风筝渐渐升上天空。

天空中，那蝴蝶风筝“扇动”着两个美丽翅膀，勇敢而美丽，迎风飘扬，越飞越高。我欣喜若狂，终于品尝到成功的降临，我有节奏地将钱一拉一放，似乎在与它握手，似乎在鼓励它努力高飞。蔚蓝的天空中，风筝们在自由地飞翔。天高任鸟飞，海阔凭鱼跃。虽然这许多风筝中，有的始终没有飞起来，但是我相信他们总会有飞起来的那一刻。

天色渐渐地暗了，我们恋恋不舍地离开了广场。这次放风筝不仅好玩，还让我明白了一个道理：只要不断努力，并且找对前进的方向，成功一定会在某一刻来临的。

这件事将永远留在我的脑海里，时时刻刻鼓舞着我。

后来啊，我上了大学。初来学校的那几周，由于是第一次离开父母，我有些不太适应，但是我又回想起小时候放风筝悟出的道理，于是我努力摸索着前行。在大学中，我不畏困难，接受了许多挑战。班委竞选，我初次尝试，成功当选；迎新主持人选拔，虽然落选，但我毫不气馁。为了参加校宣传部、电视台的面试，我一次次改稿，一次次练习……努力终有收获，我如愿进入了宣传部、舆情部，还被校电视台录取。我不忘父母鼓励我放风筝，我尝试接触各种新事物，我不言败，不断去争取成功。第一次做推文时，我一次次撰文、修改，一遍遍咨询学长学姐。难忘，一个个不眠之夜，一次次加班加点……当我的第一个主题推文被录用时，我体验到成功的喜悦。我知道，这是努力和正确的方向在引领我前进。成功是个开始，它让我心怀感恩与幸福，勇往直前。

多少事，从来急，一万年太短，只争朝夕。只要找对前进的方向不断努力，成功一定会在某一天来到的。这是十三岁时我从生活中悟出来的道理。现如今，我已经二十一岁了，尽管时间在流逝，但这个道理常常会激励我不断向前，即使现在的我没有出类拔萃，但我一定是配得上自己的努力、勤奋，我抖擞精神正朝着最好的自己，不断努力，不断向前。人生是什么？我认为就是不断地超越自己，不断地奋斗。当我回首往事的时候，我更多的是感动，而不是遗憾，我想，我的人生就已经是值得的了。

我会一直牢记放风筝带给我的人生启示，在将来的人生路上，我也会像自己的名字——旖航一样，面对生活的这片海洋，即使遇到困难，我也会扬帆起航，勇往直前！

老师：旖航，你讲得好！人生的成功就如同放风筝，先方向要正确，然后要不断地努力尝试。遇到失败时，不要气馁，要寻找问题出在哪儿。只要继续坚持，成功就会出现在眼前。永远记住，方法比问题多。只要自己不放弃，你就有机会成功。你若低头，自暴自弃，谁也帮助不了你。

放风筝的经历是你人生的一笔财富，它使你在追求成功的路上勇往直前。

梦　想

生命中，总有一两件让人刻骨铭心的事情，它就像我人生中的财富，就如同我人生中的明灯，时时刻刻伴随着我成长，激励着我奋进。成长的脚步离不开烦恼，我感受着成长，享受着快乐，也经历着烦恼。回忆我已走过的人生旅途，最让我刻骨铭心的就是备战高考。人生苦乐并存，味道自在其中。高考是苦涩的，总有无休止的烦恼纠缠，谁也理解不了，谁也帮助不了，但它带给我的意志力锻炼和成就感却是难忘的！

高三，总在凌晨五点被闹钟吵醒，当晨雾弥漫时，我常在灯火阑珊中穿梭。难忘清晨的微光透过窗，洒在手中的书卷上，我又要走近那些定理与公式、单词与句型，这些都是成长道路上不可或缺的一部分，也是我们在追梦道路上的同伴。午后，人们睡眼惺忪，说明他们都很疲惫，也想休息一下。然而，我要参加高考，我有内心这个守望，我要快快清醒，精神饱满地投入战斗。毕竟，我的梦想被折叠在小小的书本里，它局促又沉闷，但它又引领着我在黑夜里潜行。可能天下的学子都一样，书本将与他们共同穿越汪洋与山岭，让学子们时刻都在努力奔跑。对我而言，十年寒窗磨一剑，只待气朝问鼎时！人生路上难免会有各种曲折，生活中亦难免会有磨难。正所谓心若向阳，则无惧悲伤，尽管征途漫漫，但也要一路潇洒放歌，奔向明天。

那时，面对备战的 2020 年高考，日子似乎显得无比漫长。先是因为疫情的紧张局势，我们并不能在春节假期结束后，像往届学生一样正常返回学校上课，而是进行了大约两个月的线上学习。线上学习的高三学子，没有老师的亲自督促，存在着一些难以阻挡的困难。后来又得到老师们的通知：今年的高考将延期到

7 月进行。直到疫情得以控制，我们才在四月份的时候返校学习。

倒计时 100 天，倒计时 50 天，倒计时 10 天，倒计时 3 天……日子一天一天似流水般逝去，老师手里的粉笔在黑板上嗒嗒地敲击。伴随高考日益临近，考试越来越多，老师的粉笔越来越短。教室里，同学们认真刻苦，埋头拼命舞笔，丝毫不松懈。桌子上摆放的是数不清的复习资料，课下再也无嬉戏打闹的空间，只记得办公室里总有许多同学，拿着书和笔围绕在老师身旁等待解惑。还记得刚上高中时的迷茫，也曾怀念少时的懵懂，那时未曾幻想过未来，也不知道什么是梦想。现在，全班同学为了考上心中的理想大学，全力以赴地奋斗着，大家都乘上了奔赴梦想的高速列车。

在备考的这段时间，我也总会被大量的作业和试卷弄得焦头烂额，争分夺秒的日子充斥着我的生活，每一次背书都熬到凌晨，每一次都在极度困倦中强撑着刷完试题，我有时会想放弃，但总有一种信念支撑着我。我知道，那就是心中燃烧的梦想。一摞摞书本堆砌起心中的希望，一次次夯实基础也坚定追梦的心。带着这个梦想，我坐在课桌前奋笔疾书，也在每次考试中积累着经验。我反复告诫自己抓紧每次晚自习的背书时间，每当坚持不下去时，我便会抬头看看窗外的风景，让大脑重新唤醒自己的梦想与目标。

小时候，总希望自己快些长大，为自己编织了许许多多的梦，终于我带着对未来的憧憬渐渐地长大。谁知，我们的成长不只有成功，更多的是品尝生活的苦涩。每一个优秀的人，都可能会遭遇挫折，甚至经历一段时间的磨难，那一段时光，他们付出了很多的努力，忍受了很多的孤独和寂寞，但他们不抱怨也不诉苦。即便努力付出了很多却仍看不到结果，他们也总会坚持下来，即使眼看尘埃落定，也要奋力一搏，即使远方风雨兼程，也要迎难而上。这就是人生，这就是成长。

我们每一个人从呱呱坠地时，就开始了自己不断成长的人生。没有人无端地寻求艰苦，也没有人真正地厌恶欢乐，生命的本质就是苦与乐。生命因为磨难而美丽，唯有经历过磨炼的生命，才能开出艳丽的花朵，也唯有历经风风雨雨的人，才知道生命的难得与可贵。经历高考的我，凤凰涅槃，如今想来，我认为生命的意义就在于不断追寻。在人生这场旅行中，高考是短暂易逝的一程，也是绚烂美丽的站台。苦乐是青春，而高中阶段则伴随着青春的旋律，在年轮中逐渐逝去，高考也只是青春的一段旅途，尽管过程苦涩，但我们依然执着地前行。

生命就像万花筒，它精彩纷呈，召唤人们前行。我苦尽甘来，步入大学。我时常告诫自己，任凭风霜侵扰，任凭雪雨洗涤，只要自己选择快乐的生活方式，一路跋涉，苦涩终将过去，成功自然到来。

给自己一个微笑的理由吧，坦然面对一切，前方就是一片艳阳天。

老师：思思，讲得好！人不能没有梦想，人不能没有守望。有了梦想与守望，我们的人生才有了方向，我们也会心怀激情，努力克服各种困难，最后达到成功的彼岸。

经历了高考那样的困难，我们还会再害怕什么吗？

在克服困难的磨砺中，我们一步步走向强大。

热爱与坚持

中国有句古语：业精于勤，荒于嬉；行成于思，毁于随。一个人成功后，归纳其走向成功的心路历程，都可以用这句话诠释。在倡导励志、创造，追求成功的今天，我们每一个渴望成功的人，看看下面两则故事，也许能为我们的“成功梦”再助一把力！

我看过一档电视选秀节目，有个新疆来的业余歌手，从未经过专业训练，他只怀着对音乐的热爱，模仿卡带，自学弹吉他。从小学起，就自娱自唱，他的唱法和弹吉他的手法，都是野路子。表演时，他一首自编的歌曲，引得四位导师转身。当问及他的梦想时，他说：“我没有什么梦想，只想好好唱歌，把自己该做的事做好。我若把歌唱好了，梦想就会来找我。”他说得很朴实，出乎人的意料，他说这话的时候表情很淡定。

走进他的生活发现：他是牧民家庭出身，父亲是个普通的牧人，家里经济也并不宽裕。他是小时候受哥哥的影响而喜欢唱歌的，他先拿个破吉他弹，父亲忍不下去，咬咬牙，花了三百多元给他买了新吉他。他母亲因此与他父亲发生争吵，因为三百元钱对他家来说是太大的花销了。他没人教，边玩边悟，自学吉他。他经常给家里人唱，还一个人对着草原唱，他是一个只要唱歌就忘了一切的人。很不幸的是，他哥哥十多岁病故，哥哥走后不久，父亲也病故了。于是，一家人的生活重担全落在他的身上了。

此后，他与妻子游走于酒吧、餐馆为人演唱。

他曾组织过乐队，许多人嫌收入低而离开。多年来，只有他坚持了下来。终于，有一次到德国的演出机会，他和他的乐队去了。没想到，待他唱完写给爸爸的歌，全场响起了雷鸣般的掌声，他成功了。

节目中能在要求苛刻的导师中赢得全部转身，无疑，他又成功了。

他没有受过专业的演唱技巧训练，他的嗓声很特别，他把苍凉与悲伤融入他的歌声。沙哑的声音配上质朴的歌词，这歌曲能彻骨入心，让你禁不住流泪。不用说，导师都感动得流出了眼泪。

他在录制完节目回到家后，做了他必须做的两件事：一是到哥哥的坟前说话；二是到他父亲的坟前祭奠。他说他每年都这样，无论高兴与悲伤，他都会在这里获得生活的力量。他又说，是他哥哥把音乐带进了他的生活，使他由听歌到喜欢唱歌，他还说是他爸爸花那么多钱给他买的吉他，帮助他点燃了生命中的梦想。他一路走来，踏歌而行，唱歌是他生命的寄托，也是他与哥哥和父亲的交流。

他对唱歌如痴如醉，他的生活不能没有唱歌。他生活费的来源也是在各个酒店、夜总会、酒吧的卖唱。他的歌唱是工作也是生活，更是他的生命。他是一个为生命而歌唱的人。我认为，他是天底下最幸福的人。

有一天晚上，我打开电视，恰巧是成龙开讲的节目。他讲述了自己从武行学武、成为替补演员到成长为国际影坛武术明星的过程。

他小时候家里穷,外出学艺是为填饱肚子。学艺的过程是很苦的,从早到晚,受伤是常有的事。至于拍戏，他只能跑龙套，之后是做替身，再就是有幸出演小角色了。从小角色到主角，不是件容易的事，你得让别人记得你。为获得导演的青睐，成龙努力、认真做事，尤其不放过那些不起眼的细节，这实际也就是做人了。他说，他装死的时候，不管有没有镜头拍到，都特别认真，躺在那一动不动，这很快出了名。于是，有要装死的角色都会优先选择他。

他说:细节决定成败。从片场出来，在搭顺风车的时候，他都是屁股先坐上，脚在车外抖抖泥土,然后脚才进来,最后一个并脚的姿势,静坐在那里直到下车。这样做是为了尽可能地保持载他的车干净与安静。这个小小的细节，说明他顾及别人的卫生，对别人心怀感激。

由于他每次有这样的细节，司机记住了他。司机也很喜欢让他搭车，有时会主动停下车问他到哪里去。他乘车的习惯在司机们之间传扬，开车的人都记住并喜欢他，也愿意载他。他利用搭车的方便，在空闲时行走在各个片场，这便使他有机会观摩各个片场的活动，聆听导演和演员对表演的交流，这为以后他演电影、做武术指导奠定了基础,也为他成为一代武打明星添上了腾飞的翅膀。

大家都知道，成龙演电影很认真，任何动作从不用替身，因为他要对得起他的影迷。他的武打动作丰富多变，又行云流水，让人应接不暇，看起来是一种真正的艺术享受。尤其，他的奇思妙能想让人在惊险中放松。这就是成龙电影的魅力。成龙已拍了 100 多部电影，他让一代人甚至几代人记住了他。他能在电影界有这般地位，无疑有他独特的原因!

成功是每个人都渴望的，尤其在今天。我们的时代比以往任何时候都开放，不用说,媒体的各种选秀节目异常火爆。只要你有奇异的才能,只要你怀揣梦想，你都能在当今的社会中鹰击长空、鱼翔浅底。

时下,有一个很热的词——“中国梦”,人人都谈自己的“中国梦”。不言而喻，梦想，是当代人的符号，如果没有关于成功的梦想，那你就落伍了!

有梦想是好事，实现梦想的路上并非一帆风顺，你要努力去追寻和奋斗。这是一条充满荆棘的路，有条件要上，没有条件创造条件也要上。因为机会不等人,因为机会是不期而遇的,机会总是给那些有准备的人的。漫长的等待过程，也是你苦练内功、积聚才能的时候。为此，你要忍受孤独与寂寞。如我们上述的故事中那个歌者，没有永不放弃地唱，他不会把生活的苦难融进他生命的歌唱之中,也不会有今天这样辉煌的人生。不用说,歌曲已成为他表达内心的语言，每句歌都是他对生活的感悟。所以，他不只是唱得让别人潸然泪下，他是用生命在歌唱，既唱给自己，也打动别人。同样，正如成龙所说，“别人都看到我耀眼的成功，他们不知道我背后的付出”。我认为，成龙是用生命在演电影，他不用替身，他每个动作都精益求精，他把全部生命奉献给了他热爱的电影，电影也让他赢得了非凡的成功，铸就了当今的“成龙大哥”这个电影的符号。

每一个梦想成功的人，学会热爱与坚持吧！因为许多成功的人已经给你树立了榜样，从今天做起，为了明天的梦想怀着热忱，守住坚持，这是你生命的魂。

心中装着你生命的魂，脚踏实地一步一个脚印向梦想前行吧！

老师：川川，你讲得很好！每一个人都渴望成功，我们每个人的生命都有成功的潜能。但是要成功，你必须要为成功做准备。

闻名中外的武打明星成龙大哥就是这方面的楷模，他是从跑龙套开始的，他注意与人交往，努力不麻烦别人，他坚持不用替身。他热爱电影，更热爱喜欢他电影的观众，他很敬业，这是他成功的秘诀。

古往今来，成功的人都是先有梦想，然后充满热忱，坚持不懈，最后到达成功的彼岸。

若想要成功，那就从今天开始，先有梦想，然后坚持！

老师：同学们，我们在生命会客厅分享了“我要成功”的主题，我总结一下。

我们都期望生活中想做的事能马上成功，可是人生往往事与愿违，在许多事上我们会走弯路，甚至好事多磨，需要我们付出一定的努力。有时，看似无望却又绝处逢生，成功从天而降。然而，人生中越是重大的事情，越是可能磨炼我们的意志。若想真正获得人生的成功，我们就不得不学会等待，尤其要有足够的耐心和恒心去抵抗命运的各种捉弄，努力奋斗，直至梦想成真的那一天。

为了避免目睹别人成功而产生的羡慕、后悔甚至自责，我们一定要学会等待。在等待期间，我们要积极做好三件大事。

首先，设法增强自己的动机。想方设法将梦想视为人生最大的事情或近几年最大的事情。这种动机越强大，就越能体现梦想的神圣，这样不仅有助于克服前进路上的各种困难，而且能帮助我们树立必胜的信心。

其次，充实自己的知识。为成就我们的梦想，仅凭一个人的力量还是比较薄弱的，这需要我们不仅学习知识，还要积极借助别人的智慧和力量，增强自己的实力。我们要努力学习两类知识，即专业知识和社会人文知识。专业知识能帮助我们解决技术上的问题，人文知识能帮助我们认知人生的意义。我们还要团结一大批有识之士，使自己站在巨人的肩上，尽快积聚自己质变的条件。

最后，要有快乐的心态。心态决定成败，我们要快乐、自信、勇敢，要处理好与周围亲人的关系。家庭是我们成就事业的大后方，也是我们生命的根。后方不稳就会动摇前方的军心，正如家和万事兴。但不要因为家庭的问题而迷乱了我们的内心，要知道，心情不好会影响我们整个人，其中受到最大伤害的是自己的事业和健康。

世界是变化的，但质变需要一个过程，也就是量变累积的过程。我们无论追求事业的成功，还是追求家庭的幸福，其实质也是量变到一定程度上产生的质变。因此，我们期望成功，必须先努力做事，要学会在成功到来之前慢慢等待。有了这些潜心的等待，就等于我们成功了一半，也就是迈出了实现成功的重要一步。人的梦想越大，需要我们静心等待的时间就越长。

第九章　我要成长

家庭是生命诞生的地方，也是我们最终的归宿。有了家庭，漂泊在外的心就随时有个落脚的地方。如果个体有心理上的问题，很多时候原因在于原生家庭，尤其是缺乏爱与呵护。这种创伤的治愈，一般都离不开来自家庭的爱，我们要努力给家庭成员心灵的滋养。

家庭气氛对我们生命的成长很关键，也对我们以后参与社会活动具有十分重要的意义。只有给孩子温暖的爱，采取民主的教育方式，让孩子在一个安全的环境中成长，为孩子营造积极向上、充满爱的气氛，才能让他们学会宽恕与原谅，也让他们学会爱，还帮助他们形成积极的生活观。

第一节

最初的学习

老师：同学们，欢迎来到生命会客厅，我们今天分享“我要成长”主题中关于“最初的学习”的话题。

从出生到死亡，我们在家里分享亲情，获得安全、信赖与归属。民谚有云：金窝银窝不如自己的狗窝；月是故乡明；在外千般好，不如自家亲。家庭奠定了我们人格的雏形，我们的人生从这里出发。中国人常说落叶归根，人死了以后一定要魂归故里。所以，无论在外面遭遇多大的委屈与创伤，家庭始终是我们天然的疗愈场所，也是我们生命的最后一道屏障。

为了总结经验，让我们回溯过往，讲出人生最初的学习故事。

榜　样

每个人的出生都是个奇迹，当新生命降临到人世间的那一刻，几乎每个人的脸上都洋溢着笑容。然而，婴儿在啼哭，这是为什么呢？也许，他有自己的故事吧！

我出生在二十三年之前，我一直记得母亲对我说的那个美好的梦。那是个多彩的傍晚，母亲怀抱着一个幼儿，两人正痴迷地仰望着星空，看看将有什么事情发生。母亲说那里应该有很多超凡脱俗的女子，她们体态轻盈，伴随着优美的旋律在云端起舞和歌唱。当母亲沉浸在这美景之中时，怀中的幼儿很不服气地说："如果我的鞋子没有被换掉，那我也能像那些姐姐一样在天上飞。"母亲说，这是我出生的前一夜她做的梦，她还说这有可能在暗示什么。不管怎样，我很喜欢母亲的这个梦！

谈谈人生最初的学习，原生家庭的父母对自己影响最大。小时候的经历，奠定了我们人格的雏形，我们由此出发开启自己漫长的一生。

说起我的出生,我最要感谢的人当然是我的母亲。我是她十月怀胎生下来的,之后她又含辛茹苦地将我养大。无论遇到什么困境,她都没有放弃我,没有将我送走,我才得以拥有如此幸福的童年。据说,我刚出生时差一点就被别人抱走。由于我是家里的第三个女儿,我奶奶又特别想要个孙子传宗接代。可以想象,一个女孩子出生在这样的家庭是特别不招人喜欢的,除了我母亲。正巧这时,奶奶家的邻居又特别想要个女孩子,所以我奶奶差点就把我送给他们。母亲竭力坚持,奶奶才没有得逞。

母亲说,她生我们姐妹几个时,从没有发出过一声惨叫,旁边的医生都被我母亲震惊了。我问过她,为什么不发出声音,不是都说喊出来会减少痛苦吗?母亲却说,生孩子是自己的事情,不管多痛也不能让别人知道。她又看我一眼,一脸严肃地说,为了生孩子大喊大叫,这让别人听到多丢人。母亲就是这样,她是一个特别传统而不乏坚强的农村女人!

母亲从小身体不好,为了我们仨她竟有好几次都晕倒了。每次昏迷,她都要很多天才能醒过来。我理解不了那是怎样的痛苦,更无法想象我母亲的坚强。

母亲说,我出生后不久,她就被强行拉到医院去节育,后来因为某些原因而没有实施。当她回来时才发现,由于没有人照顾,我因为潮湿而全身脱皮。她伤心地落泪了,无奈之下,独在异乡的母亲只能忍着病痛来照顾我。我问母亲当时面对那么大的压力为什么能够坚持下来?她说,因为我是她身上掉下来的肉,既然把我生了下来,就一定要把我养大,对我负责。也许,这些事情只有当我为人母时才能感同身受吧!每次我想到这些事情,我都特别尊敬我的母亲,为此我也早早懂事。看多了婆媳不和,我也能想象到我奶奶当时对我母亲所做的事情。这是普遍存在的现象,我的心早已被母亲的伟大和坚强抚慰。

母亲是个不会与人计较又孝顺的人,她心地善良,似乎早已忘记了当初奶奶是怎么对待她的。当奶奶身边的人一一离去时,我母亲劝说我的父亲将奶奶接到了我们身边,并侍奉她。正是由于母亲的宽容与善良,使我奶奶拥有了还算不错的晚年。

我出生以来，身边发生的种种事情让我见识了不少人生中的曲折和悲欢，我要感谢我的母亲，感谢她生我养我，给了我一个完整的家。她还用她的实际行动教育我，让我懂得了感恩，懂得了礼义廉耻。更让我不能忘记的是：我的出生与我母亲紧密相连，有她，才有了我现在的所有人生。

母亲的言行净化着我的心灵，也陪伴我一路成长。

老师：清亮，你的妈妈是一位朴实、善良、宽容而又坚强的人。我们最初的学习是从模仿父母开始的。

新生命是父母给予的，每一个新生儿都遗传着父母亲的基因，你是大学生，你要树立男女平等的观念。

你母亲的身教重于言教，她是你学习的榜样。尤其是母亲以德报怨，不计较与奶奶恩怨，在奶奶的晚年照料她。母亲独立、担当、自强、善良、坚强，这些人格上的优秀品质都是值得你学习的。

我希望你与过去和解，也让自己释然。学习母亲的善良、坚强与宽容，但你要学会不委屈自己，要勇敢地表达自己。

瘫　痪

记得在我四年级的时候，我们村里有一位奶奶，她出了车祸导致全身瘫痪，生活不能自理。那时候，她的女儿、小儿子和小儿媳妇轮流照顾她。奶奶有两个儿子和一个女儿，女儿已经出嫁了。对奶奶的奉养问题，经商议，由小儿子给奶奶养老送终。然而，大儿子和大儿媳妇都很吝啬，在奶奶卧床期间，他们几乎不来问候一下，只想着怎么独吞奶奶留下的财产。

小儿子和他妻子为人善良、朴实、勤奋、上进，特别是小儿媳，每天都照顾奶奶吃喝拉撒，给她擦拭身体，甚至半夜都会起来给她翻身子，盖好被子。小儿子在照顾奶奶的同时也努力挣钱养家。一转眼十几年过去了，奶奶现在还好好活着。每次村里的人遇到小儿子的时候都会问他："你们夫妻俩照顾一个瘫痪的人十几年都不会觉得烦吗？”他笑着说：“她是我的母亲，没有她就没有今天的我。我爱我的母亲，照顾她是我作为一个儿子应该履行的责任。”小儿子还说，因为他没有照顾好自己的母亲，才会让她发生这样的车祸，为此他一直都很自责。真是好人有好报，如今努力上进的小儿子已经有了自己的车和房，然而，他哥哥却还是碌碌无为、浑浑噩噩，过着贫穷的日子。

小儿子以德报怨，他不计较他哥哥曾对他和母亲做过的事，还把好的东西分享给自己的哥哥。我时常想，一个人的心胸要有多宽广才能做到这样呢？

村里人都很感动，有人曾问小儿子，他现在还有什么遗憾？他说，现在生活有了很大的改善，但他的母亲却享受不了，他每次坐在母亲的床边都是满满的自责和愧疚。母亲虽然全身瘫痪，但意识却还是清醒的。

十几年来，小儿子和小儿媳任劳任怨照顾她，老奶奶都看在眼里，记在心里。

有一次，小儿子在和老奶奶说话时，听到她口中吐出了“我很幸福”这几个字。虽然含糊不清，说起来很吃力，但小儿子还是听出来了。那一刻，小儿子和他妻子激动得都哭了。奶奶的心态非常好，因为小儿子和小儿媳懂事、善良。在自己全身瘫痪的情况下，他俩并没有嫌弃和抛弃自己，也没有半句怨言，而是一如既往地照顾自己，这些让她感到很欣慰，很开心。如今老奶奶还是一直躺在床上，但已经能说几句简单的话了。人的心态也很重要，奶奶因为小儿子和小儿媳懂事而感到开心。人开心了身体也会有影响，所以她的病情没有恶化。

这是我身边真实的故事，在这位叔叔和他妻子身上，我看到了很多值得学习的品质，他们善良，有孝心。从中我也领悟到了很多，趁现在年轻，要多关心、孝顺自己的父母，不然错过了机会，会留下终身的遗憾。有时候父母会不断唠叨，但都是关心我们，为了我们好。父母把我们养大成人真的很不容易，我们要学会感恩，感谢父母给了我们鲜活的生命。父母对我们的付出是我们这辈子都报答不完的。最好的报答就是好好生活，多陪陪他们，多关心他们。有时候，我们一个关心的小举动，父母都会感动。所以，作为子女，我们要给父母同样的爱，不要让自己的人生留下遗憾。

“孝”是中华民族优良的传统美德，我们应该继续把这种美好的品质传承下去。以后我们做了父母，也要教育我们的子女，把孝心代代相传。

老师：美玲，你讲得很好。你是一个爱学习、有是非观的人。人生是一场修行，处处留心皆学问。

孝是中华民族的优良美德。我们除了向书本学习外，还要多向社会学习，记住亲历是我们最好的学习方式。

人生是个大课堂，我们要做一个有心人。

见贤思齐，见不贤而内自省也。

坚　强

一九九四年的十月初八，在一个丰收的时节，我有幸在一个小小的村庄里出生了。

据奶奶回忆，那天正午时分，烈日当空，像往常一样，爷爷奶奶正和村里人一块儿在稻田里收割稻谷。突然，村里东边赶来我的小爷爷，他焦急地喊着：“快，快，你儿媳妇要生了……”爷爷奶奶立即紧张起来，二话不说扔下镰刀就赶往镇上的医院。

那时的农村人大多重男轻女，又加上不懂科学的原因，在我还没有出生前，他们都期盼着我能是个男孩，也以为会是个男孩。但当爷爷奶奶赶到医院时，带着期盼和喜悦的他们，迎来的却是喜得千金的消息。他们的失望和所受的打击，我是能想象出来的。每次与妈妈交谈我出生时的情景，看到妈妈的伤心，我真不敢想象当时的场景：一边是从产房出来虚弱的妈妈，还有陪伴在妈妈身边的外婆和爸爸；一边是将我一人留在楼下婴儿房里，与家中亲戚出去吃饭的爷爷奶奶。外婆说，当时她是忍不住想看看自己的小外孙女，才下楼找我的，然而她看到的却是空荡荡的房间，我一人大声啼哭。

家乡有风俗，新生儿的第一口奶不能喝自己妈妈的。要向其他人讨一口奶喝，这样孩子长大后才口齿清晰，能说会道。我的第一口奶是来自我的妈妈，妈妈说："当时看你哭得那么大声，只好给你喂奶了，哪有时间向别人讨？"可是一种担忧，也在妈妈的心里萦绕。

虽然我对那段经历没有任何记忆，但是从妈妈等人的描述中，我是心疼妈妈的。妈妈要强，儿子也好，女儿也罢，都是自己的宝贝。妈妈不允许我因为是个女孩就被亏待，甚至要求给予更好的。家里人说不办满月酒，妈妈坚持一定要办。她说不仅仅要办，而且还要隆重些。妈妈在那段时间受到过哪些冷落和歧视，我不清楚，我只想说：妈妈，我爱你！

这些故事说起来虽然太过沉重，但这又是真实的生活。当然，我也有比较有趣的故事。

爸爸祖上三代农民，田，就是他们的命，田里长出的作物就是他们的希望。然而我，最不喜欢的就是地里的菜，特别是青菜。家里人就奇怪了，明明全家都爱吃菜，怎么你这个小不点就偏不吃呢？我也说不清我对菜是种什么样的感情，反正就是不爱吃那绿色的东西。妈妈笑着说，看来是娘胎里带出来的"娇贵"。

爷爷种菜，妈妈怀我的时候他每天一担担地往回挑，菜摆得满院子都是。妈妈本来是顶爱吃菜的人，看到这架势，可能也有些腻了吧！妈妈不吃菜了，从心理上就不爱吃菜了。妈妈倒喜欢每天捧着大西红柿吃。绿油油对上红艳艳，还是红艳艳更胜一筹。好神奇，我这个小孩子竟然也不爱吃青菜，偏爱吃西红柿了。小小年纪跟着妈妈一人一个西红柿，连皮都不剥就开始咬，这味道绝了！

时光飞快，我一天天长大，至今我已放下对爷爷奶奶的记恨。

我爱家里每个成员，最爱的自然是妈妈。有妈的孩子像块宝，而我就是家里的开心宝。我的出生也许不是人人都满意，但是我会做到让人人都满意的。

爱妈妈，珍惜生命，热爱生活。无论生活怎样，都要坚强。

人生而平等，不管是男孩还是女孩。我反对重男轻女，我要像妈妈一样坚强，虽是女儿身但也要活得比男儿强。

老师：丽娜，小时候的经历很难忘，它是种在我们心灵的第一粒种子。小

时候痛苦的经历可能会让你自卑、不自信，这需要你自我疗愈。

时代不同了，男女都一样，你是大学生，要坚持并践行男女平等，积极弘扬社会主义核心价值观。你要学习妈妈的坚强，虽是女儿身，但也要活得比男儿强。

以后做事别太在意别人的评价，你可以只让你最喜欢的人满意。当然，随着成长，你会发觉最重要的是让自己满意。

人的发展是从他律到自律，从一个好孩子到自我实现。不要做精致的利己主义者，要在有益于社会与他人的基础上，努力做最好的自己。

敬　仰

我出生那会儿的事，我自然是记不清了。

妈妈是农村的姑娘，爸爸是镇上小户人家的二儿子，但两个人执意要在一起，他们的结婚并没有得到太多的祝福。这就是他们的爱情，没有轰轰烈烈，只有平淡。

在我出生之前，我的叔叔伯伯都成了家，伯伯有一儿一女，叔叔有一个女儿。跟很多那个时代的家庭一样，爷爷奶奶包括我的爸爸，都盼着生一个男孩儿。

妈妈怀我没多久，爷爷奶奶就搬到我家来住，名义上是照顾我妈妈，却整天泡在麻将桌上。听妈妈说，怀着我大概八个月的时候，她脚肿得很厉害，腰不能弯曲，很多脏衣服都积攒在那里没有洗。妈妈恳求奶奶看在她大着肚子、脚也肿了行动不便的份上，帮她把衣服洗了，奶奶装着没听见一样。她根本就不理，见衣服一直堆着，担心没有衣服换，才把自己的衣服挑拣出来，洗好，然后晒干。妈妈看到这场景，很是心寒。没办法，妈妈只好把洗衣服的大盆端放在桌子上，接了水管，站着洗衣服。让人想不到的是，奶奶看见了，忙着把身上穿着的外套背心脱下来扔进盆里。妈妈很气愤，她把奶奶所有的衣服都扔了出来，奶奶当然也很生气。这可能种下了以后婆媳不和的祸根。

我是在家里出生的，晚上九点十四分，七月，盛夏。

妈妈跟我说，我刚出生的时候，奶奶说了句“又是个妹崽”就离开了。没过多久，爷爷奶奶都搬回家去住了。

今年暑假回家的时候，奶奶生病住院了，我一直守着。奶奶拉着我的手，说了好多过去的事。有一件婆媳争执的事，她是这么说的：

在我一岁那年的除夕，爸爸扫墓回来途中着了凉，直接跟着叔叔伯伯回了爷爷奶奶家。奶奶心疼儿子，就打电话让妈妈带着我一起过去过年。不管谁劝，我妈妈死活都不肯，奶奶没办法，就坐车亲自去接。奶奶说，我妈妈执意不去，奶奶没有办法，就准备抱走我。但我妈言辞激烈，对奶奶说，抱走了就不要再抱回来，她不再是我妈。奶奶说当时她都被吓到了，当然也没有抱走我。那时候我在午睡，奶奶摸了摸我的脸，哭着回家了。

说完，奶奶就一直拉着我的手说：“那时候你还这么小，你妈妈就说出这么生分的话来，我也一直不敢告诉你。”

待我见到妈妈，便问了她是不是有这回事，我妈妈哭笑不得。

妈妈低下头，轻叹一声，她一字一句又给我讲了另一个版本的故事：

我一岁左右，快过年那几天，妈妈问爸爸是在家里过，还是去爷爷奶奶家一起过？爸爸说，在家里过吧！于是，妈妈就开始着手置办过年需要的东西。妈妈那时候在邮局工作，我们家就住在邮局隔壁。过年，每个邮局都需要人值班，我妈想着反正是在家过年，两个大人一个小孩也没什么事，跟爸爸商量之后，她就答应去值班了。不巧，爸爸在扫墓回来的路上着了凉，生病了，奶奶就打电话过来了。妈妈解释说已经答应替别人值班，临时说不去不太好，而且大过年的大家都回老家过年了，一时也没有人来顶班。妈妈说不过去了，她跟我两个人在家里过年吧。后来，奶奶到家里来要抱走我，妈妈当时很生气，想着大过年的连自己的孩子都要被抱走，留自己一个人。妈妈确实是说了那句生气的话。但是奶奶已抱着我走了，因为我一直哭得厉害，奶奶又哄不好，这才又把我抱回妈妈身边。奶奶有些失望，一个人回去了。

我想家家有本难念的经，婆媳之间有矛盾也不是少见的事。很多事情，诉说的人不同，所表达出来的自然也不同。无论如何，他们愿意说，我也愿意听，但是对人对事，我有我自己的感受和看法。

妈妈一直都是刚烈的女人，她给予我的不仅仅是生命和爱，还有对待自己认真负责，以及对待生活坚强而独立。

时光荏苒，我已长大，要放下上代人的恩怨。我反对重男轻女，我不会像奶奶那样对待儿媳妇，我敬仰妈妈，我要学习她的优良品质。

老师：琼琼，你说得对！中国的婆媳矛盾比较多，无论如何，他们愿意说你听着就行，不发表评判，是非曲直你自己有杆秤就好。做一个矛盾的化解者，不要充当制造者。如果有能力的话，最好让她们学会心理位置互换，多理解对方，然后给她们输入积极的价值观。引导她们放下自我的狭隘，走向宽容与和谐。

你要反对重男轻女，宣扬优秀的传统文化，积极弘扬与践行社会主义核心价值观。你要化解与放下上代人的恩怨，学习妈妈的坚强与独立。

家庭是一个小社会，家和万事兴。学会认识人，学习别人优秀的品质。

车　祸

一年前的某个晚上，我洗漱完躺在寝室床上看书，突然接到外婆的来电："大姨夫出车祸了，他人在医院，你舅舅、表哥、大姨都赶过去了。"我安慰着外婆："别担心，都在医院了，有医生呢。"

外婆是那种一丁点小事就心事重重、吃不下饭也睡不着觉的人。尽管她的担心帮不上一点儿忙，但是子女们有一点儿事在她看来都是天大的。我挂了电话，正这样想着，她的电话又来了，接起来之后我只听清了一句话："没用了，人没了。"听到这话，我蒙了，一时没回过神来。

活了二十多年，身旁至亲就这样毫无征兆地离去，我的确是从未经历过。忽然间，我慌了神，也没了主意。不知怎么去安慰电话那头年过七十悲痛却又不知如何是好的老人。我脑袋一阵空白，不知道自己是怎么挂的电话。我的眼泪不住地往下流，忍不住哭出声来。室友听见了，也吓了一跳，她们连忙过来安慰我。

那晚，我是在胡思乱想中隐隐睡去的，感觉刚刚的经历如梦一场，希望它都是假的。后来我才得知，姨夫是在下班路上发生的车祸。

第二天，我怕外婆胡思乱想，趁着没课便去外婆家陪陪她。从前去外婆家，她都会留我吃饭，而且每一顿饭都是大盘小盘的菜，几乎摆满了整个桌子。这天却是个例外，外婆毫无表情地对我说："没出门买菜，凑合着吃点面条可以吗？"我点点头，也不敢大声说话。对于外婆烧的饭菜，我从不挑剔。外婆是个多情的人，她忍不住和我说了很多大姨、姨夫以前生活的点点滴滴，她一边说一边抹着眼泪，自言自语道："只可惜，一个生命就这样悄然逝去，竟连一点儿挽回的余地都不给我们。"

人生无常。很多事情总不在预料之中，特别是这样的事，它让家里的每个人都措手不及。大表姐嫁得远，一年也难得回来一次，每次回来也待不上几天。当得知噩耗时，她马上买了机票飞回来。我年龄小，能力有限，也不知道怎么做才能给大家帮上一点儿忙。我给表哥发了微信让他要挺住。平常虽然大家族下的每个小家庭都过着自己简单而又幸福的小生活，但一遇到事儿，大家总能聚在一起出主意、想办法，大有抱团取暖的感觉，这是我觉得特别好的地方。每个人都在做自己力所能及的事，一起帮忙渡过眼前的难关，这或许就是血浓于水的亲情吧！

一天吃完饭，我接到小舅的电话，他说："你妈妈好点了吗？在景宁没有效果就到丽水来看看吧！"我隐隐不安，向小舅解释道她可能是近来有些累着了。小舅说："她住院了呀！"挂了小舅的电话，我马上给妈妈拨了过去，两个，都被拒接了。我放不下心，又给老爸打，他说："没事，就是去医院挂点盐水。"我有些责怪地说："你们有事也不告诉我！"当时，我的眼泪已经在眼眶里打转了。老妈的身体向来不错，突然住院，这让我非常担心，心神不宁。我感觉二十来岁的自己还不能为家里分担些事情，真的很无力，又有些愧疚。我不完全相信爸爸说的话，担心他有事瞒着我，又给妹妹打了电话。妹妹说：“妈妈说你最近有考试，让我别告诉你，你别担心，我会照顾好妈妈的。”唉，我觉得妈妈超级伟大，总是在我不开心的时候为我分忧解难，而她不开心不舒服的时候想到的却是怕我担心。这可能就是天底下母亲无私的爱吧！他们总是照顾儿女多，却不让儿女负担什么。血缘亲情，这真的是很奇怪的东西。

人世间最大的悲痛莫过于“子欲养而亲不待”。生命是脆弱的，你不知道明天和意外哪个先来。不用说，趁活着，我们除了照顾好自己之外，要多关心关心长辈们，比如打个电话，聊聊天，或者几句简单的问候。别等以后想念了，握着手机，却不知道该往哪儿拨。与其说等去世后，置办如何隆重的丧礼，还不如现在多给长辈些关怀，让他们多享享福。

都说身体是革命的本钱，这句话一点也不假。若没有健康的身体，若没有生命，那么人生其他的一切又从何谈起？如果每个人都健健康康的，即使有什么事，大家也都可以聚在一起商量，没有解决不了的。我认为有了生命，其他的一切都不是事儿。所以啊，既然那些杂七杂八的都不是事儿，那么何必因为他人的一两句话而影响了自己的心情？何必因为不值得的事情吵架？又何必因为失了财而选择轻生？一个生命的到来如此不易，活着，不就是最好的事情了吗？活一天赚一天，把每一天都当作人生中的最后一天来过。

要珍惜生命，活在当下，除了珍惜身边人之外，也要把自己的生命活出精彩、活出个性，这就是我的人生观。

朋友啊，即刻启程去做你想做的事情吧！

老师：海烨，你讲得情真意切，字里行间流露出对姨夫的怀念。父母是爱孩子的，由于文化水平所限，他们表达爱的方式可能让人无法接受。我们都不是完人，学会理解与宽容，每个人都需要成长。

无论与父母有何争执，都要学会与父母和解，无论如何，爱一定要表达。生命无常，爱不能拖，否则以后没有机会了。我们要珍惜生命，热爱生活的每一天，生命诚可贵，且行且珍惜。

爸　爸

每个人都有自己的名字，名字是一个人的代号。从出生到离世，名字始终伴随着我们。每个名字都有它独特的含义，每个名字的背后都有一个美丽的故事。

我叫粉伶，名字是我爸爸取的。很多人都说我的名字很特别，我想说其实每个人的名字都特别。就算两个同样的名字，也有各自的含义和期许，我们不必介意名字是否大众化。以颜色入名的人不多，以“粉”字入名的人更少。自古以来，粉字就与女子有不解之缘，如红粉佳人、粉面朱唇。我爸爸十分喜欢阅读有关的古代书籍，他对国画特别是风景画非常了解。我爸爸希望自己的女儿也能知书达理、温柔可人，如同风景画中的人儿。“伶”字，取聪明伶俐之义。确实，望子成龙、望女成凤是每个父母的期望，他们的希望不仅体现在平常的教育中，而且寓意在孩子的名字中，以便提醒自己的孩子，切不可庸庸碌碌，荒废光阴。这便是我名字的由来。

我的名字不仅寓意好，也对我的人生产生了重大的影响。从小到大，每到新的学校，或进入新的班级，都免不了要进行自我介绍。每次上讲台我都可以很骄傲地说，我叫吴粉伶。因为这个名字的含义特殊，所以每次给别人的第一印象都极其深刻。从名字的介绍开始，就能让人印象深刻。我认为如果没有姣好的面容让大家赏心悦目、印象深刻，那么我们就可以让自己的名字深刻地印入他人心中。我虽没有天生伶俐，但是我也不想辜负了爸爸妈妈的期望。古人云：笨鸟先飞早入林，勤能补拙。我的名字也时时刻刻激励着我，鞭策着我，要学习，要勤学好问，要让自己成为有用之人。

爸爸是个生意人，每天都很忙碌，但是从小爸爸再忙也不忘关心我的学习。很多中国家长都很在意孩子的学习成绩，很在意孩子在班级的排名，这无形中增加了孩子的压力，也让孩子负担过重。比较幸运的是，我爸爸虽然关心我的学习，但是他从不单纯只看我的成绩。爸爸下班回家后，即使他再疲惫，也会坐下来与我谈谈学校的情况。今天的课业难吗？你有什么不懂的吗？都学了哪些新知识呀？跟同学相处愉快吗？有没有遇到什么不开心的事情？爸爸总是在平常的聊天中把我的学习和生活联系起来，时刻关注着我的状况，这让我十分感动，也不至于让我感觉学习枯燥。

我爸爸是一个兴趣广泛之人，家里堆积如山的书籍，就是爸爸珍藏的宝贝。爸爸对中国的历史了如指掌，谈起历史名人，更是如数家珍。每天看到爸爸在书房里静静地捧着一本书，自由自在地徜徉在书的海洋里，对我产生了很深的影响。不用说，爸爸在我心中的形象变得更加光辉与伟大。

受到爸爸的影响，我也开始了阅读之旅。

我仿佛去过秦淮河畔，我仿佛见证了那时才子佳人动人心弦的故事，我也随着作者惋惜纳兰容若的英年早逝。然而，那璀璨的纳兰词却穿越了历史的长河，在今天依然夺目。

我想说，爸爸给我取的这个名字，给我的人生留下了浓墨重彩的一笔。如果没有这个名字，没有取名字的人，那么我就不会走入这多姿多彩的中国古代文学世界中。虽然我只是粗浅地阅读与领略，但它也让我终身受益。

名字伴随我们一生，是我们灵魂中的一部分，名字不仅仅是一个人的代号。爸爸是我学习的榜样，他言传身教，让我热爱读书，也越来越明理。

感谢您，我的爸爸，赋予我这个美丽的名字，在我成长路上给我关心和指引。

老师：粉伶，你爸爸他兴趣广泛，尤其喜欢读书，他也用从书上获得的道理教育你。

身教重于言教，你父亲引领你开始了阅读之旅。在家庭教育中，最好的教育是身教重于言教。在你以后的小家庭中，你要学习、传递他对你的教育方式。

父亲不仅给你取了一个独特的名字，也教给你一个做人的方式。

不忘父亲的祝福，开启自己别样的人生。

代 名 词

当孩子在妈妈肚子里的时候，父母就开始为自己的孩子想一个既有意义又有创意的名字。但是，取名字这件事又不是那么容易的，想取一个意义与创意兼具的好名字要花费不少的脑力。虽然名字只是我们的代名词，但其中蕴含着父母对我们的期望，因此，名字在某种程度上，会影响我们未来的人生。姓是祖宗传下来的，名字是家人取的。所以，我们选择不了姓，但我们可以取一个好听又好记的名字。

在“生命教育”的第二节课上，老师跟我们讨论了名字的那些事儿。这让我了解了许多，也知道了班里一些同学的名字的由来，甚是有趣，我也开始对自己名字的由来产生了好奇。终于我利用假期的机会，问了妈妈关于我名字的故事。

我姓钱，名玮婷。我估计，钱在古代是大姓，所以在百家姓中，钱排第二，这只是我对钱姓的认识，事实并非如此。钱姓起源较为单一，宋人郑樵在《通志·氏族略》中将钱姓起源归入“以官为氏”类，其远祖为陆终，得姓始祖为钱孚。钱孚是在西周都城镐京做官的，因此钱姓应起源于北方，但其发展繁衍却是南方盛于北方。宋元时期，钱姓发展到今广东、四川、安徽、湖南等省。明清两代，今上海、云南、湖北等省也成为钱姓的聚居地。钱姓在南方分布广泛，从清朝开始，居住在福建、广东等沿海地区的钱姓族人有的迁居台湾，有的迁居海外。我们说四海之内皆兄弟，这句话还是蛮有道理的。说不定哪天，我出国去旅游，会偶遇在国外定居的钱氏同胞。当代钱姓的人口已近 220 万，大约占全国人口的 0.18%，一般占当地人口的比例在 0.1% ～ 0.2% 之间。这个数据在我家这边可以得到证实，我们村是由多个小社组合起来的，而钱姓在我们村里就只有四家，可以说是相当稀少啊！因为姓钱，小时候，邻居家的阿姨总会在看到我的时候，叫我“钱老板”，我都有点不好意思。妈妈却说，让她这么叫，说不定以后真的成了老板。因为姓钱，我不仅是寝室里的“财务总管”，也是班里的“财务总管”，寝室里和班里的公共开支都由我来统筹。因为姓钱而管钱，让我开始有了一定的理财能力，不会大把地花钱，学会了节约。

聊完了自己的姓氏，我来说说“玮婷”这两个字。

玮，王字旁的，很少有人会用这个“玮”，大多数人会用单人旁的“伟”或者火字旁的“炜”。我妈妈说，当时取名字的时候，爷爷建议用单人旁的“伟”，也许他希望我可以成为一个伟大的人。妈妈坚持用王字旁的“玮”，这个字有4种意思：第一种是玉名，第二种是美好，第三种是珍奇、贵重，第四种是珍爱、珍视。我想，妈妈应该是希望我像玉一样美好、珍奇与贵重，长大后能得到别人的珍爱与珍视，这体现了妈妈对我的爱。

婷，女字旁的，许多人给女孩子取名字的时候，都考虑过这个“婷”。女字旁代表性别，亭表示亭亭玉立。我想，这大概是要我做一个亭亭玉立的女孩子，可是，现实和希望总是会相差很多，我成了不折不扣的女汉子，基本上没有淑女形象可言。

妈妈给我取了这样一个名字，寓意是不错的，可我却活生生地往它的另一个方向发展，只能说我放荡不羁、酷爱自由。不过，我觉得，我的名字是独一无二的，到目前为止，都没有碰到过同名同姓的人。在网上搜索到的同名同姓的人也只有个位数，看来，要取这样一个与众不同的名字需要一定的智慧。有时候，我又觉得这个名字不好，笔画太多，整整30画，写起来比较费力，还有谐音，被同学硬生生地叫成了“潜水艇”，这让我欲哭无泪啊！

每个名字的背后都有它的故事，它承载着父母对孩子的期望，也寄托着父母曾经未能实现的梦想，所以，一个简单的名字，它不仅仅只是一个代名词，也有可能影响人今后的成长与发展。

名字将伴随人的一生，我们最好不要随便更改自己的名字，否则是对父母长辈的不尊重。任何人，从现在开始，重视你的名字，认识你的名字，让名字伴随你成长，发挥它无穷的作用！

老师：玮婷，你有一个好名字！听到你的名字就知道父母对你寄予的期望，

每个字里都是浓浓的爱。独特就有价值,有个性就有生命,这如同艺术作品一样。热爱生活，努力活出自己的特色。记住，你是一个有独特潜能的人。

热爱你的名字吧，不忘父母的爱，让名字伴随你成长。

你会理财，希望你也能聚财，更希望你能有一番事业，造福一方人民。

奖　励

人的一生就如白驹过隙。生命是短暂的，是一去不复返的。

时间是不可递转的，我们只能在有限的生命里绽放无限的光彩。生命的美，生命的可爱，都需要我们珍视。一句话，一个动作，一件小事，就像一颗流星，都会在我们的生命中留下痕迹。

我的童年,有欢声笑语,也有离愁别绪。然而,童年的记忆也是一朵芳香四溢、鲜艳夺目的花。童年的故事就像天空中璀璨的星星，数也数不清，说也说不完。随着时间的推移，大多数的故事在我的脑海中已如流水般悄然离去，但有一件令人印象深刻的事，在我的心中画下了一道永生不灭的长痕。

那是我二年级时的一天晚上，我正在欣赏那迷人的夜景，巨大的银河系穿过深邃而广阔的天空，从我的头顶倾泻下来，真像一道气势磅礴的瀑布。那晶亮闪耀的密集星群，恰似瀑布飞溅出的水花。月亮从东方天边悄悄地露出笑脸，它像一个文静的姑娘，把柔和、皎洁的银光洒向人间。

这时,妈妈迈着轻盈的脚步走了过来,她微笑着对我说:“如果这次期中考试,你考得好，我就奖给你 50 元钱。”当时年幼的我，顿时眼睛就亮了，迫不及待地想得到。于是，我每天都盼望得到这个珍贵的奖品。

到了期中考试，没想到我真的考得不错。回家的路上，我的脸上荡漾着甜蜜的微笑。看着那粗杆的大树，竞相开放的花朵，树枝上自由自在唱歌的鸟儿，我的心情变得更欢快了。我想尽快让妈妈看到我的成绩，这样她才会给我奖品。想到这里，我不由自主地笑了，快速跑了起来。

不一会儿，我气喘吁吁地到了家。可是，家里格外安静，一个人也没有。我身上已经汗流浃背了，看见了那清香无比的冰激凌，我垂涎三尺，便拿了一个，痛痛快快地吃了起来。在吃的时候，我无意中发现了妈妈的钱包放在桌子上。我走了过去，不由自主地拿起了妈妈的钱包。此时此刻，我的心中浮现了一个念头："妈妈到底去哪儿了？没关系，倒不如我自己拿钱。就算现在不拿，妈妈回来也会给我的。"我这样想着，便自作主张地打开妈妈的钱包，只拿了一张 20 元的，出去买我想要的东西。

我去了商店，先买了一个自己盼望已久的穿着华丽衣服的洋娃娃，然后又买了许多零食。不一会儿，那 20 元钱就不见身影了。

回到家，妈妈已经回来了。她脸色阴沉，可能是发现自己的钱包里少了 20 元钱。我一时不知所措，妈妈的脾气我是知道的。我有一些后悔，心想："为什么要拿那 20 元钱呢？怎么不等她回来给我呢？真是自找苦吃，唉！"我看到妈妈那着急的样子，心里胆怯极了，怕妈妈怀疑到我身上，还担心那剩下的 30 元钱会不会保不住了。我为了掩饰内心的恐慌，故意找妈妈套近乎，好分散妈妈的注意力。

虽然我这样顺利地隐瞒了一天，但是我一直被恐惧包围着，心中像十五只吊桶打水——七上八下的。

第二天上课时，老师给我们讲了关于诚实的故事。老师讲得十分深入，我听后又回想起自己的所作所为，不禁对所做的事后悔万分，深感自己大错特错。在回家的路上，我看到那高大茂密的树，温柔美丽的花朵，还有那可爱的小鸟，它们好像都对我做出的事感到不满。

回到家后，妈妈在做饭，我走到她面前，惭愧地低下头，准备主动向妈妈承认这件事。我把事情一字不漏地说给了妈妈听，她听完，让我坐下，心平气和地看着我，语重心长地对我说："孩子，你考得好，妈妈是要给你 50 元钱，但是，你不能没经过妈妈的同意就拿了钱，那可算是偷。人没有了诚实的品质，可以说是一亿两黄金也买不回来啊。"

听了妈妈的教诲，我的心中豁然开朗，从中明白了一个道理：一个人如果做错了事，只要你态度诚恳地说真话，就会得到原谅。

虽然这件事过去了很久，但是一想起来，我的心头仍隐隐笼罩着一团阴云，怎么也高兴不起来。回想起那惭愧的一幕，我总是有如坐针毡的感觉，好难过好后悔啊！至今，我依然忘不了那深刻的人生一课，忘不了妈妈那意味深长的话语！

老师：佳媛，你讲得很感人！你敢于承认自己的错误，这是需要勇气的。我认为这是你对自己最好的奖励。既然敢说，也表明你决心要改了。知错就改，这是一个人成长的必由之路。

犯错误是年轻人的权利，成长就是从错误中走过来的。

诚实是做人的基本道德。不忘妈妈的教诲，做一个诚实、乐观、正直的人。

第二节

自我的成长

老师：同学们，欢迎来到生命会客厅，我们今天要分享“我要成长”主题中关于“自我的成长”的话题。

人生似一趟开往目的地的列车。它不是一帆风顺的，正如人生不如意十有八九一样，它不仅可能会遇到自然灾害，还可能会遭遇列车本身的问题。每当失意之时，我们需要力量和支持。不过，相较于从外界获取帮助，自我的拯救才是我们得以立身和发展的根本。因为整合自己的力量，能让心灵得到呵护，心灵的家是我们自我人生的守护者。

自我教育、自我发展是我们成长的主渠道。

自我强大了，任何力量都打败不了。自我弱小了，任何力量也怎么都拉不起来我们。正如衰莫大于心死。

每个人的成长都是不容易的，讲出你自我成长的故事，来帮助你自我强大起来。

奶　奶

我来自温州，大家都知道，这是一个特别的城市。我的出生并不受欢迎。当母亲知道我是一个女孩儿后，她毅然决定不要这个孩子。三个月后，她把我放在了火车站。爷爷不忍心，就和奶奶去火车站把我抱了回来。从那以后，我便和爷爷奶奶一起生活。

对于取名字这事儿，那就更加随意了。母亲或许无所谓，或者说对于这事儿漠不关心，我只是听说，这个名字是我三叔起的。听三叔说，当时工厂里面有一个同事的儿子叫什么伟的，因为我是女生，所以起了叠名“伟伟”。这名字简单、男性化，起得也很随意。我想父亲和母亲，他们没有过多的考虑，也就点头答应了。从此，这个偏男性化的名字就伴随着我，直到现在甚至以后。不用多说，这个名字给我造成不少的困扰与难堪。我想，从小到大，我最讨厌的就是自我介绍，尤其是说“我叫某伟伟”这句话时，我内心总是充满着自卑、胆怯。我甚至不敢发出声，因为我怕别人笑我，怕别人指着我说，哈哈，你的名字怎么会叫“某伟伟”，你确定是这个“伟”字吗？我还以为是尾巴的尾呢！一个朋友曾经这么说过。

记得刚上大一时，我有幸通过三轮面试进入学校的青年志愿者协会。有一次，学校要组织一个志愿活动，我在群里毛遂自荐，想做一个负责人。部长很快同意了，可是当他和我通话，在听到我的声音以后，惊讶地问我：“你是女生啊？我还以为你是男生呢。这次活动女生很多，但是很缺男生。”可以想见，当时的我是多么难堪，多么委屈。我不喜欢这个名字，我讨厌这个名字。

从小，父母亲就不和奶奶一起住，和奶奶住在一起的除了我外，就是二叔二婶和三叔三婶。当然，之后还有他们的孩子，所以我一直生活在一个大家庭中。那里有笑声，有欢乐，也免不了有辛酸、苦楚。叔叔婶婶再好再大方，他们终究不是我自己的父母，奶奶再疼爱再喜欢我，也终究取代不了母亲与父亲。当然，这些都是我后来在成长的过程中慢慢理解和体会的。

从小生活在一个大家庭中，所以我的性格很外向、很阳光，也很爱说笑。但是，可能是因为不被欢迎的出生，我的骨子里总是透着自卑的气息，我无法自信，这也是我做事总是畏畏缩缩的原因之一吧！家里这一辈的孩子中我是年龄最大的，虽然什么事都要学会谦让、分享，但是我还是要感谢我生活在这样的大家庭里。因为奶奶，因为叔叔婶婶们，也因为他们的疼爱，让我拥有幸福的生活。我做事认真、态度诚恳、乐于助人、平易近人，我想这些特点是奶奶带给我的，也是生活环境造成的。不能忘记，是奶奶教会我生活的本领，教会我如何做人。

在我每次无助时，每次失望时，每次难过时，都是奶奶鼓励我，她是我人生最有力的支撑点。老实说，奶奶不是一个矫情的人，可以说她是一个刀子嘴豆腐心的人。她从来不会说什么爱不爱、想念不想念的话，但她是很重情感的老人。去年开学，我来学校的那天，当我走后她哭了，她当着我从小一起长大

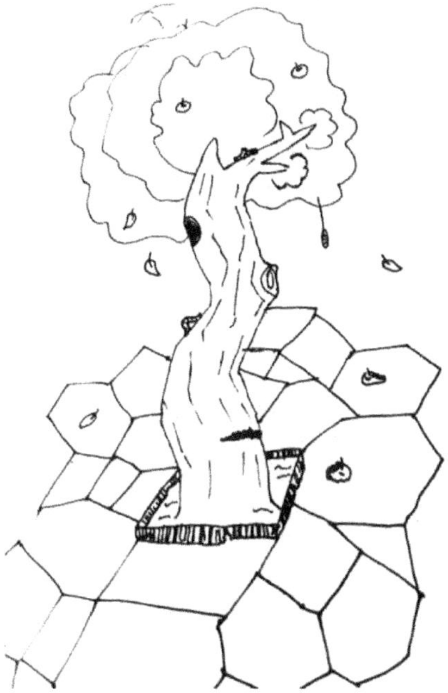

我们长大不容易，成熟需要生活的磨炼。如这棵树，可能经受风雨的洗涤，需要修剪，还需要园丁的呵护。

的小伙伴的面哭了。知道这件事后，我的眼泪一下就涌了出来。其实，人都有柔弱的一面，一旦心灵被触动，那么谁都有可能落泪。

我的出生，是永远不可能改变的，我也没有这个能力去改变。我所能做的就是坦然地面对一切，去接受它，包括我的名字，既来之，则安之。人的一生其实很短暂，别看几十年，恍惚之间，你会发现自己已经荒废了很多时间。我一直都很喜欢一句话，青春无权享受，年轻只有奋斗。我想把这句话送给所有人，包括我自己。

为了我自己，也为了奶奶，我会不忘初心更加努力的。

老师：伟伟，听到你的故事，我心里酸酸的！不幸的出生及小时候的环境，让你没有得到父母的爱，形成了你的自卑。还好，你有爷爷奶奶及叔叔婶婶的关爱，尤其是奶奶的爱陪伴你长大。

伟伟，重男轻女的观念对你的伤害很大，希望你尽早从这样的创伤阴影中走出来，悦纳自己，在新时代开启自己幸福的人生。

出生不能选择，我们只能接受，走好未来的路。

人生短暂，放下过去，迎接属于自己美好的未来。只要自己强大了，任何力量都无法影响你。你做事认真、态度诚恳、乐于助人、平易近人，这些都会助你走向美好的人生。

加油！

手　指

“生命”是一个极其奇妙的词汇，一旦谈及，便会让人慎重以待。每一个生命的轨迹都是一段旅程。在这段人生旅程中，我们遇见许多人，又遇见许多事。有的是微不足道的，转瞬即忘，有的却刻骨铭心，终生难忘。

在我六岁的那年，我不经意间失去了我的左手食指。那年夏天，一个阳光灿烂的日子，妈妈带我去外婆家玩儿。外婆见我来了，很高兴，她兴冲冲地跑去给我轧面条吃。我正是贪玩的年龄，趁外婆不注意，好奇地将左手食指伸进正在转动的齿轮中。

转瞬之间，悲剧发生了。场面太惨烈了，我吓晕了，脑子也只留下模糊的片段。

外婆抱着我，哭喊声，不断流淌的血液，父母交流着痛苦的表情，各种画面与声音交织在一起，家里乱作一团，我唯独想不起那时自己是什么样的反应。

直到我完全懂事，我也没能清晰地记起那时发生的一切。或许是当时年纪真的太小，对于事物的感知记忆能力还不强，又或许是因为那段经历实在是太痛苦了，我努力压在记忆深处。唉，换句话说，我不希望再去回忆它。

我不知道该用什么样的词语来形容那段日子里我的亲人们的感受，他们无疑是痛苦的，特别是我的母亲。我至今都无法忘记，在我进手术室之前妈妈看着我哭泣的样子，我很害怕，我不懂她为什么要哭，我只能对她说："妈妈你别哭，我不痛的。"可是，她却哭得更凶了。光阴荏苒，现在想来，伤在儿身，痛在娘心啊。还有我的外婆，在她去世以后，阿姨告诉我，对于我受伤的事，外婆很自责，她晚上经常睡不着觉。这些在她告诉我以前，我并不知道，我只知道在那以后，外婆家的面条机再也没有开启过。

因为没有了食指，原本学了几年的钢琴也荒废了，其他的乐器也学不了了。但那时的我年纪尚小，玩心重，觉得没什么大不了的。父母那时一心盼着我健康快乐，也不期望我学习什么技能了，只想治好我的伤。但是现在想来，我由此失去了好多，确实觉得有些可惜。然而，真正受伤的时候是在暑假结束之后。虽然到了开学的时候，我已经可以正常去上学。开学的那天，那些同学也真是奇怪，问我为什么我的食指上会缠着纱布？我只跟他们说是受了点伤。毕竟，父母特别跟老师提前交代了几句，我天真地认为他们以后也就不会过于关注了。在那个年纪的小孩儿看来，只要我还能上学，失去食指和划破手指是一样的。然而，我受伤的手一直被大家问及，我也因此放弃过许多活动。当然，我很感激我的同学，无论小学、中学还是大学，从来没有人因为我怪异的伤口而嘲笑过我，有的同学甚至还会说它长得很可爱。我很感激在我最敏感、最脆弱的年纪，他们维护着我弱小而又强大的自尊心。我最感谢的还是我的父母，他们给了我生命，抚育我长大。他们事事以我为重，以我为先，他们对我的关心远远地超过他们对自己的爱。尽管我不止一次看见爸爸妈妈红着眼眶望着我手上的伤口，但是自从我受伤之后，他们却告诉我这只是个小伤，没有什么大不了的。我知道他们总是怕我因为这个缺陷而变得自卑、过于敏感，万幸的是，我还是如他们所愿，长成一个积极乐观的姑娘。

很多人觉得失去手指是一种不幸，可是我却并不这样认为。或许是因为这次失去，我开始逐渐对父母的关心与疼爱有了清晰的认知，正是因为如此，我反而比其他人更能体会到生命的可贵与幸运，更能体会到亲情与友情对一个人生命的完整性的意义。

我认为在生命的旅程中，不只有美景与乐事，偶尔也会有乌云密布的时候，但是当乌云散去，或许你看到的会是更加美好的未来。

老师：雅洁，月有阴晴圆缺，人有旦夕祸福。生活并不是一帆风顺的，我们总会遇到这样或那样的困难。我们不能逃避，要积极地面对。苦难是我们人生的一笔财富，遭遇了苦难，我们才会思考人生，探寻人生生死的终极问题。正所谓，苦难让我们体验，体验让我们思索，思索让我们成长。

遭遇了意外事故，让你感受到了父母的爱，让你学会了珍惜生命与健康，也让你理解了生命的本质，你因此走向强大。不管遇到什么，我们都要乐观地向前走。

礼　物

小的时候，有一天爸妈给我买来了一双新袜子，第二天早上起床时，我一定要穿上新袜子，否则就不下床。于是，奶奶不得不去爸妈的房间帮我拿。通往爸妈房间有一个斜坡，奶奶走得急，不慎脚滑了一下，就摔倒了。

后来奶奶怎么被发现摔倒了，又怎么去医院的，我已经不记得了，我只是依稀记得去医院看她的时候，她的眼圈很黑很黑。这是我第一次知道人憔悴时是怎么样的，当时我就觉得很自责。如果不是我任性，奶奶就不会出事。

万幸的是，奶奶后来好了，但是她的后脑勺好像是被摔到了。再后来，奶奶又在山脚滑了一跤，这次是腿骨折。由于腿多次受伤，不久后，奶奶就患上风湿性关节炎。严重的是，她的关节会经常肿，为此我很伤心，总觉得这些都是最开始让她为我拿袜子成的后果。说心里话，我觉得对不起奶奶。当她腿骨折的时候，我第一次害怕和她睡觉，好像看到她打着石膏的腿心里就很慌。而在这之前，我每天都和奶奶一起睡，她会早上叫我起床，然后带着我去早餐店吃馄饨。她很呵护我，怕我烫着，会拿另一只调羹舀起馄饨并帮我吹凉。我和奶奶真的是挺亲热的，她不能自己弯腰剪脚指甲，所以她的脚指甲一直都是我帮她剪的。她累的时候，有时也会让我帮她按摩。即便如此，我还是感觉自己根本就不能用任何事情来弥补我对她造成的伤害，但是我会尽自己最大的努力去对奶奶好！

后来，我上了大学，在一次思修课上，老师给我们看了一个视频，是关于日本的飞机失事的，名字叫《生命的最后十分钟》。看完那个视频我就哭了，觉得生命真的很脆弱，我们永远无法预料到下一秒会发生什么。上飞机前，他们像往常一样和家人道别，但是绝对没有想到这一次是自己和他们见的最后一面了。其中，有些人可能还在和家人赌气，有些人可能等待着孩子的出生，有些人可能承诺回去要给家人带礼物，等等。可是飞机一失事，他们什么都没有了。看完了视频之后，我回想起自己经常惹爸妈生气，也让他们操心，也意识到自己不够努力，甚至有时候还会浪费时间、浪费金钱等。想到此，我内心真的非常愧疚。我突然觉得生命真的渺小，很害怕有一天这种生离死别发生在自己身上。我不敢想，我真的很害怕亲人们离开。

每次一想到这些，我就会很伤感。

后来，我在自己的镜子上贴了一张便利贴：树欲静而风不止，子欲养而亲不待。我以后要对妹妹好些，也要对其他人多珍惜些。但是久而久之，我慢慢地习惯了便利贴的存在，以至于忽略了它对我的鞭策。

我算是幸运的吧，目前为止没有动过手术，但是我爸爸动过。就在上一个暑假，他通过手术切了喉咙里的囊肿。手术前，每天我都陪着爸爸去医院，陪他挂点滴，帮他办做手术的手续。到了动手术的那天，我、妈妈和妹妹都在手术室外面等着。但是等待的时间很漫长，我们很煎熬，当爸爸从手术室出来的那一刻，我突然发现，他竟然这么憔悴，人虚弱得走不了路。我很伤心，我一直都觉得爸爸很强大，是可以保护我的。然而，我看到刚动完手术的他的那一瞬间，眼泪差点流了出来，真的心疼。但是，我很快告诉自己不能哭，不然爸妈又多了一件烦心事。那一刻，我真的觉得人最重要的就是健康！

讲了三件事情，其实我想说，我们应该与生活讲和，面对生活给予的一切，我们不要自暴自弃，要做我们该做的，把每天当作一个礼物。我们还要体会和看到我们曾经忽略的，尽量弥补我们曾经的不是。

只要我们努力地活着，就不再后悔，也不再畏惧死亡！

老师：菲菲，你讲得好！生命脆弱，人生无常，我们真的不能预料明天和意外哪个先来到。别人遭遇的事，也有可能在我们身上发生。

我们要热爱生活，敬畏生命，做任何事都要认真、负责。当然，如果不行的话，我们也会遇到问题，那就要积极解决，不要自暴自弃。

我们要珍惜身体，做什么事都要有健康与安全的意识。

眼　镜

活着真好，更何况是活在幸福当中呢？

我一直都是个平凡的女孩，平凡的家世、平凡的样貌、平凡的日子，我也曾幻想过不平凡，希望自己的生活能过得轰轰烈烈。然而，父母告诉我，还是平凡点好，平凡了就会淡然，就会宠辱不惊，就会坚强；老师说平凡好，平凡了就能一心一意地读书，才能在浮躁中沉淀、成长；朋友亦说平凡好，平凡了才能天天开心、没心没肺。

平凡好吗？我对着镜子问那满镜的平凡，镜子里朦胧的映在玻璃后水银上的身影说，平凡好，个人的平凡或许能够成就他人的不凡，这何尝不是一种幸福。

某天，在那窄窄的阁楼，当我在微微散发着潮气的书架上用心地寻觅，有本薄薄的小书兀自闯入我的眼帘，它泛黄的书页向我倾诉着它的不简单。这本小说是《活着》，主人公“福贵”随之闯进了我的生活，用心听作者余华娓娓的叙说，我的情绪也起了涟漪。他用一种近乎冰冷的笔调，描述着一些其实正常却也不正常的故事。平凡的人物却有不平凡的命运，作者用一种独特的表现手法完成了一次对生命的哲学追问。书中写了一个小人物平凡的故事，却荡气回肠，让人叩问生命的意义。

人之初，总是单纯得像杯白开水，那时候的我不知道什么是平凡、什么是轰轰烈烈，做任何事也都没有强烈的目的。也许是一时的好奇，抑或是一时的情绪让我有了瞬时的冲动。小时候的自己总与“半途而废”相伴，但会为了搭几块积木而拒绝吃饭。然而，这一切全看兴趣的有无。

现在看来，小时候的行为动机是那么的薄弱，因为背后支撑这一行为的唯有兴趣，全没有什么“崇高的信仰”或“理想”。那个时候的自己从不会迷茫，也不会对自己的生命感慨万千。那时的生命是最有韧性的——活着，然后，跟随着心性。

很多时候，远离亲人朋友的日子里，我感觉幸福一下子离自己远去了，只剩下孤独与寂寞、伤心与难过。多少个难眠之夜，许许多多的想法就在夜深人静的时候袭来，但我是那么的倔强，扬起的嘴角，没有泪水也没有过多的话语，只有心痛。

人活着是一种心态，看问题也取决于所戴的眼镜。生活的快乐与否，全在于自己的观念。乐观的人总是从积极方面去发掘平凡中的伟大。

一个人的坚强，那种超负荷的难挨只有自己才能体会。然而所有的悲伤在遇到“福贵”这个人物时，都变得一文不值，所有的失落在遇上“福贵”时，也都变成了有幸。

快乐是一种比较性心理行为，快乐是自己主观的感受，攀比是不会快乐的，这山望着那山高也是不会快乐的。快乐就在当下，在平凡的生活里，在自己的心里。

快乐是一副眼镜，戴着这副神奇的眼镜，就会发现平凡的生活也是令人快乐的。

好好享受每一天的点滴，好好活着，平凡中也有伟大，伟大中也有平凡。为了自己也为了关心自己的人，为了这更长更远的明天，我们要好好活着。

老师：月月，你讲了一个平凡的故事，让我们看到了平凡背后努力活着的动力。

为什么你总是快乐？因为你是个乐观的人，你戴着热爱生活、相信明天总会有阳光的眼镜。

快乐是自己主观的感受，是一种比较性心理行为。

好好活着，这本身就是一心向阳。

心若向阳，每天都是春天，阴天也有阳光。

舍生取义

最近看了一部电视剧，叫《功勋》，它讲述了许多伟人的丰功伟绩，尤其是他们背后那数不清的汗水和泪水。我不禁感慨，人生的意义不就应该是像这些伟人一样吗？为广大人民的幸福而无私地奉献自己，这就是舍弃小家而顾全大家。

《功勋》里的第一个单元讲述了志愿军们跨过鸭绿江攻打美军的故事。主角李延年同志不仅军事才能卓越，而且敢于拼搏和牺牲，最主要的是他善于做思想工作，动员能力极强。一开始出逃的小安东本应该受到处罚，但经过李延年同志的教育后，不仅小安东有了奋斗的觉悟，其他战士也都受到了鼓舞，小安东还成了这一支光荣队伍的一员。

在战场上，无数战士浴血奋战，他们似乎都不怕牺牲，都在尽全力与敌人厮杀。军令如山，只要是上级下的命令他们都严格执行，不论生死。排雷小队中，有一个士兵不小心踩到了地雷，但此时敌人已经逼近，敌人的子弹乱扫，为了不暴露目标，他伏在草丛里一动不动，最后以身殉国。部队需要援军，但却与总部失去了联系，号子手独自冲破敌人的防线，他虽身中数弹，仍按计划用最后一口气吹响了军号，使得援军及时得到讯号。官兵有爱，大爱无边。小安东的班长为了保护他用自己的身体挡住了敌人的炮火，牺牲前还让副班长好好照顾小安东。看到这些情节的时候，我大气都不敢出一口，眼泪顺着我的脸颊不停地落下，心也不由得绞痛。我由衷佩服这些为了我们的美好生活无私奉献的将士，我想，志愿军是我们最可爱的人。我也惭愧，自己还缺乏他们那样的精神。我想，珍爱生命就应该如他们一般，为了自己的信仰勇往直前，不怕牺牲。

《功勋》里还有一个单元也令我十分感动。这个单元讲述的不是战场上的热血，而是科学家于敏为了我国的氢弹事业奋斗的艰辛。那个年代，我们国家不仅一穷二白，而且内忧外患，是十分艰难的。我们必须搞原子弹、有原子弹才有话语权，最主要的是中国才安全。然而，搞原子弹不是件容易的事，我们没有先进的仪器，没有充足的物资，没有丰富的经验，一切都得依靠自己。科学家们没有被困难吓倒，他们不分昼夜地计算。于敏同志甚至晕倒了多次，但是他们仍然没有放弃，而是迎难而上，不断探索。当理论假设终于试验成功后，由一位科学家把资料带回总部，然而不幸的是，他乘坐的飞机失事了。令人感动的一幕出现了，人们发现他时，他正用自己的身体死死地护住理论成果。国家利益高于一切，为了国家他甘愿牺牲自己。于敏因为工作原因，常年不在家，他的妻子并没有埋怨他，而是默默地支持他，为他守护他们的小家，哪怕他的儿子都认不出他了。他舍弃小家顾大家，无怨无悔地为国家事业努力奋斗着。我想，有意义的生命不就应该是这样吗？

《功勋》里感人的情节太多了，感人的英雄也太多了，有的拥有姓名，有的没有姓名，但是我们会永远铭记他们的无私奉献。所以我认为活得有意义、有价值就应该像他们一样，为他人着想，为社会服务，为国家奉献。

英雄是国家的脊梁，是民族的精神。历史不会忘记英雄，共和国也不会忘记，英雄是我们的偶像和榜样。

老师：红红，你讲得太感人了！正是由于这些英雄的奋不顾身，才有了我们今天的幸福生活。生命的意义是什么？是不断成长，是内心的强大，是责任，是快乐，是大爱无边。我们的成长是从小我到大我，由个人利益到民族利益、国家利益。

不忘这些英雄，珍惜和平生活，热爱祖国，为祖国的发展作出自己的贡献。

关注我们的英雄，传颂英雄的故事，学习英雄的精神，传承英雄的使命。

树　叶

记得那个时节，已入秋，天气微凉，秋蝉已潜伏于地下，枯黄的叶子也渐渐兀自飘落。然而，每个行色匆匆的路人都清楚，带给人希望的绿叶仍会再次繁茂。也就是在那个萧瑟的秋天，我有幸遇见了属于自己的那片绿叶。

那时正值开学季，经过两个月没日没夜的玩闹，我已经习惯于慵懒的生活了。那日清晨，突然被母亲唤醒，我心中十分不爽。我磨磨蹭蹭地出了门，不经意间却抬头看到满世界的枯黄。我一向偏爱充满绿色的春夏，它们的生机勃勃往往更能吸引我。然而对于秋日的枯黄，我有些不屑一顾，更多地只能是报以怜悯。此时，不爽的心情与枯黄的世界碰撞在一起，我隐约生出了不耐烦的情绪。我抓紧书包便向学校快步行去，只希望赶快逃离这个世界。

一路低头，也不知何时到了教室。

教室里有学生，有老师，还有家长。那时，教室俨然不像往日安静的教室，它充斥着欢笑声，打闹声，以及训导声。这个开学，格外热闹，这热闹似乎也将浓浓的秋意冲得淡了一点儿。我放下书包后，没过一会儿，带着将孩子送到学校后的神清气爽，家长们便离开了。教室里，同学们仍在相互交谈，似是要将暑假中未能分享的事一股脑地全部倾诉出来。

我想起科学老师，她应允了我开学时要送我礼物的。想到此，我心中不由得一喜，径直向她的办公室走去。

不知她是否还记得？我心理打着鼓，来到了她的办公室。

没想到科学老师仍旧记得这件事，她招呼我坐下。我心中不禁微微一动，满心期待着老师的礼物。只见老师从棕色的盒子中拿出了一片叶子。与其说是一片叶子，不如说是一片完整整的叶脉。我马上明白，这便是老师跟我们提到过的叶脉书签了。我知道它是怎么做成的，老师在课上曾提到过。但当我亲眼看到时，却仍旧不住地高兴，它实在是精美至极。这书签有如此分明的脉络，它们相互交织而不显错乱，有一种顽强生长的力量。虽然叶肉已全然除去，但余下的叶脉却完美地延续了绿叶的价值。

就在那一刻，我发现，叶子的绿也可通过叶脉的金黄而延续，霎时，我觉得这金黄也不那么扎眼了。我高兴极了，我将叶脉捧在手上，似乎可嗅到它携带着夏天的清香气息。我不由自主对这金黄的叶脉，甚至金黄的满街落叶，生出了些许好感来。也是在那一刻，我突然意识到，金黄的秋也可以是生机勃勃的，叶的生命可以通过另一种方式延续。生命是否充满活力并不只在于外表，更在于它的内在，在于它的价值。只要价值永存，生命便生生不息。

人生很漫长，这一生我要做个什么样的人呢？这片叶脉给了我最好的启示：做一个有风骨、有灵魂的人！

老师：妮妮，这个故事讲得好！

绿叶生机盎然，是美的，把它做成叶脉书签也是美的，甚至是更美的。生命的价值不只在于外表，更在于它能创造另一种美的内在，在于品质和传承。

做一个有风骨、有灵魂的人，做一个品德高尚的人。做人要有操守，要慎独。

“德”心应手

一个人从呱呱坠地就开始接受家庭和家族的影响了。

我出生在温州，我们一家人都是在温州定居生活的，我的名字是杨德星，姓随父亲，名随族人。我的父辈是世字辈，我是德字辈，星是随两个亲近的哥哥，他们一个阳一个亮，我是星，可能一个人的名字就是父母的寄托或是家族的传承吧！

“德”是指什么？用今天的话来说，就是有理想信念，道德品质高尚。那“德”和“才”是一回事吗？我认为不是，我前面已经说了“德”，那什么是“才”呢？我认为所谓的“才”，则是指有聪明才智、处事灵活。司马光在《资治通鉴》中对“德”和“才”之间的关系精辟的分析。他说，德和才根本就不是一回事，但是在日常生活中，一个人如果很聪明，我们一般都会习惯性地认为这个人道德品质高尚。在今天，我们夸一个小孩子，一般不说这个小孩“很老实”，而是夸他“很聪明”。司马光说，这是天大的误区。事实上，一个聪明的人，可能是一个品质恶劣的恶棍；而一个品德高尚的人，也可能是一个智力平平的人。德才兼顾固然是一种理想状态，但二者兼得的人却少之又少。在这种情况下，宁肯用有德无才的人，也不该用有才无德的人。因为以工具理论性为标志的“智力”，一旦掌握在坏人手里，给社会造成的危害将是巨大的。相反，那些智力水平一般的人即便做坏事，破坏性也可能相对小一些。

我的父辈大多都是无才之人，但幸运的是他们是有德之人。我的父亲是 20 世纪 70 年代的人，初中文凭，已是家族中读书相对多一点的人了。到了我们这一代出生，父亲不留在村里，而是到大城市打拼，为的是能让我接受更好的教育。在平常的相处中，我耳濡目染父亲的待人处世之道，无外乎待人以诚、以德服人等。尽管时代不同，但我想这份待人以诚、以德服人的心的力量，总是不变的。

父亲总是帮亲戚做这做那，也不求回报。若去参加红白事，他也是带够礼钱。每年过年，他总是很看重乡俗，送去大大的红包，这已成为他的处世风格。家里的经济却很吃紧，总是入不敷出，母亲常为此唠叨父亲是“散财童子”。一开始我不理解父亲，便也是这么认为的，直到有一次我又和父亲提到这事。我说我们家又不是那么有钱，你为什么总是要做这些事呢？那时父亲平静地告诉我，我们家虽然不是那么富裕，但是有些钱有些事不关乎钱而关乎情分，我们不必那么计较这些得失。若太过于斤斤计较那些，反而输了情分，落了下乘。要知道，做人做事，要诚心，于他人于自己都是，况且一个家族要延续，族人总是要互帮互助的。这次你帮他们家，下次他们家就会帮我们的。人生就是这样，一辈辈的情分就是这样互帮互助积累起来的。等到将来老了，下一代又会受益。只有这样，一代代的荫庇，才会让家族慢慢好起来！

父亲的处世风格，的确为他赢得了好的人缘。虽然母亲起初不太赞同，但最终也理解、认同了父亲的做法。

现在我也成年许久，却不能反哺家里，一直有些愧疚。不过，我知道只有现在修身养性，做好自己的专业，才能在以后的日子里过得更好。

德高为范。无论任何时候，德都是一个人立世的根。三人行必有我师，我要见贤思齐，努力做一个有品德的人。

老师：德星，你讲得朴实、感人！你的名字就是父亲对你的期望，做一个有德性的人。

对一个人来讲，什么最重要？首先是德，我们期望的人才是德才兼备的。中国是礼仪之邦，传统文化都非常重视修身，只有修身才能齐家，然后是平天下。

当下我们要爱国、友善、诚信、敬业。

学习父亲，做人要以德为先，要以德服人。

记住，厚德载物！

友　谊

我常想，在一个人的生命中，友谊究竟算什么？有人常说：“人生就像是乘坐一辆路程漫长的公交车，在每一个中间站总有人上车，同时也会有人下车，没有任何人能够从起点站开始陪伴你到终点站。”曾经的我对这句话嗤之以鼻，因为我有三个特别要好的伙伴，我们四个说好了要打打闹闹一辈子的。这样的日子多幸福呀！看着他们稚嫩而又熟悉的脸庞，光是想着就让人忍不住心生欢喜！

缘分是多么奇妙啊，我们四个相识于小学，在小学的时候就已经成了最要好的朋友，我们一起上课，一起吃饭，一起玩耍，也一起回家。最重要的是，我们被同一所初中录取，而且我们还被分到了同一个班，这也就意味着我们四个初中时期还可以一直在一起！这样幸福的日子过得真的很快。当然，我们时常也会有争吵，不过也就是一个亲切的拥抱就能化解的矛盾，争吵很快就会被欢乐所替代。我到现在还记得初一时我们一起学那首《继续——给十五岁的自己》时有多感伤，甚至四个天真稚嫩的人还因为这首歌抱在一起默默流泪。

2016 年的寒假是一个非凡的假期，是我生命中最刻骨铭心、最幸福的一段时光。在这一年里，我们相约轮流到对方家里做客。在这一个寒假里，我们四个就如同连体姐妹，同吃同住，享受着对方父母的热情和温暖。以至于多年以后，每每想到这里，我都会感受到从心底涌出的温暖与温柔。

很快就到了初三，在老师和家长的耳提面命下，我们都认识到了一个事实——中考很重要。经历了 2016 年一整个寒假的疯狂玩耍后，我们暗下决心要为 2017 年的中考奋斗。时间过得很快，不知不觉中，我们迎来了初中最后的一个学期。这一学期就像一场梦，我们每天早晨很早起床，相约一定要考入同一所高中。下午活动的时间我们也会像往常一样在一起打打闹闹，一起为体育考试努力训练。不管参与什么活动，我们四人都相互鼓励，一起努力地拼搏着。写作业时，不会的题你问我，我问你。到了晚上呢，我们睡在彼此的身边，又有聊不完的话题，一起畅想未来的模样……那段时光多美好啊！

快乐而又充实的时光总是过得飞快，中考如期而至，我们各自带着紧张而又激动的心情，赶赴考场。当我知道自己的努力终于得到了回报甚至还超常发挥的时候，当我收到来自学校的录取通知书的时候，当我看到父母脸上洋溢着喜悦和骄傲的时候，我的内心深处却是失落的。不知为何，我们四个中两个人考上了，另外两个人却没有。让人伤心的是，即使考上的两个人也没有考上同一所学校。这样的结果真的非常残忍，在我打电话安慰他们时，任何语言都显得无比苍白。我想，算了吧，可能……

一切都有序地进行着。只是我们似乎有了各自不同的方向。暑假里，有人在打暑假工，也有人在紧锣密鼓地上网课。虽然也时常会相聚，会述说各自生活里的种种，但相聚的时光总是很短暂，比以往短暂得多。

后来的日子里，我在高中认识到了新的同学和朋友，也慢慢适应了自己的高中生活。以往的好朋友们也有了各自不同的生活，渐渐地，我们的交流越来越少，甚至我的父母都常常问我，怎么不邀请她们来我们家做客了？我心里一阵酸楚，只是笑笑说：大家都有各自的事情要忙。虽然我们有时会联系，但话语间似乎少了什么，似乎又多了什么。其实我们心里都明白，往后，很难再像曾经一样要好了……

我们仍然是朋友，遗憾的是，不再是最好的朋友了。时光已去，我们再不能回到从前，再也体验不到当时的思念与欢乐了。

如今，我已经大二了，时常想起那段美好的时光，时常念起那段刻骨铭心的友情。在孤寂的日子里，我的梦里还经常会出现那四张稚嫩的脸庞。当我笑着醒来，才发现原来是梦。现在我们的联系变得更少了，当年的四个小姑娘也已经成了大姑娘，我们都有了各自忙碌的生活。

何炅曾经说过："虽然我有很多朋友，我也很在乎身边的人，但我从来没有奢望要把任何一个人留在自己的身边一辈子，有的人他就是过来陪你一段的。"现在想想，人生还真像是乘坐路程漫长的公交车啊，我们总有各自前进的方向和目的地，或许相遇在某一站，但也总会在未来的某一站挥手告别。无论怎么样，我仍然会感动，也会感恩，感恩曾经与我同行的朋友，感恩我们相处的美好时光。我很想对你们说：很高兴认识你呀！很感激你能出现在我的生命里！很感激你让我拥有那段快乐的时光！不主动联系不是友谊不在了，而是那份友谊被珍藏在某段时光里。它像种子一样，留在了我们心底，若遇春天一定会再萌芽，我相信当你在某个时刻想起我时，你是温暖的，而我也是。

朋友相交，无愧于心。在生命的各个阶段，我们总会遇到志同道合的朋友，而我们要做的,就是热爱生活,真诚地做自己,热情地拥抱,珍惜我们相处的时光。

时光如梭,人生漫漫。珍惜每一个走进我们生活的人,活在当下。对于友情,我们不强求、不多求，跟随内心，做到无愧于心，足矣。

结识新朋友，不忘老朋友。余生很长，友情很温暖！

老师：艺艺，你讲得好！友谊很重要，它是我们人生路上重要的部分。不是说在家靠父母、在外靠朋友嘛。有些朋友相处很久，有些可能就只相处一段时间，但他们都是你生命中幸福的源泉，与你有过无法忘却的情感。

朋友会相互影响，要交能使你进步的人，要交有品德的人，要交有正能量的人。

热爱生活，与人友善、诚信，做事认真，人生路上一定有朋友与你同行！

人生漫长，不同的朋友会在我们内心不同的位置。学会接受与放下，学会滋养与擦拭。

不忘老朋友，结识新朋友。

老师：同学们，我们今天在生命会客厅分享了“我要成长”的主题，我总结一下。

成长是人终生的话题。我们要向社会学习，向书本学习，尤其要重温过去，不忘初心，这些都是滋养我们成长的宝贵资源。

人说：吃一堑，长一智。经历是最好的老师，随着年龄的增加，我们一天天变得成熟，这就是成长，它让我们的内心比以往更加强大，不仅与他人有良好的人际关系，而且与社会和谐相处。从此，我们不再困惑，我们有自己的生活目标，我们珍惜生命与时间，努力做事。无论人生遭遇任何困难，我们都会主动承担责任。

如果人生是一次独立的旅行，那么有独立的人格才有我们各自人生的发展。按照我们的计划做事，即使有意外发生，我们也不会后悔，因为我们人生的方向和目标没有变。能够独立坚守自己的判断是自我能量强的表现，也是自我存在价值的体现。独立是我们自我意志自由的基础，也是我们的生命之源，所以无论如何，独立都是我们人生应该坚守的一道内心防线。

从古至今,许多重大的发明和创造,一开始也都受到习惯势力的阻止和批判，认为这些惊天举动是不可能的，甚至是异想天开的。然而，正是有一些人，他们怀着强烈的使命感，不畏艰难险阻，冲破各种困难，孜孜以求，终于获得这些发明和创造的成功。他们推动了人类社会和文明的进步，也因其卓越的成绩，成为划时代的巨人而名垂青史，万古流芳。

一个人没有梦想，便失去存在的价值；一个民族若失去梦想，就没有创新和发展，也必将走向没落和灭亡。无论对个人还是对民族而言，只要想，原本不可能的事也会变得有可能。

坚持梦想，多读书、多向社会学习，我们就能不断获得人生的发展。

第十章　我要感恩

当我们来到这个世界，很多人会陪伴着我们走过一段又一段生命的旅程。他们或者是家人，或者是恋人，或者是老师，或者是朋友，或者是擦肩而过的陌生人，或者是在某个角落默默注视着我们的人，可能还有那些跟我们斗过嘴的人，甚至与我们针锋相对过的人。那些各种各样的人，连同与他们共同经历的事，组合成了我们完整的一生，他们是我们人生情感的一部分。

繁华历尽，方知平凡是真。如果没有与他们的恩怨，就没有我们的人生。历经沧桑，我们抒写自己人生的故事。

满怀感恩，我们不仅能诠释生命的美丽，而且能践行自己的幸福人生。

第一节

感恩父母

老师：同学们，欢迎大家再次来到生命会客厅，今天阳光明媚，我们要分享“我要感恩”主题中“感恩父母”的话题。不过，我们要先感恩阳光、雨露和空气，大自然给我们提供了让我们生存的条件。感恩是懂得对他人的帮助给予回报。感恩的核心是乐于把得到的好处呈现出来且回馈他人。

父母把我们带到这个世界上，我们由哇哇啼哭到独立生活都离不开父母的爱。要感恩父爱，父爱如山，无论有多大的困难，他总是我们依靠的屏障；父爱似路，无论我们走到哪里，他都伴我们往前延伸，为我们指点迷津，给我们一路阳光。要感恩母爱，母爱似水，无论我们身处何地，母亲永远占据我们心里最柔软的地方，为我们用尽一生的温柔。他们不仅关注我们的生存，还关心我们的发展。当我们还很小的时候，父母花了很多时间教我们用勺子、用筷子吃东西，教我们穿衣服、绑鞋带、系扣子，教我们洗脸、梳头、擦鼻涕，还不厌其烦地教我们做人的道理，叮嘱我们热爱祖国，做一个对国家有用的人。

现在我们分享关于“感恩父母”的故事。

母　亲

每个人都有属于自己的特别的关于来到这个世界的故事，我们都是和爸爸妈妈牵着手来到这个世界的。自小，我就对自己出现在这个世界上充满了疑问和不解。

20 年前的一个夏日，伴随着一声清脆的啼哭声，我来到了这个世界。我小小的，什么也不懂，只是睁着双眼好奇地打量这个世界。这时的我，不知道什么是安全，也不知道什么是危险，我所有的情绪不能用言语表达，只能用啼哭来说明我的诉求。在我睁开双眼的第一时间,抱我的是我的父母。我的顺利诞生，终于使他们高度紧绷的神经得以放松。自从妈妈怀上我以后，全家人都围着妈妈肚子里的小生命忙碌地打转，生怕我有什么闪失。妈妈为了保胎，在医院里住了很长一段时间。那时她只能躺在床上，不能自由活动，就连睡觉时也不能安稳，因为调皮的我甚至还会踢她的肚子。在我快要出生的时候，又是妈妈最欣喜也最痛苦难熬的时候。妈妈欣喜的是即将孕育出血浓于水的亲人，痛苦的是怀孕带来的不良反应，如孕吐、食欲下降。但是，为了肚子里的我能够有足

我的出生，乃至长大都离不开父母。若没有父母的呵护，我不可能活到今天，不忘父母的呵护，感恩父母的养育之恩。

够的营养，妈妈强忍着反胃，把汤食一口一口吞咽下去。

是父母，把小小的我带到了这个世界上，我不禁感叹生命的奥秘之课，是命中注定的缘分，使我们成了一家人。我三生有幸能够得到父母的宠爱，不管未来有多少艰难险阻，我将和他们携手走过人生的一段又一段旅程。这是我的幸福，毕竟这一路上是他们替我阻挡了千难万难。

因为我的诞生，让这个家庭变得更加完整，更加温馨，也有了更加快乐的氛围。我很庆幸我有这样的父母，他们没有男女性别方面的守旧观念，没有因为我是一个女孩而感到一丁点的失望和遗憾。他们不歧视女孩，保护着我，告诉我要坚强和勇敢。他们教育我：女孩不是只能做一个公主，女孩也可以是自己的骑士。他们给了我如此温暖的环境，让我拥有一个完整的家庭。我相信每个父母都是疼爱他们自己孩子的，尽管爱的方式有千万种。有些父亲平时不苟言笑，可能会让敏感的孩子觉得有些冷漠，但是当家中有紧急情况发生时，他们一定会第一个站出来承担起这个家庭的重任。有些母亲可能十分聒噪，她会时常打扰到孩子的生活，可是不管她的行为是否给孩子造成了困扰麻烦，她始终是爱孩子的，她一心一意呵护着孩子，十月怀胎、骨肉相连，孩子已成为她生命的重要部分。

我是一个易动感情的人，一想到妈妈漫长、甜蜜而又痛苦的孕育，我就对所有母亲产生了深刻的敬佩之情，母爱的伟大是不能用任何标准衡量的。

为什么鲜花会感恩雨露？因为雨露滋润它们的成长。为什么苍鹰要感谢长空？因为长空让它们自由自在地飞翔。父母给了我们翅膀，让我们飞翔，他们给我们勇气与支持，让我们自由去闯荡，努力在这个世界留下自己的印记。

我人生的每次成功与成长，都离不开父母爱的滋养。羊羔跪乳，乌鸦反哺，做人之本，孝敬父母。同时，感恩父母不仅让我努力做事，还让我对生活充满热情。这些都让我的人生充满幸福。

老师：怡婷，你说得好！

感恩是道德的核心，有了感恩，我们才会爱国、友善、敬业、诚信。

我们能活到今天，离不开父母的呵护。在周围仍有重男轻女的残余思想的情况下，父母不歧视女孩，反而呵护你，要感恩父母思想的先进。尤其是父母期望你自信与强大，他们鼓励你：女孩不是只能做一个公主，女孩也可以是自己的骑士。

感恩父母的爱，这是你化解以后人生苦难的精神力量。

苦　难

1994 年的某天我来到了这个世界，对别的家庭来说，也许一个孩子的出生是件大喜事吧，但我的爸爸却并没有那么高兴，甚至不愿意抱我一下。这一切都是听妈妈讲的，原因是我是个女孩，而我的爸爸更想要男孩。但妈妈很高兴，她生我不易，我是剖宫产的。每当我看到妈妈肚子上的那道伤疤，我就很心疼。或许是上天的安排，虽然爸爸不喜欢我，但我却从小就喜欢黏着爸爸，无论他走到哪我都想跟着。

在我四岁那年父母离婚了，我跟着爸爸和爷爷奶奶一起生活。我关于小时候生活的记忆很少，只有支离破碎的片段，这可能是因为痛苦太多，我选择了遗忘吧！我印象深刻的是，自父母离婚后，爸爸对我的态度就改变了，他希望我越长大越坚强。从此，他就把我当男孩一样养着。

我觉得爸爸很不容易，他从小对我是又当爹又当妈的。他说我以前睡觉时，必须搂着他的一个胳膊，大概是寻找安全感吧。早晨，我是不喝奶不起床的，而且我还必须躺着喝。虽然爸爸是当笑话一样讲的，然而他每次讲到这事，都是用一种非常无奈的语气。我听着很心酸，心里不是滋味。我很羡慕其他小朋友都记得自己小时候，尤其是与父母相处的快乐的点点滴滴。想想我的过去，我也不知道为什么上天安排我经历那么些苦难，这也算是我人生中的一大遗憾吧！

对于妈妈，我经常自己骑着小自行车去找妈妈。然而，妈妈工作很忙，我每次去也只是与她短暂地见见面，或者是妈妈给我买点衣服和吃的。然后，我带着不舍，也就自己回家了。妈妈觉得给我好的物质生活就是对我最大的爱，然而我只是想多和妈妈待在一起，我想要更多的时间而不是物质。

当慢慢地长大，我懂得的越来越多，心理上也产生了很大的变化。每当过年的时候，我很羡慕别的小朋友都有爸爸妈妈带着去买好看的新衣服。上下学的时候，他们也大多由爸爸妈妈接送，然而我却总是由爷爷奶奶接送，或者是自己一个人，我感觉很孤单，也有些自卑。慢慢地，我变得不自信、不爱说话，心里一不舒服就自己默默地哭。

每当我一哭爸爸就会很生气，我知道他希望我坚强，不愿意看到我哭。

说实话，听到老师让我们讲这样一个话题，我开始是挺为难的。我不知道小时候发生了什么，也许我不知道真相反而是好事吧！不过，老师问这个话题，以及老师讲的道理，也让我敢于面对自己的原生家庭。通过回忆，加上老师的疏导，我也学会放下恩怨，学会与父母和解。

人生的苦难是一笔财富，感恩父母，他们让我了解家庭对孩子成长的重要性，我以后要努力给孩子一个幸福的家。

出身不能选择，但自己要走的路可以选择。感恩苦难，让我勇敢，努力去成长。

如今的我很健康地长到了这么大，我很感激身边每个关心我的人，今后我会珍惜他们，相信我的未来会越来越好。

我认为心怀感恩，我们就会正视过往，从此乐观地对待未来，充满正能量地生活。

老师：秋莹，你讲得好！讲述过往，尤其经历的苦难，说明你已经开始面对，这需要勇气。人的出身不能选择，但自己要走的路可以选择。

苦难并没有压垮我们，反而让我们学会了坚强。很高兴，你已开始与过去和解，希望过去的事儿，不要在自己以后的家庭中重演。理解、尊重父母的生活，学会独立。

感恩过去，让我们走向强大，它丰富了我们的人生，让我们乐观地对待未来。

折　腾

如果说要感谢的话，我可能一生也感谢不完。感谢阳光，给我带来光明；感谢雨露，滋润我的心灵；感谢空气，让我自由呼吸。感谢一切的一切，最重要的是感谢生命，感谢给予我们生命的父母。

记得小时候，妈妈就对我说，我的出生并不容易，要比旁人更加艰辛，也让她刻骨铭心。在妈妈怀孕初期，我就表现得特别调皮，常常让她过得不安生。渐渐地，我长大了，到了该在妈妈肚子里翻跟头时，我却又显得特别安静，一动不动地躺着。医生给爸爸妈妈说，胎位不正，若顺产有风险，他们无奈，只好和医生商量剖宫产。

本以为我对他们的考验到此结束了，但我却开启了新的一轮折磨人的游戏。我的预产期是在过年后不久，成为一只胖胖的小猪。或许是过年的气氛太热闹了，我不甘寂寞；又或许是我比较喜欢小狗，不喜欢小猪。不管原因如何，我挣扎着、哭喊着，提前跑了出来，成了一只 1995 年生的小狗。嗨，小的时候，我常常为自己的属相感到困惑，到底是属猪呢还是属狗呢？这会儿不说这个，还是接着说出生吧。

记得那一天，妈妈刚在医院做好检查回家。没待一会儿，就感到肚子一阵一阵地疼。刚开始没太在意，但这股疼痛一直不减，妈妈急得问奶奶原因，然而奶奶也不清楚。后来，还是我大妈妈来我家串门，提醒妈妈是不是要生了。这可吓坏了全家人，他们急忙送我妈去镇上的医院。可那里的医生一听我妈的情况，直说不敢接生，非说要送到市区里的医院才可以。爸爸没有办法，只好再把妈妈送到我们那儿的人民医院。也不知是为什么，那天诸事不顺，到了人民医院后，我的脚已经先出来了。可是那天生小孩的人特别多，没有病床，没有房间，妈妈只好挺着个肚子躺在楼道边。可我已经把脚都伸出来了，再不及时救治，恐怕得一尸两命了。然而，着急也没有用，只能耐心等待。好在上天看我们太可怜了，终于有一个床位空出来了，爸爸赶紧把妈妈搬了上去，送进了手术室。由于我已经伸出来脚，没有办法再剖宫产了，只能让我妈咬牙把我生下来。

据我爸爸说，妈妈刚进手术室不久，就有医生来让他签单子，万一不能两全，或许只能保大。好在我争气，努力地钻出来了，要不然……

在妈妈的不懈努力之下，下午 2 点 40 多分的时候，我终于出生了。虽说我早产了将近两个月，又经历了难产风波，但好歹我还是个健健康康的宝宝。我与足月的婴儿相比除了瘦小一点，并无其他差别。之后的几天里，我一直被留院观察。

在之后的成长之路上，我大病没有，小病却不断，但也好好地活到了现在。

生命，一个多么圣洁的字眼。我从呱呱坠地的那一刻起，就真切地享受到生活在这个世界上的幸福。我深切感受到：父亲的疼是幸福，母亲的宠是幸福，朋友的关心是幸福，老师的教诲是幸福。不能不说的是，贫困中的一块糕饼，患难中的一个眼神，这些都是千金难买的幸福啊！

不能忘记为我们生命的诞生付出过心血的人，不能忘记成长路上我们遇到的帮助过我们的人，更不能忘记我们生活在这个美好的时代。

回顾自己的出生，让我知道生命的不易，也让我体会了父母的辛苦。为此，我要珍惜生命，孝敬父母，关爱周围的人。

老师：思思，你坚难地出生，能一直健康活到现在，是因为父母以及许多人的关心与呵护。你出生时，没少折腾妈妈。还好，经过医生的帮助，妈妈的努力，还有你自己的配合，你顺利出生了。

感恩我们生活的时代，有那么多好人帮助我们。患难见真情，这些都是不能忘记的。热爱生活，热爱我们和谐的社会，也关爱自己。

感恩妈妈，感恩关心你出生以及长大的人！

要珍惜生命，孝敬父母，关爱周围的人。

父　亲

记得那是高二的时候，有一天我突然感觉身体不舒服，头晕晕的、热热的。于是，我立刻给父亲打了电话，让他来学校接我去医院。想着，这次发烧就像往常一样，他带我去看医生、开药，然后打点滴，按时吃药就行了。

不幸的是，我连续打了三天点滴后，烧还是退不下来。

第三天的时候，我晚上仍睡不着觉，一直吐，而且是吐了一整夜。我好难受，几天来，我什么都没吃，只是不停地吐，直到吐出了苦苦的胆汁。爸爸妈妈来学校陪了我一夜，他们看我这么严重，决定第二天再去一次医院。值班的医生有点慌了神，他建议我直接去杭州，因为那时 H1N1 还在蔓延，我们那里已经有几个人患了这种病。爸爸妈妈一听 H1N1 都有些色变，要知道 H1N1 的初期症状就是发烧，而且连续多日高烧，我自己也害怕。那时候我总觉得我得了 H1N1，我吓得都要死了。

因为去杭州的医院应该会住院，于是我就先回了学校，和老师说了下情况，理了点书准备离开。同学们看到我拿了书要走，都很关心地围了过来，他们很担心我。虽然我自己也害怕，但我还是对他们说："没事的，我马上就会回来。"

拿着书离开的时候，我突然很怕，我怕自己真的得了这个病，再也回不到学校，见不到我的同学朋友了。刹那间，我的眼泪就止不住地流下来了。

我着急，父母更着急。他们马不停蹄地带我赶到了杭州的医院，因为检查抽血什么的要在不同的地方，而我真的虚脱到走不动了，于是我趴在爸爸的背上，他就一直背着我。我能听到他急促的喘息声，毕竟，我也有 100 多斤，他背着我跑上跑下肯定很累。虽然此刻我身体很难受，但我内心却还是暖暖的。这就是最爱我的男人，我的眼泪哗哗流下来。

人越虚弱，就越悲观，也容易往坏的方面想。一系列检查下来，抽了足足六管血，我呼吸都紧张了起来，感觉血都要被抽完了，我一时晕了过去。

等待的过程是煎熬的，值得庆幸的是爸爸妈妈一直陪着我。

第二天，结果出来了，不是 H1N1，就是普通的感冒，大家高兴坏了。医生说，我好像是吃坏了什么。我静下来，想到了之前刚好和同学聚餐，于是妈妈脸色大变，警告我再也不许在外面乱吃了。

在住院的日子里，每天都要打点滴，还都是半夜打，父亲一直守着我，晚上也不怎么睡觉，当时看着他我真的好心疼，想着以后我一定好好孝敬他，这是我最爱的爸爸。一个星期的住院时间里，同学们每天给我留言，有时晚上也会接到他们的电话，记得有个同学说“你一定要给我原模原样地活着回来”。我瞬间感觉到了她的“霸道总裁”气息，哈哈！他们都很关心我，我告诉他们没事儿，很快就回去了。当时学校正在进行歌咏比赛，同学们都叫我快点好起来回学校参加比赛，也给我发了现场的照片和视频，我很遗憾因为生病错过了比赛。

当身体终于恢复正常，我可以出院了。然而，看着疲惫的父亲，我发现爸爸瘦了很多，称了称他瘦了十斤。明明生病的是我，可受煎熬的却是他，我想他当时肯定很着急。爸爸啊爸爸，你是世界上最疼我的人。

回到了学校，看到我的座位抽屉里有很多卡片，都是同学在我不在的日子里写给我的，甚至还有祝福卡片，我看了真的很感动。听说我回来了，好多其他班同学都来教室找我。

经过这次，我感到了家人和朋友的重要性，在我无助害怕的时候，是他们陪着我，给了我各方面的帮助，他们的关心都是真诚的，那一字一句我都记得。

人说父爱如山，母爱似水。这次患病，我真真切切感受到了父亲如山又似水的关爱，爸爸我爱你。

那次患病之后，我总告诉自己，要有感恩之心，感谢每一个对我好的人，有他们的存在，我真的很幸福。

老师：丹丹，你讲得情真意切。你的父亲用实际行动表达了对你的关爱。在这个世界上你有爸爸的关爱，也有妈妈的关爱，还有同学的关爱。有爱的世界就有你的存在与幸福。人人都渴望爱，人要先付出爱才会得到爱。

人要有感恩之心，希望你把这种爱传递下去，让周围充满温暖与正能量。

好好珍惜美好的时光，努力学习本领，将来孝敬你的父母，关爱周围的人，积极报效社会。

男孩

随着一阵阵的啼哭声，我来到了这个充满色彩的世界。那是农历二月初八，早上六点半，我成功地从我老妈的肚子里钻出来了。我能想象到妈妈那时虚弱但又掩饰不住欣慰的样子。

我是个爱动的男孩子，刚出生不久就表现出活泼的性格，所以后来被“五花大绑”地绑了起来。奶奶告诉我，那个叫作绑手带，为的是让我长大后不毛手毛脚的。说实话，我不知道这是我们那里的习俗，还是什么迷信的做法。

这是在我记忆里的故事，可能与真实情况多少有些出入。为此，我又特意问了我妈妈，妈妈告诉我了一些我原先不清楚的事情。妈妈说：“记得生你那年，你爸爸在义乌种珍珠蚌没回来，我自己一个人在家，早上天还没亮就肚子痛了。我算算预产期到了，可能是要生了吧，我就起来吃了早餐。唉！其实肚子痛也吃不下。然后，我就和你奶奶到医院了。例行检查时，查出你小子有八九斤重，说要剖宫产，这真吓了我一跳。后来，丁医生说我身体好，顺产应该没问题，因为当时都说顺产对宝宝好，所以我就要求顺产了。你老妈我历尽千辛万苦，一直到第二天早上六点半，也就是太阳刚出来时，才把你生下来了。你头上有一个记号，可以防止你弄丢。再到后来，你外公第一个跑到医院来看他女儿是生了个外孙还是外孙女。你老妈看到外公忍不住就哭了。你外公以为我生个女儿才哭的，就跟你奶奶说生儿生女一样的。你奶奶望着我也应声附和说，嗯嗯！其实，你外公想问生了女儿还是儿子，就是不好意思问啊，你奶奶还不说实话，你说你奶奶坏不坏，故意不和你外公说。当然，你外公回家也是动了点小心思，给你外婆说生了个女儿。后来，外婆来了才知道原来生了你小子。你说他们这些老人逗不逗？哈哈哈！又过了三天，你老爸才回来。他起先也是蒙在鼓里，待看到你时，才哈哈大笑！你说傻不傻。”

我出生后有一本出生证明，上面记录了我的生辰八字，还有体重等，但是最让我印象深刻的是上面有我右脚脚丫子的印记。那时的我是那么小，那个小脚丫子只有现在的我一个半大拇指大小，很难想象二十年后，我竟变成了一个1.8米、75千克的壮小伙。感谢爸妈！每当看到这个小脚丫子时，我都会感慨，初生的生命是那么脆弱，那么娇小。为此，我也感慨于生命的神奇和伟大。

我出生后没多久，老妈调理好身体就带我出去打工了。那时候，老妈干活累，又忙，所以给我找了个奶娘。然而，对于这位奶娘我已经完全没有印象了。不过，我挺感激她的，我能长这么大她也有不小的功劳。

母亲生我辛苦了，父母养我也操碎了心。我是个男孩，男儿当自强，我要关心亲人，学会责任与担当，回馈关心与照顾我的人。

老师：宇畅，你讲得很有趣！

妈妈生你不易，父母养你也操碎了心。妈妈做工忙，还曾为你雇了个奶娘。

想想，你由一个八九斤重的婴儿，能长到一米八高、七十五千克重的壮小伙，家人得付出多少心血与关爱啊！

感恩父母，感恩所有帮助你长大的亲人。

父母一直劳作，学习父母的勤劳。尤其要学习妈妈的坚强和独立，早日为关心与照顾你的人撑起一把安全的伞。

男儿当自强，要学会责任与担当。

惊　险

世界上的事情，总是那般令人深感奇妙，不论是说不清道不明的巧合，还是命中注定的缘份。

在爸妈相识的那个年代里，二十五六岁大概已经像是熟透了的柿子，他们遭到了来自四面八方的压力，一股脑地催促着他们结婚以求早日生子。在我出生前两年，妈妈曾怀过一个孩子，虽然我不知道是哥哥还是姐姐，但是因为在那期间妈妈服用了好多的药物，这个孩子未能出生。妈妈说，如果那时候把那个孩子生下来，就不会再有我了。小时候的我，会心存侥幸地窃喜一番，而今，同样的话再次传入耳中，心里则多了一份责任和担当。

失去那个孩子后的两年里，奶奶不断地催促着妈妈赶紧生个大胖小子。但是，过了好久，也不见妈妈的肚子有动静，奶奶便由相劝变为了恶语相加，方式也更加极端。可大概应了那句话：有心栽花花不发。

整整两年，爸爸和妈妈去了好多医院，吃了好多药，只求妈妈能再次怀上。然而，天不遂人愿，怀孕一事迟迟无果。后来，在别人的建议下，爸妈决定顺其自然。

说来也奇怪，不久妈妈就真的怀上我了。

后来妈妈常说，我是上天赐给他们的礼物。小时候，我不懂事，我真的觉得自己很特别。待我再大一些，懂得了许多科学道理，我便觉得是妈妈身体和心理更健康了的缘故。

在妈妈肚子里的时候，我就是个捣蛋鬼，没少折腾妈妈。等到临产了，老妈住进医院。当看到隔壁的产妇因自然分娩痛苦不堪时，老妈就吓得连连喊着要剖宫产。是啊，那时候她还是个需要照顾的小女孩，虽然我不懂事的时候也曾埋怨过她没有自然分娩，否则我可能会更加聪明和健康，好在现在的我已经明事理了，还是比较聪明与健康的。然而，剖宫产还是给妈妈带来了很大的伤害，麻药引起的后遗症导致她一直腰颈不好，也让我成了半个按摩专家。

在我们那里，男孩子和女孩子的满月酒待遇是不同的，而我却是个特例。即使那时候我家并不富裕，但是爸爸给我办的满月酒，规格超过了大部分生男孩子的家庭。好在虽然在他们眼里我很珍贵，但我却从未被溺爱。我懂事得早，很让人省心，也算独立。

回首过往，我也曾命悬一线。刚出生时没多久，我就因老妈的粗心从沙发上重重地摔到地上，还曾睡在爸妈中间差点被闷死。大些的时候，我不慎掉进河里，自己拼命拽住河草爬上了岸，等等。唉，这些经历大概应了那句话：大难不死，必有后福。

生命是强大的，也是脆弱的，生命之花可以盛开得璀璨，也能在瞬间凋零，而我们只有一次生的机会，我们要且行且珍惜。珍惜时间和那些给我们机会生的人，努力去报答，也不要忘记人生的美好，努力去享受。

感恩生命中遇到的一切，我的出生，从开始就被赋予了使命。我要去弥补那个在我之前未能享受生活的人的遗憾，努力报答爸妈对我的爱。

老师：雯雯，从小到大，父母养你不易，你的成长之路可谓险象环生。

你之前，妈妈曾怀过一个孩子，可他未能出生，你能健康活到现在，应该感谢父母，感谢所有帮助过你的人。

我们是相信科学的，你是新时代的大学生，除了自己要坚信并践行无神论外，还要积极弘扬社会主义核心价值观，同一切反科学的封建迷信做斗争，助力社会朝向科学、法治、平等、诚信、友善的方向发展。

你的成长也伴随着父母的成长。

学会承担责任，报答父母，报答呵护你成长的人。

偷　生

每个孩子都是中奖般来到这个世上的，没有人可以选择自己的出生，也没有人有权利选择自己的父母和家境。既然你出生在这个家庭，那么你就是这个家的一分子，有属于你的未来。

在我上小学的时候，爸爸妈妈曾跟我讲起我幼年时的趣事，这也是我没有记忆之前的事。

在我很小的时候，就经常听大人们讲我的出生，大家说我小时候稍微一逗就哇哇大哭，搞得他们哭笑不得。这使得我很好奇，是什么事能让我如此伤心呢？妈妈笑着说：“他们说你是捡来的，和爸爸妈妈一点也不像，是在我姑妈家门口捡到的。”不知怎么的，上了小学后，当我听到这个说法时，我还是有一点伤心的，甚至有时候真的相信自己是捡来的，因为我跟爸爸妈妈的确是一点都不像！

随着慢慢长大，我就开始打破砂锅问到底了。在我的“严刑逼供”下，他们终于“招供”了！事情是这样的，因为我是家里最小的，我有两个姐姐，若要按那时的政策，我是不能出生的。可是，我爸爸妈妈不肯，妈妈便偷偷在姑妈家生下了我，那是1993年农历的11月11日11点11分。姑妈她们都说我出生的时辰好，说我以后肯定是个宝。但是，其实妈妈一直想要个男孩，奶奶更是盼望已久，不过让他们失望了，生出来的是个女孩。当时妈妈是打算把我送人的，可爸爸死活不肯。听妈妈说，那时她还在生我，接生的医生在产床边鼓励她，姑妈就在旁边好奇地问我爸爸：“如果生下来的还是女孩怎么办？”爸爸毅然决然地说：“管他是男是女，都是我的孩子，我都要！”于是，我便“幸运”地留在了他们的身边。可是，不是我生下来就万事大吉了。当他们把我带回家后，妇女委员会的人就来了，他们要求爸爸妈妈缴纳罚款。那时家里条件不是很好，罚款金额也不少，这对爸爸妈妈来说是一大难题。可是不管事情有多难解决，他们都把我放在第一位。为此他们东凑西凑，终于凑足了钱，交了罚款，这才有了“名正言顺”的我。我开始一点一点地长大，可是长得既不像爸爸，也不像妈妈，亲戚朋友见了都说我是捡来的。两个姐姐生下来的时候，皮肤都是很白的，而我呢，确实黑得可以。两个姐姐生下来就六七斤，而我呢，竟然有9斤。两个姐姐长大了都有点胖乎乎的，而我却瘦得跟白骨精一样。所有这些差别，也都加重了他们的“怀疑”。

无论是在小学、初中、高中还是大学，我都会想起妈妈说的我出生的故事，我经常会想：原来我的出生这么不容易，我的成长竟这么不平凡！如果没有当初的“逃跑”，就没有我在11月11日11点11分的奇妙出生。如果没有爸爸当时的一句“管他是男是女，都是我的孩子，我都要”，也就没有生活在这个家的我。每当我跟朋友讲起我出生的故事，他们都会问我一句：“当初你妈妈狠心地想把你送人，你难道就没有一点怨恨她吗？”说实话，我对妈妈并没有怨恨，反而很感激，因为我相信，那时的妈妈只是在开玩笑。不然以妈妈的做事风格，如果想把我送人，不管爸爸说什么，她都会有后续举动的。可是她并没有那样做！我认为，没有一个母亲会舍得把自己十月怀胎的孩子轻易送人！所以我回答朋友的永远只有一句话：“我感谢生养我的爸爸妈妈。”

每个人的出生都不同，都各有特色。这就是我出生时的故事，那么的惊险，又那么的珍贵！

我来之不易，我的生命是独特的，我要珍惜生命，努力做事，让自己有一个不平凡的未来！

老师：珊珊，你出生的确不易，由于你爸爸的坚持，你被留在家里了。由于父母的呵护，你健健康康地活到了现在。

珊珊，计划生育曾解决了我国的人口问题，它在历史上起过积极的作用。计划生育具有时代性，任何时候我们都要积极响应国家的号召，以国家利益为重。只有国家强大了，我们的小家才能幸福美满。

要感恩父母生养了你，你要努力做事，让自己有一个不平凡的未来！

咚　咚

小时候，我问我爸爸妈妈“我是怎么来的？”他们笑着回答说：“是从垃圾堆里捡来的。”

我出生于一九九四年六月二十八日的早上，这年生肖是狗。爸爸开玩笑说：“六月的小狗特别懒，所以给你取名叫王勤奋，希望你以后能勤劳一点，不要像六月的小狗一样懒散。”这可能就是我现在的名字王勤奋的由来吧！许多人一听到这个名字，可能会觉得这个名字太“土”啦，不过，这名字饱含父母殷切的希望。

从妈妈怀孕六七个月开始，我就十分调皮，在妈妈的肚子里动来动去。有时妈妈正在走路，我就在里面时不时伸伸腿脚，让妈妈疼得不得不停下脚步。就算妈妈躺在床上，我也还是很不安分的，一会儿踢踢小腿，一会儿挥挥小手，好像在里面欢快地跳舞,还不时发出“咚咚”的声音,于是在我出生前就有了“咚咚”这个小名。爸爸经常贴着妈妈的肚皮,对他未来的孩子说:“小咚咚,快出来!”可我觉得待在妈妈的肚子里很舒服,赖在里面不肯出来。虽然妈妈的预产期是23日,可是到了这个月的25日,我还是没有一点动静。爸爸着急了,便到医生那里去咨询。医生说:“每天要出门散散步,不要总是待在家里。”

此后,到了傍晚爸爸就会主动陪着妈妈在小道上散散步。也许是外面的世界太美好了,我在里面实在待不下去了,终于,医生阿姨把我这个赖皮鬼给“揪”了出来。哇!当护士阿姨把我抱出产房时,爸爸很是吃惊,我居然有7斤多重,而且睁着一双大眼睛看着他呢!好像在问:“爸爸,我长得帅不帅啊?”

也许,是因为我觉得外面的世界没有妈妈肚子里舒服吧,我一来到世界上就哇哇大哭。特别是晚上,我若感到有一点不舒服,就要“鬼哭狼嚎”起来,折腾得爸爸妈妈都睡不好。当然,我每天都大哭,有时还是在凌晨,经常吵得全家不得安宁。有一次,爸爸实在不耐烦了,冲着我大吼:“咚咚,你再哭,我就把你扔出去!”没想到我哭得更厉害了,似乎在逗他玩,我的哭声撼天动地,把邻居都吵醒了。妈妈自从生了我以后,每天都不能好好休息,爷爷奶奶也都来轮流“值班”。我似乎在考验他们的耐心,然而他们对我有着无私的爱,一直在包容和呵护着我。

就这样,我在不停地折腾他们的日子里长大了!当然,从我现在的角度,我认为我是在父母无微不至的关怀下,才健康快乐地生活到了今天。

我的生日也是妈妈苦难且幸福的日子。从小到大,父母养我不容易,我要好好珍惜生命,将来报答父母的养育之恩。我还想努力做事,多为社会做些贡献。

我小名叫“咚咚”,大名叫“王勤奋”,它们是父母对我的期望,也是我人生努力的方向。

老师:勤奋,你讲得好!父母生养你,又照顾你,尤其是小时候,父母真是为你付出了许多。父母用心给你取名字,对你寄予了殷切的期望。它指引你做一个勤奋的人,无论干什么事都要勤勤恳恳,不投机取巧,不心存侥幸。

只有勤奋，才有可能达到希望的顶峰。

你性格阳光，这些乐观的心态全是在父母无私的呵护下养成的。

感恩父母对你的养育，勤奋做事，多为社会做贡献。

第二节

学会感恩

老师：同学们，大家好！欢迎你们来到生命会客厅，我们今天分享“我要感恩”主题中“学会感恩”的话题。

感恩是对别人所给的帮助表示感激，学会感恩就是要懂得对他人的帮助给予回报。生而为人，要感谢父母的恩惠，感谢国家的恩惠，感谢师长的恩惠，感谢大众的恩惠，感谢大自然的恩惠，否则我们不能存于天地之间。生活是一面镜子：你笑，它也笑；你哭，它也哭。如果我们常怀感恩之心，就会对生活少一分挑剔和敌意、多一分欣赏与感激，我们就会赢得更多尊重与关爱。感恩，是一种歌唱生活的方式，它倾注了我们对生活的热爱与希望。懂得感恩，生活中自然会洒满阳光。

我们在这里分享生命中的故事，我们要感恩各位讲故事的同学，这些故事滋养着我们的心灵，提升着我们的人格。

独　特

我叫雷兰宁，在我国，孩子的姓氏通常随父亲，因此我随我爸姓“雷”。与此同时，我名字里的第二个字是我随妈妈的“蓝”姓，但毕竟是名，因此“蓝”用同音的“兰”字来代替。我想双姓更能体现出我是爸爸和妈妈爱的结晶。以“雷”和“蓝”作为姓氏的很少见，我们家是少数民族——畲族。

关于畲族四大姓氏的由来，据宗谱和有关志书所载及神话相传如下：畲族始祖龙麒卫国有功，高辛帝赐配其第三公主，生三男一女，驸马讨姓受封，帝赐长子“盘装”就姓“盘”；次子“篮装”就姓“蓝”；三子出生时雷公云头响得好，高辛帝朱笔取姓为“雷”；一女名淑玉，招婿姓“钟”。于是，畲族人民世代相传，这一传说也家喻户晓，我家族中的“雷”和“蓝”就是这四大姓氏之二。

由此看来，我的名只有“宁”一个字，从我妈那儿得知，这个“宁”字包含了我的出生地——景宁，这是表层含义，第二层含义则是我的父母对于我的深厚感情和殷切希望，希望我长大后的生活可以安安宁宁。这个“宁”对于我自身来说，似乎也有着潜移默化的影响，我的性格偏于内向，旁人常常说我非常宁静。在生活态度上，我也更偏爱安宁的生活。经常有人会说某某人“人如其名”，这是因为父母在给孩子取名字时，都寄予了某种期望。在孩子的成长过程中，父母会把这种期望告知孩子。同时，名字也会对孩子有一定的提醒作用和心理暗示，指明孩子努力的方向和追求的目标。我想我的性格便是我名字中的“宁”对我产生影响的结果吧！

我喜欢我的名字，这是一份我父母送给我的礼物，这是他们深思熟虑才得到并最终确定的。我记得高中的信息技术课程上，老师让我们查一查全国有多少个与我们重名的人，我带着好奇的心情去搜索。范围由市级开始，接着是省级，最后是全国。我怀着几分忐忑一次又一次地仔细查询，结果让我感到惊喜，因为到当时为止，只有我这么一个“雷兰宁”。我是独一无二的“雷兰宁”，我

感恩父母、家人，还有人生相遇的一切。你们都是我生命的一部分，和平的社会环境让我享受着安全感和归属感，也让我的生命创造走到了极致。当然，我也感恩一下自己，抱抱自己，抚慰一下疲惫的心。我要做个对社会充满爱心的人，助力社会的和谐与发展。

非常喜欢父母给予我的这份独一无二的爱。

感谢父母，我的名字寄托了他们对我的爱与期待，我人生的每一步都有他们的呵护与陪伴。

老师：兰宁，你解读自己的名字的说法很全面！你不仅感恩父母把你带到这个世界，还感恩父母给你取了个好名字。它是独一无二的，名字代表着你是他们爱的结晶，昭示着他们不忘民族与家乡，最主要的是蕴含着对你生活安宁的期盼。

有了名字，父母的爱就始终陪伴着你，引导着你踏上人生的旅途。

守护自己的名字，也铭记一种情意，开启一种明确的人生。

母　爱

小时候，我每次问妈妈我是怎么来的，妈妈总会说：“你是我从哪哪捡回来的。”一开始听了还挺郁闷的，后来我知道了，几乎所有的大人都是这么糊弄小孩子的，因为身边很多朋友都说经历过这事儿，甚至有些家长至今还在开这个玩笑。

我的出生其实也没什么特殊的，我们家对于“计划生育”落实得一点都不到位。我是超生的，而且还不是在省内老家出生的，那时我爸爸在上海打工，我妈妈就带着哥哥、怀着我，跟爸爸一起在上海生活。

我总是听妈妈说起，她怀我那会儿是很辛苦的，因为家里条件不是很好，所以她挺着肚子还要干活，甚至是些苦活儿。多亏妈妈的身体底子很好，我待在妈妈肚子里很温暖，妈妈在上海一家小医院里很顺利地产下了我，生我时没遭太多罪。从此，这个世界上又多了一个新生命，那就是我。据说，因为超生，我们家还被罚了一笔数目不小的钱，不过我爸妈他们说，想想还是值得的。

生下我之后，我妈的身材就走形了，肚子上有很多赘肉，有种发福的感觉。此情此景，我想说的是永远不要嫌弃妈妈长得如何，那是她们为我们付出的证明。坐月子，养小孩，做家务，干农活，这些都不是简单的事。我妈妈因为做的活又苦又累，还落下了腰椎间盘突出、骨刺等病。天底下的妈妈，她们为把我们养大，真的付出了很多，我们要学会感恩。

在我们家乡，孩子出生后要向长辈报喜，还要煮红蛋分送给亲友。因为我是女孩，所以要分送双数的蛋。女孩一般是不办满月酒的，但是会办周岁宴，外婆家还要送给孩子银饰，像银手镯、银锁之类的。当然，如果外婆家条件好的话，是可以送金器的，还要分馒头或印有红点的一种糕。这些名目多样的风俗，都反映了亲人们对新生命到来的重视。

关于我名字的来源，最特殊的一点就是我和我哥哥一个跟爸爸姓，一个随妈妈姓，对此我奶奶不高兴了很长一段时间，但是最终还是没有改变这个结果。

我们家庭取名是按辈分的，这个风俗一直延续到我这一辈，像我爸爸他们那一辈是“长”字辈，而我们这一辈不论男女，都属于“伟”字辈，这样一来，姓和中间那个字就确定了。可是“伟”字又比较偏男性化，要像个女生的名字就必须依靠最后一个字了,但我们家族人数庞大,我爸和我妈都是他们那辈最小的。巧的是，轮到我又是最小的，感觉好点的字都被用过了，我爸纠结了很久都没想出合适的字。可能思考过头了点，后来就有点随便了，我妈决定字典翻到哪一页,就在那一页里面找一个字,那会儿女孩子的名字中带“敏”“婷”“丹”“萍”等字是挺普遍的，而我爸又刚好翻到“ping”那一页，就选了个“萍”字，就这样敲定了我的名字。其实我一直不知道我名字的真正含义，每次问我妈，她总是告诉我是翻字典随便取的，这个回答其实是有点让我伤心的。不过，我也庆幸不是“平安”的“平”，因为“张伟平”真是一个很男性化的名字。

在课上好几个同学说她们家里有重男轻女的现象，但我家却没有。我们家最受宠的就是我，连我哥也要往后排，所以对于我的出生，我们全家都是满怀欣喜的。

从出生到现在，时间转眼即逝，现在我已经上大学了。寸草难报三春晖，儿行千里母担忧，我所有的一切都离不开我亲爱的妈妈，她给了我宝贵的生命和所有的爱，她呵护我不断成长。

说句心里话：母亲真的很伟大。

老师：伟萍，计划生育政策具有时代性，我们要客观看待。当然，我们要积极遵守国家的政策。

伟萍，感恩母爱的伟大！

妈妈为了怀你，身材都走形了。妈妈养你不易，她既要做家务，又要干农活。可以说，妈妈是把一生最好的年华都给了你。

不忘父母养育之恩，不忘母亲为家庭的付出，感恩亲爱的妈妈。

当　下

记得看到过一句对新生生命最温暖的诠释：“每个孩子，都是上天牵着手领到这个世界上的。”这句话说得很好，毕竟孕育一个生命的过程是神圣的、伟大的，每个来到这个世界上的人都是幸运的。

每个人的出生都是一段故事，那是属于每个人、每个家庭的故事。和所有家庭一样，我也是在爸爸妈妈、亲朋好友的期待下，来到这个美妙的世界的。

小时候我总会问妈妈：“我是哪里来的？”妈妈就很坦诚地告诉我：“你是从妈妈肚子里出来的呀。”听妈妈述说着我的出生，我感受到了孕育生命的奇妙、生产的辛苦以及迎接生命的欣喜。妈妈说，要生的时候，我似乎特别不乖，待在妈妈的肚子里怎么也不肯出来。医生还说：“宝宝长得很大，这样太久会缺氧的！”这让爸爸妈妈着实担心，于是，我在医生的帮助下，努力闯过道道难关，终于见到了这个光明的世界。我一离开妈妈的肚子就开始哇哇大哭，想必这是令人高兴的事。

刚出生时，我长得胖乎乎的，皮肤黑黑的，就像一个小男孩，似乎还因为长得不漂亮而被爸爸开玩笑地嫌弃了呢！我集万般宠爱于一身，也带给了这个大家庭很多的欢乐。舅舅、姑姑、干妈等亲朋好友都来看我，他们给我送来各种银器。据说小孩子戴了可以辟邪，大概新出生的宝宝都会佩戴吧！

给宝宝取名字也是一件大事，很多父母都在妈妈怀着宝宝的时候，就先想好了很多名字。我的名字很简单，但是在给我取名字的时候，也花了好长的时间。爸爸妈妈还有外公等都想了好多名字，我想可能就是因为想了太多名字而难于选择，所以最后才干脆用了单个“颖”字。想想这个名字还是很好的，爸爸妈妈都希望我将来可以脱颖而出，成为一个出色的人。

我出生的那个年代，家庭条件还不是特别富裕，但是爸爸妈妈总是竭尽全力给我最好的。据说，我当时喝的奶粉都是那个时候最好的。妈妈说，我小的时候嘴巴特别挑剔，专爱吃那些贵的东西，比如说荔枝。然而，作为爸爸妈妈的掌上明珠，只要我喜欢吃的，即使再贵，他们也不会不满足我的要求。所以妈妈每天都会给我准备好五六颗荔枝，喂给我吃。虽然我吃完还意犹未尽，但妈妈也不给我多吃了，这毕竟是会上火的。

刚出生的时候，我的体质特别差，隔三岔五地发高烧，生理盐水一挂就是一个多星期，于是爸爸妈妈天天抱着我跑医院。爸爸说，那个时候我好勇敢，打针吃药都不怕，而其他小孩子都哭个不停。我想说，大概是依偎在爸爸温暖的怀抱里，我就可以抵挡一切吧，所以我什么都不害怕。

我要感谢爸爸妈妈把我带到这个世界上，感谢他们对我无怨无悔的付出。虽然有的时候我会埋怨父母，也很不解他们的想法，但总有一天，我也会成为他们，所有现在不能理解的东西到那个时候我可能全都会明白的。然后，我也会像我的爸爸妈妈一样，为我的孩子做同样的事。

我要感谢我自己，好好活在当下，生命有时很脆弱，而我坚强地一直生活着。人生不如意之事十有八九，但人的生命就这一次，我要对得起自己。当烦心的时候，抬头望望蓝天吧，它那么大，一定可以包容你所有的苦恼。当失落的时候，看看外面的阳光吧，它那么灿烂，一定可以化解你所有的忧伤。

世界如此美好，我们要力争上游，努力去做自己想做的有意义的事情，为了不白来这世界一遭！

老师：颖颖，感恩妈妈，生你不易，感恩父母，倾其所有呵护你长大。

你吃的是最好的，奶粉也是最好的，荔枝再贵也喂你吃。你隔三岔五地发烧，父母无怨无悔地照顾你。你是在父母呵护下长大的，父母对你的关心是无微不至的。

感恩父母的最好方式就是好好活在当下，力争上游，努力去做自己想做的有意义的事。

感恩自己，积极维持自己的身心健康。

出　生

对于“我是从哪来的”这个问题，我想很多人都和我一样，经历了从懵懂无知到接受生命科学教育的过程，从中，我们也会萌生一颗感恩的心。

我记得，在我小时候，我总是缠着妈妈一直问：“妈妈，我是从哪来的？”而妈妈的答案总是会随着我的表现而变化。当我表现好时，妈妈会说：“以前有一个很漂亮的仙女把你塞到妈妈肚子里，然后你在妈妈肚子里住了几个月就跑出来和爸爸妈妈见面了。”这是令我最满意的回答，然而我很好奇，妈妈那么小的肚子怎么能塞下这么大的我。但当我做了错事时，她总是对我说：“你是我在垃圾桶里捡的！”对于这一说法我认定妈妈在说谎，因为我相信我是被那个美丽的仙女塞到妈妈肚子里，然后才来到这个世界的。

直到后来，老师告诉我们，每一个人都是由卵子和精子结合形成受精卵，然后在妈妈的子宫中发育成胚胎，经过妈妈的十月怀胎出生的。当时上完课后，我很难接受我不是由一个美丽的仙女把我塞到妈妈肚子里的事实。那一次，我回家后，还是反复问妈妈“老师说的是不是真的？”当得到答案证实老师说的就是事实时，我还为此不高兴了好几天。

以前，我只是通过课本上的文字和老师的话语了解自己的由来，而在宋老师的“生命教育”的课堂上，我第一次看到精子和卵细胞结合形成受精卵，然后在母亲子宫中发育成长，最后出生的过程。我当时看这个视频时的感受，是难以形容的，即使用“震撼”二字也不足以表达我的心情。生命，真的很奇妙，成千上万个精子就只有一个和卵细胞结合，形成了一个“独特”的受精卵。然后，又从那么小的一个受精卵，一步步长成现在的我。课堂上许多同学都提到了母亲妊娠是一个非常辛苦的过程，包括怀孕前期的孕吐，后期的身体浮肿，以及孩子出生时要经历的阵痛，这些都是我们现在难以想象的。在我的印象中，妈妈只对我说过，生我时很轻松。她说，我出生前她还和爸爸一起在外面散步，突然感到肚子痛，便知道是我要出生了。爸爸连忙抱着她去了附近的医院，没一会儿我就出生了，她当时并没有多大的感觉。我将信将疑，妈妈生我时真的那么轻松吗？我想肯定不是的，她只是为了让我放心才这么说的吧！

还记得妈妈生弟弟时，我在产房外等了好久，具体我也不知道等了多少小时，只记得妈妈从产房出来时很虚弱，连说话的力气都没有。我当时还非常孩子气地认为，都是弟弟害得妈妈这么辛苦。后来我又想到，是不是我出生时妈妈也这么辛苦呢？我想一定更加辛苦吧！弟弟是二胎,又是剖宫产出生的。然而，我却是妈妈顺产生下来的，况且我出生时比弟弟还重了两斤，是一个八斤重的胖娃娃。我想着这些事，不由自主便为妈妈感到心疼。

妈妈还说，我出生后，爸爸高兴坏了，一直抱着我，逗我玩。在我出生不久，舅舅还闹过一个笑话，至今都不时被妈妈和外婆拿来调侃。事情是这样的：我刚出生没多久，还在医院里，舅舅和外公外婆一起来医院看我。舅舅一见到我就一直抱着我不肯放下，直到我撒了尿在他身上，他还是傻呵呵地抱着我，说我送了他一份特殊的礼物。舅舅很爱我，当我还只能喝奶时，舅舅就一定要喂我吃他最爱吃的炒鸡蛋，爸爸妈妈拦都拦不住。

在我出生后，全家人都一直在纠结该给我取什么名字才好。妈妈说当时爸爸取的名字都被爷爷否决了，爷爷取的名字都被爸爸否决了，他们父子俩一直争论不下。最后，爷爷确定了“科”字，爸爸确定了“芳”字。

还记得上课时，在看完“生命的诞生”那个视频后，大家都很振奋，老师问我们想说些什么。当时，我只觉得想说得太多了，以至于不知道该说什么。当我在考虑到底要说什么时，室友在旁边说了一句:“妈妈，下辈子我做你妈。”刚听到时，我觉得很好笑，但是细细一想，却又觉得这一句话也包含了很多我想说的，比如对妈妈的感谢之情、报答之心和爱！

对于我出生时的情况，我也仅仅从爸爸妈妈口中了解到一些，但是就从那些只言片语中，我已经感受到了父母对我的疼爱。我觉得，我，是一个何其幸运的人。当然，我也要学会感恩，努力去报答他们的养育之恩。

老师：芳芳，你从妈妈生弟弟的经历中，了解到妈妈生你的不易！

从科学知识中，你知道了生命的孕育、诞生是一个神奇的过程。每一个生命都是独特的，也是赢在起跑线上的。

你的名字，也反映了家人对你的关爱有加。

敬畏生命，生命来之不易，要感恩父母的养育之恩。

好好学习，珍惜生命，好好照料父母。

改　变

每个人的出生都是一段美丽的故事，每当我们回顾这段故事，内心都会充满暖暖的感动。正是因为这样的开始，我们才有了后来的一切。

我的出生，是简简单单的，但也是与众不同的。爸妈从认识，到熟识，再到一起置办房子、结婚，一切都是那么水到渠成。不久，他们就孕育出他们的第一个小生命。在妈妈的肚子里待了近十个月，然后我就迫不及待地想要出来看看外面的世界。可是，妈妈在临盆的时候，被医生告知体征不满足，无奈之下只能选择剖宫产。令人痛心的是，以在妈妈的肚子上残忍地留下了一条长长的蜈蚣状的疤痕为前提，我来到了这个世界。

可是，妈妈很不幸，随着我现在长大了，妈妈偶尔也会和我说起那段艰辛的往事。因为奶奶对她不好，她只坐了一个月的月子，便被迫开始干活了。本来剖宫产应该休养四个月的，但是爸爸因为工作不在家，奶奶又不帮她，家里一大堆事情都等着她来处理。没办法呀，咬咬牙，她只能拖着疲软的身子干活。生完孩子才一个多月，她就要把手伸进冰冷的水里洗衣服，也要去扛重重的货物，尤其还要照顾刚出生的我。

后来我弟弟出生了，也是剖宫产，也是因为同样的原因，妈妈没有休养好。那时我还小，也不懂得为她分担。结果，现在的妈妈，迎风就头疼，经常脚痛，我真的好为她心疼。因为我是个女孩，奶奶刚开始并不喜欢我，我小的时候她也不抱我、不照顾我。有时候，妈妈为了赚钱不得不外出。即使我坐在地上哭，奶奶也不抱我，妈妈知道后就躲在角落默默地哭。后来，奶奶对我越来越好，也为我操了很多心，和妈妈的关系也改善了，当然，这是后话了。

这个出生的故事虽然不是很美丽，甚至有一些伤感，但这个故事却是只属于我的。起码，我知道了好好坐月子、呵护身体健康对刚生产完的女子来说是多么重要。我也知道了妈妈为我付出了很多，还知道了母爱沉甸甸的分量。

我的名字很普通，我家的族谱被祖先在迁居过程中遗失了，于是，后辈的名字也便没有什么辈分、排字的讲究了。父母虽然没有什么文化，但对起名字这样的大事还是比较慎重的。我的名字，有一点传奇的色彩。

在我出生那会儿，村里刚巧来了一个戏班子，一个老艺人住在了我家。他比较有文化，父母也崇拜他。虽然是一个陌生人，但也许，他是我出生后见过的第一个有文化的人吧，家里人就让他给我起名字。他仔细一想，一个名字便正式和襁褓中的我挂钩了。可这个老爷爷，此后我再也没有碰见过，虽然我们素不相识，但是他为我留下了终身相伴的代号，这就是缘分吧！

每一个孩子的出生，无疑都是一件开心的事，每一个孩子也都是带着满满的祝福来到这个世间的。孩提时候，我家里有数不清的玩具，照片集也记录下我无数次的傻笑，脸颊上还留下了无数个温暖的吻痕。周岁时，家里为我办了一个很隆重的生日宴，不仅有大大的奶油蛋糕，承载着童年的甜蜜，还有亲戚们送的好些贵重的金银首饰，它们套在我的小手脚上，充满了喜气。庆生那天，很热闹，每一个人都在用自己的方式来祝福我这个小生命，希望我的将来一切顺意。

在周围大人们无微不至的照顾下，我一天天长大，健健康康，无忧无虑。这就是我出生的故事，很朴素，但是这是我一生最美好的财富，也是最值得我感恩的人生经历。

从小到大，我见证了我命运的改变，无论以后怎样，我都要向阳而生。同时，我要感恩相遇的一切，这一切都是来帮助我走向成功的。

感恩妈妈，她教会我坚强和宽容，尤其是养成一生向阳的心态。

老师：丽清，你讲得很感人！

妈妈生你养你不容易，尤其是只休息了短短一个月时间，她便开始劳作，我想说，母爱真的很伟大！

奶奶没好好照顾坐月子的妈妈，可能伤害了妈妈。但背后的原因我们不是很清楚，我希望你能放下过去，和奶奶和解，轻松地过好自己的明天。感恩这段经历，以后你会做得更好。

要学习妈妈的坚强和向阳而生的心态，感恩相遇的一切，这都是你生命的一部分，都是来帮助你成长的。

气管炎

人应常怀感恩之心，如果生活是一片树林，感恩之心就是这片树林中的花朵；如果生活是河流上的小舟，感恩之心就如这推动小舟的船桨。我们只有常怀感恩之心，才能感受生活中的精彩。

打开记忆的闸门，我们身上发生过的事就会一起涌上心头。虽然有些事情可能已经模糊了，但是，关于奶奶的记忆是我不能抹去的。

我幼年时，被查出患有先天性的支气管炎，每天咳嗽，气喘得十分严重。这可急坏了爸爸妈妈，他们只能将我留在家中休养，带着哥哥去外地打工。这就是为什么我对奶奶难以忘怀，我的幼年就是在奶奶的看护下长大的。

当时，我家的经济条件不是很好，我则因病需要长期接受治疗。岁月匆匆，在我的记忆中，我幼年时经常和医生打交道，打针和吃药更是家常便饭。但我是个怕针的孩子，每当我看到医生拿着尖尖的针头，我就会吓得大叫："我不打针，我不打针！"我一边喊，一边到处乱踢，甚至会挣脱医生并跑出医院。

我仍清楚地记得，我在大马路上哭着奔跑、奶奶在我身后拼命追逐的场景。医院门口，我的手拉住铁拉门，力气异常大，竭尽全力地与打针治疗做斗争，奶奶要花费很大的力气才能将我拖回医院。打针时，奶奶经常把我抱在怀里，用手轻轻拍打着我的后背说：“好孩子，不要怕。打针不疼，打针不疼。”然后，趁我不注意，医生一下子把针尖插进我的血管里，我也慢慢安静下来。打完针，奶奶经常安慰我，给我买吃的。我也会很快忘记疼痛，和医院里其他的小孩高兴地玩起来。奶奶为了哄一个执拗的孩子能够听话地打针，真是用尽了浑身解数。但毕竟奶奶是个老人家，体力也不好，为了按住我，她经常累得汗流浃背，但看见打完针后又变得异常高兴的我，她也会开心起来。

经过持续不断的治疗，我的支气管炎逐渐地好转了。为了避免复发，在饮食方面，奶奶还是对我很关注，医生经常叮嘱奶奶不要让我吃一些会导致上火的东西，还有许许多多要按时吃的药，奶奶都会仔细记下。虽然她年纪大了，记忆力不好，但各种药一天吃几次，药丸一次吃多少、糖浆一次喝多少，她都会铭记在心。可见，照顾一个连吃药都需要哄的孩子该有多累啊！时至今日，我的支气管炎已经好了，当我时不时咳嗽时，奶奶仍会提起我小时候她如何陪我治疗支气管炎，还十分认真地询问我是否还记得？不用说，我当然记得，是奶奶许许多多日日夜夜的劳累才换来了我健康的身体，她让我拥有现在开心的生活，我永远都不会忘记。

儿时的许多事情我都已忘记，但我仍依稀记得奶奶在街上追逐我的场景。

童年，有了奶奶对我的照顾和陪伴，我看到了奶奶对我的爱。奶奶啊，奶奶，你将陪我治病和抚养我长大当作自己的责任，你在马路上追逐我的身影是我幼时最难忘的甜美画面。

日月如梭，虽然奶奶照顾我的那段日子已过去很久了，但它依然在我的脑海里挥之不去，让我难以忘怀。

老师：耀华，你奶奶真好！有了奶奶的呵护，你的童年充满温暖。有了奶奶的爱，你的人生将充满积极向上的力量。

你不幸患了支气管炎，奶奶不辞劳苦一直陪伴着你治疗。正是有了奶奶精心的呵护，你的支气管炎才得以好转。

感恩奶奶的陪伴与照顾！

不忘亲人的照料，多陪陪老去的长辈。

大胆地对奶奶表达：“奶奶，我爱你，我陪你变老。”

王 奶 奶

生活中会发生一些事情，有快乐的事情，也有伤心的事情，但是这些事情至今随着时间都渐渐地被我忘却了。不过，有一件发生在我和邻居王奶奶之间的事情，一直让我难以忘怀。

记得那是我七岁的时候，楼上搬来了新邻居——王奶奶。王奶奶心地善良，谁家有困难，她都会帮助。

一天，放学回家，我发着烧，特别地难受。可是，一到家门口又发现自己忘了带钥匙。不凑巧的是，爸爸妈妈都没有在家，我便哭着去找王奶奶。王奶奶看见我的脸通红，摸摸我的额头说：“孩子，你感冒发烧了，快进屋！”

进了王奶奶的家，我躺在床上，王奶奶给我盖好被子，让我服了退热药，然后王奶奶就走进了厨房。

不一会儿，王奶奶端来一碗热气腾腾的面条，里面有鸡蛋、香菜，还有肉丝。哇，好香呀！

王奶奶把我扶起来，一边喂我吃面条，一边说：“吃了面条睡一觉就好了！”

等我醒来的时候，爸爸妈妈已经在我的床前了。

爸爸妈妈对我说：“要记住这件事情，要学会感恩。”

老师：楚楚，你讲得很动人！

虽然是一件小事儿，但却让人深深感动。生活中类似王奶奶的人很多，他们是平凡中的伟大人物。正是有了这些平凡的好心人，我们的生活才充满温暖。

感恩王奶奶，我们都要做王奶奶那样的人。对人友善是我们应该弘扬的社会美德，乐于助人有助于构建和谐美好的社会。

感恩自己，我们也要成为一个知恩图报的人。

同　学

在过去的二十几年中，发生了许许多多的故事。有些事已经随着时间的流逝渐渐地淡出我的脑海，然而有些事却像酿的酒一样，越久越醇。

在我生命中，有过一个好朋友，她让我平凡枯燥的生活变得有趣，也让我奋发图强。可以说，她让我的人生更加充实、更加多彩，从而有了更加丰富的意义。

我高一是理科生，虽是理科生，但自己却没有学理科的天赋，我高一的成绩可以说是一塌糊涂，不堪入目。

高二重新分班时，我毅然决然地选择了文科。

那时候，我认为文科只要背背记记就够了，与理科完全不同。然而，第一次摸底考试的时候，虽然我自信满满，但却考得并不如意，我不禁怀疑起自己：理科的物化生不行，难道文科的政史地也同样差劲吗？

正当我看着自己的成绩，对自己的能力十分怀疑时，我的一个朋友过来安慰我说，这只是一个开始，别担心，只要你肯努力，成绩会提高的，你完全没必要忧伤。

这个朋友是我高一理科班的同学，很巧的是高二选择文科后，我俩又恰好在同一个班。是啊！她这么说，我的心里算是好受了点儿。对啊！一点挫折算得了什么？

我们俩是前后桌关系，她是地理课代表，而我的地理成绩很差。我想大概是因为地理跟理科沾边吧，我就不太愿意学。因为天生内向的性格，就算上课听不懂，我也会默默地在一旁不懂装懂，这导致了我的地理成绩越来越差。有了这个好朋友，真是天赐的机缘，平时只要有不懂的地方，我就会去请教她。这可能会麻烦到她，但她会很耐心地帮我解答疑问。后来，我的地理成绩慢慢提高了，至少不至于很差了。我认为我的地理成绩能提高，她功不可没，我很感谢她，能够花费自己宝贵的时间来辅导我、帮助我。

努力花时间，成绩是会提高的！这是我对自己学习能力自信的总结。

她不仅仅是我学习上的好老师、好同学，也是我生活中的好朋友。我们是同一个寝室的，同学们都说我们像是姐妹俩，一天到晚形影不离的。我俩发型相似，走路姿势也相似，吃饭频率也一样，有她的地方，一定也有我。我身体不适不想吃饭的时候，她会劝我多少吃点，她甚至会给我去食堂打好饭菜带回来。更令我难忘的是，高三要早起，她会边扎头发边催我起床，她真的对我很好。在我生病的时候，她会帮我泡好药，看着我喝下去……除此之外还有好多好多事情！

是啊，我很庆幸，在高中的时候遇到了她，遇到这么好的朋友。虽然我们有小吵小闹，但是丝毫没有影响到我们的友情。

大学了，即便我俩在两个不同的城市了，我们也会用手机经常联系沟通，交流各自最近过得好不好，学习情况如何，以及身边发生了什么样的趣事，等等。我们就这样分享着快乐与难过，我希望我俩的友情永恒！

人问："何为友？"禅师示："友分四种，一如花，艳时盈怀，萎时丢弃；二如秤，与物重则头低，与物轻则头仰；三如山，可借之登高望远，送翠成荫；四如地，一粒种百粒收，默默承担。"人低头见影，有悟：待友如何，便遇何友，友如镜。

这就是我生命中印象很深的故事和人，此时此刻，我涌上心头的就是"感恩"二字。

老师：静雨，你讲得很感人，人生有这样的朋友真是你的福气。这位朋友帮助你度过人生最困难的时期，她鼓励你学习，给你生活的温暖。

结交好的朋友，能促使我们进步，还能提升我们的精神境界。

感恩，能遇上这么好的朋友！

珍惜朋友，像你的这位朋友对待你那样，对待每一个遇到的人。

老师：同学们，我们在生命会客厅分享了"我要感恩"的话题，现在我总结一下。

要感恩所有的相遇。不管什么遭遇，它们都是来帮助我们成长的，也是来丰富我们人生的。如果没有这些相遇,我们的人生是苍白的,我们也是长不大的。

感谢生命中的那些对手。与他们交锋，我们才清楚地认识到自己的不足。他们让我们成长得那么闪耀，由此走向内心的坚强。虽然怨过，怒过，不服过，生气过，迷茫过，但最终都变成了我们的智慧，也丰富了我们的生命。感谢生命中的那些过客，也许他们匆忙走过，我们已经记不清他们的名字了，但他们参与了我们人生的故事,他们曾陪我们走过孤独的岁月,让我们领悟到人生无常,要好好活在当下。感谢生命，让我们学会放下所有的一切，知道人生没有过不去的坎。

同学们，感谢生命中的所有滋味吧！它们是那样的奇妙，那样的回味无穷！是那些相遇的人，是那些生命的经历，是那些妙不可言的场景，是它们组成了我们的一生。感谢它们参与到的我们生命中，感谢它们给我们的感动。感谢所有的相遇，让我们一生不虚此行。

计划生育政策曾解决过国家的人口问题，在历史上起过积极的作用。我们要以国家利益为重，积极遵守国家的方针政策，一同为民族的复兴加油。

最后，感谢讲故事的同学们！感谢大家的陪伴！

第十一章　我要向死而生

生老病死乃人生常态。即使我们有幸避免天灾人祸，我们也避免不了人的正常衰老与死亡。我们所能做的就是珍惜生命，好好活在当下，努力呵护自己的健康，尽可能降低非正常死亡的概率。

有些人死了但还活着，有些人活着但却死了。活着的意义在于发挥自己的潜能，它体现在奉献，尤其是造福于社会的大爱之中。要拓展自己生命的价值，我们应该活在当下，学会宽容，要有一种向死而生的生命观，乐观对待人生的一切遭遇。

第一节

少患疾病

老师：同学们，欢迎大家如期赴约生命会客厅，我们今天要分享“我要向死而生”主题中关于“少患疾病”的话题。

生命是一切活动的基础，拥有健康的身体，我们才能更好地工作、创造和生活。因此，从整个人生的角度，在珍惜生命的意义上，每个年轻人都要有生命安全的意识，无论是管住嘴，还是迈开腿，我们干什么事都要遵循科学与健康的规则，避免侥幸心理。当罹患疾病、遭遇意外危险，我们才能感觉到健康的重要性。同时，身体不是不知疲倦的永动机，养护生命，无论做什么都要善待自己的身体。毋庸置疑，只有有了健康的身体，我们才能最大限度地拓展自己生命的价值，绽放生命的光华。

健康很重要，当然我强调的是身心的健康。有了健康，少患疾病，我们就能集中精力做我们想做的任何事。下面，我们分享一下“少患疾病”的故事。

中　毒

成长是一个漫长的过程，成长中有数不清的细节，许多都被我遗忘在岁月的风沙里，但也有几件事情让我特别感动，想起来就感叹不已。

有一个故事，是我听母亲说起的，那时我还太小，根本记不得什么，但这是我的生命中最波折的一次。如果晚一小会儿，我可能就不存在了。

听母亲说，那时候我才三岁，家里种了蚕豆，煮了吃。我当时吃了一些，也没在意身体的反应，只是后来就越来越不对劲了。我的身体渐渐开始虚弱，然后出现了尿血的症状，这一状况的发生突如其来，大人们都蒙了。见情况不对，当时母亲抱起我就往门外跑。

那时候，我们家还住在深山里，离镇上的诊所好远好远。母亲一刻不停，抱着我一路跑到镇上。她说那一段山路崎岖陡峭，她用了今生最快的速度跑完。她在焦急中推开诊所的门，医生观察了我的情况，询问了一些细节后说，我这是蚕豆病，再晚一些时候来就没救了。他分析了情况，为避免耽搁时间，他推荐母亲带我去一个最近的最有可能治好我的大医院。

生命脆弱，如果不养成健康的生活习惯，我们很容易得病。疾病会影响我们的心情，不好的心情又会加重我们的疾病。管住嘴，迈开腿，要有生命安全的意识。

然后，我就被转移到大医院。那时候，我已经因为失血过多失去了意识。父母亲问医生，我的情况如何？医生说，情况很糟糕，他也没有多大把握。父母亲就恳求医生，一定要把我救活。医生只说了一句会尽最大努力，我就被推进了抢救室。父母亲在焦急等待中，度过了他们人生中最煎熬的一段时间。直到医生出来跟他们说，情况好转了，他们才放下心来。然后，亲人朋友们都过来了，大家终于喜笑颜开。

我输了很多血之后身体情况才完全稳定下来。看我渐渐好转，亲人朋友们就买来各种玩具逗我开心。

父母亲陪着我在医院住了一段时间，然后我就康复出院了。

这是我生命中距离死亡最近的一次，虽然我对此没有一丁点印象，听起来就像是一个与我无关的故事，但我依然感觉心惊肉跳。生命太脆弱，如果没有母亲和医生，我早已消失在人世间。

想起来，我也是感叹不已。我很感激，基于许多人的努力，我才得以在鬼门关前走了一遭还能安然脱身。这世界多美好啊，我差一点就感受不到了。我特别感谢我的母上大人，可能晚上个一两分钟，死神就给我的生命画下了休止符。每次想起这段故事，我总是能在脑海中将一幕幕呈现出来。如果我生命的意义有千万种，那其中之一就是为了回馈那些救我的人。

我感谢那些献血的人，正是他们献出的血液，流进我的身体，才支撑着我度过了生命中最脆弱的时刻。如今见到献血的活动，我都会不自觉想起这段故事。除了感动，还有感激，我也会毅然加入其中。

老师：小钟，你讲得惊心动魄，我们都为你捏了一把汗。天有不测风云，人有旦夕祸福。我们一生都生活在与疾病的战斗中，我们要积极面对生活中遭遇的一切。

感恩母爱的伟大，妈妈抱着你在山路上与死神赛跑。只要有一线希望就不放弃，相信方法比问题多，要学习母亲的坚强和无所畏惧。

生命脆弱，我们以后吃东西要注意讲究科学与健康，要善待我们的身体。

感恩献血的人，我们也要投入义务献血的行列之中。

眼　睛

我出生在1995年9月3日，正是反法西斯战争胜利50周年，那是一个举国同庆、充满生机和希望的日子。我在早上六点多的时候出生，生在家里，妈妈生我只用了半个小时，她说生我的时候并没有特别疼痛，很顺利地就生下了我。刚生出来的时候，我的脸红红的，像个男孩，然而我却是个女孩。爸妈都有点失落，毕竟家里已经有两个姐姐了，他们希望我是个男孩。

出生没几天，我得了黄疸，爸爸抱着我不安地走来走去，嘴里碎碎念着："孩子呀孩子，你怎么不是个男孩，如果你是男孩，爸爸也有脸带你去看病，你怎么是个女孩。"后来，爸爸去买了药，吃了后我也就慢慢好了，但从那以后我的皮肤一直都黄黄的。

虽然我是家里的第三个女儿，但妈妈一直很疼我。虽然三个女儿里我不是最漂亮的，也不是最聪明的，但我是长得最像妈妈的。

我出生没多久，外公就去世了，所以我记不得我外公的样子，听说他是个美男子。生命或许就是这样，新生的一代不断地出现，老一辈人慢慢地衰老，就像是一种生命的延续，吐故纳新。正如家族的繁衍，一代一代的，也是这样的。

又过了一段时间，最漂亮的二姐得了一场怪病，以当时的医疗水平，医生并没有医好我的二姐，最后她不幸夭折了。她的人生只有三年或者四年，我也不记得她的模样。遗憾的是，家里竟没有她的照片，甚至连名字我也不知道。关于二姐的事都是我从大人的口中听到的，令人不得不惋惜命运的无常。

可能就是因为生命这样易逝，父母更加珍爱我这样幼小的生命。妈妈说，我出生到现在一直都很乖，没有生过大病，也没有很顽皮。我十个月大就会走路了，妈妈说她当时正在收谷子，我坐在地上，突然就站起来，摇摇晃晃地走回了屋里。妈妈带我去买菜的时候，杂货店的老板娘说我小小个的，一本正经地走路，又滑稽又令人惊奇。她坐在店里看见我走路的样子，不由自主地哈哈大笑。

多美好的童年啊，到如今妈妈还能绘声绘色地讲出当时的情形。

我的性格很是温顺，几乎不发脾气，很爱笑。妈妈告诉我说，过年一家子坐在一起吃饭的时候，我不哭也不闹，安安静静地坐在妈妈的怀里，给我喂什么我就吃什么。当我会说话后，妈妈就说我是个小甜心，说话很讨喜，有礼貌，和我大姐相较，我更为活泼。

我从出生到现在，离死亡最近的一次是在我七岁的时候。我到现在还记得那时的场景，我眉角的疤就是在那次事故中留下的。那时候正逢过年吧，家里人都在忙活着。家里的自行车支撑架坏了，被放在了楼梯口，就那么靠在墙上。过年的时候小孩子总是最开心的，我也跑上跑下，不小心脚一滑，就从楼梯上滚了下来，重重地撞到了自行车上，本就不稳的自行车马上倒了下来，尖尖的车刹不偏不倚地插入我的眉角。霎时，我的眼眶哗哗流血，不一会儿满脸都是，这吓坏了所有人，大人们都乱作一团。我躺在母亲的怀里，她以最快的速度把我送到了医院。还好，眼睛没问题，我的眉角缝了三针，医生说差一点点就要插到眼睛了。而且幸亏冬天衣服厚，我其他地方都没有受伤。

很多时候我很感谢我的父母给了我生命，把我抚养成人，让我活到现在。相比有些人，我真的是太幸运了，生在一个没有战争、衣食无忧的年代。冰心曾说过：假如生命是可怕的，那么我害怕来世；假如生命是可爱的，那么今生我已经足够了。生命只有一次，我们要学会感恩。请在你人生的旅程中沿途撒下鲜花的种子吧！因为这条路你不会有机会走第二次，何不留下一路的芬芳？

珍惜每一个相遇，多用眼睛发现生活中的美，好好善待身边的人。

记住，生命只有一次！

老师：倩倩，好险啊！听你的故事有些伤感，你二姐不在了，你的眼角也受伤了。生命无常，生命脆弱。医学不是万能的，有些疾病医学上也是无能为力的，我们干什么事都要有安全意识。

人容易忘乎所以，人生往往乐极生悲。为此，我们做什么事都不要大悲大喜，都要谨慎。要有安全意识，干什么事都要防患于未然。

生命只有一次，且行且珍惜。

化险为夷

回想自己二十多年来的经历，有笑有泪，有苦有甜，我敢说我身上发生的一些事，很多人一辈子都不会经历。

从小我就是个体弱多病的孩子，我一直以为是小时候家里经济困难我的营养跟不上所致。毕竟，我和哥哥两个孩子，家里开销肯定很大。我八岁那年，正上小学一年级。有一天，我一如既往地在学校上课。突然，我看见我的班主任和母亲一起走进来，他们把我叫到了门口。其实当时我的内心对后面发生的事一点概念都没有，只知道母亲对班主任说要把我带回家，请假一段时间。天真的我还满心欢喜，傻傻地认为可以在家疯玩一段时间了。但是当我到家看见家门口停着的救护车时，我很惊讶，有一种不祥的预感。母亲也阴沉着脸，一直没有和我解释什么。我只记得她当时手里攥着什么东西，嘴里还一直念念有词。没多久，我和母亲就坐上了救护车，开向了我不知道的地方。糟糕的是，因为从小体弱，我在车上出现了严重的晕车症状，所幸救护车上有一些常用药，我也不知道当时吃了什么，晕晕乎乎地就睡着了。

当我醒来的时候，我已经躺在了医院洁白的床上，左手还插着一根输液管，挂着吊瓶。母亲正和一位穿着白大褂的男医生在我床头不知说些什么，还不时地指着手里的检测单说着什么。母亲眼眶一直红红的，当他们看到我醒了，也就停下了正在谈的事。医生走了，留下母亲，她坐在床头，红着眼睛看着我。当晚我被推进了手术室，病床正上方的无影灯照得我看不清周围的情况，只知道周围站了一圈的医生和护士。我被打了一针安眠的药物以后，就彻底失去了意识。

再一次醒来的时候，我发现自己还是躺在手术室里，一位护士姐姐看到我醒了，叫了医生过来。他们又在我身边一阵忙活，将近半个小时之后，他们将我推出了手术室。出门的那一刻，我看见母亲坐在手术室门口的长椅上，她手里捧着一碗蛋羹。当看到我被推出来，母亲赶紧走上前来，我还懵懂无知地说了一句："妈，我饿了。"说完我就看见母亲眼睛立刻变红，眼角挂着眼泪。一直到我被推到监护室之后，母亲才一勺一勺地将蛋羹喂给我吃。许是刚做完手术身体太虚，吃完没一会儿我就睡着了。

许多年过去，母亲一直也没有告诉我当初我是怎么了，直到我高中毕业的那个暑假，母亲拿着当年那张体检单，才告诉了我全部的事。我从出生两个月就被查出患有先天性心脏病，天生房室瓣缺少了一块，导致全身血液循环弱于常人。随着年龄增长，我身体所需的血液负担加重，由于心脏供血不足，我可能活不到成年。医生说手术越早成功率越高，但因为家里要抚养哥哥和我两个孩子，负担太重。那时家里的意思是尽早把我送给别人家抚养，但是母亲力排众议，将我带回了家。母亲打工赚钱，还和很多亲戚朋友借了二十多万元，在八岁那年瞒着我给我做了手术。幸运的是，我的叔叔恰好是医生，他还专门请来了第四军医院的资深外科医生为我做手术。手术很惊险，因为我先天不足，血液量少，手术过程中甚至发生过一段时间的休克，但是最终在医生精湛的技术下，我化险为夷，从死亡线上走了回来。只是原计划四个小时的手术，硬生生延长到了六个多小时。

人们常说：大难不死，必有后福。我相信如此大难我都挺过来了，将来的人生一定会一帆风顺。

我感谢我的妈妈对我的不放弃，我感谢救我的所有人！

老师：珊珊，我们听了你的故事，有很多感慨！你不幸患先天性心脏病，妈妈不离不弃，尽一切努力为你治疗，母爱真是伟大！

你很小就经历了这么大的磨难，但妈妈和你都坚强地挺过来了，从中你成长了许多，也体会了母爱的伟大。

学习妈妈的坚强，学习妈妈面对困难时的勇气，积极地去接受挑战。

大难不死，必有后福，珍惜来之不易的生命，好好学习，将来报答母亲！

出 事 了

我今天要讲的是关于我爸爸的事。

小学三年级的时候，我爸爸在一个离家比较远的地方上班，他每天都要骑很久的电瓶车。记得那天爸爸出门时，妈妈跟他说：“你昨天睡得太晚了，今天还是坐公交车去上班吧！”但是爸爸还是坚持骑电瓶车去。

那天晚上，我们接到了姑姑的电话，爸爸出事了！我的爸爸骑着电瓶车跟在一辆公交车后面，公交车突然停下了，我爸爸刹车不及，直接撞了上去。奶奶快 70 岁了，当时就崩溃了。妈妈听到这个消息，哭着守在电话旁边等消息。第二天，妈妈赶到了市里的医院，奶奶则留在家照顾我跟姐姐。那时候我们还小，他们担心我们害怕，也瞒着我们。我们不明白大人为什么这么难过，只知道爸爸受伤了，要在医院住几天才回来。

妈妈请了长假去照顾爸爸，后来外婆也去了，奶奶则一直留在家里照顾我跟姐姐。白天我跟姐姐去上学，晚上就三个人睡在一张床上。

一直持续了一个月吧，姑姑每天都打电话来，说爸爸好一点了，说爸爸的手指会动了，说爸爸估计很快就能出院了。后来我才知道，那个月爸爸一点起色也没有，姑姑这么说其实是为了不让奶奶担心。姑姑第一次进病房看见我爸爸的时候，都快吓晕了，出来就直哭。我爸爸的耳朵一直在冒血，腿上的骨头都撞出来了。后来我大伯来了，他比较镇定，说只要还没死就有希望。

过了一个月，我的爸爸还是没有好转，大家都很着急。大伯不知去哪里找来了一位专家，专家查看后我们才知道是误诊了。先前医生判断我爸爸伤了脑子，其实并不是。

后来爸爸就慢慢好起来了，也醒过来了。

我跟姐姐见到爸爸，已是他出事一个多月之后了。之前他们一直都没有让我们跟奶奶去见爸爸。事后才知道，是因为他受伤的样子太吓人了。很多事都是后来大人告诉我们的，我爸爸昏迷的时候还一直叫着我跟我姐姐的名字，直到有人答应他才肯停下。爸爸刚醒来的时候，谁也不记得，一直问身边的人是谁，但是他记得我跟姐姐，还在那里一直说姐姐比较淘气。小时候听着这些我没什么感觉，以为大人讲了个笑话，长大了回想起来，泪止不住地流。

过了很久，爸爸才出院回家。爸爸刚回家那段时间脾气一直很不好，老是跟妈妈和奶奶吵架。他腿受了伤不能走动，只能在家里待着，所以他心里比较烦。他的情绪一直到后来才慢慢好起来，人也渐渐温和了。想想这件事过去也已经10多年了，虽说没什么好提的，但是它给我很深的感触。人生无常，家人不知道什么时候就会离开你。其实不仅仅是家人，身边的人大多只能陪你一阵子。

人生就像一辆列车，有人上车有人下车。我们要珍惜每个陪伴我们的人，毕竟相遇不易，不要让爱我们的人失望。我们遇到的人很多，但是给予我们爱的人并不多，我们要珍惜每一份真情。父母的唠叨，朋友的劝说，每一句都是为了我们好，努力拥抱身边的人吧！

老师：婧霞，生命脆弱，生命无常。珍惜身边的人，善待他们。感恩生活中的点点滴滴，人生的相遇实属不易。尽孝不能等，关爱亲人的方式多种多样，小到一句关心的话，大到兑现承诺的一套房。只要有心，默默陪伴也是一种爱。

安全无小事，侥幸是魔鬼。无论做什么事，我们都要有生命安全的意识，要遵守交通规则。

不　舍

每次想起来我都感觉像是去年的事情，但是翻翻相册，算起来已经过去好几年了。时间真是个奇妙的东西，它能抹平一切。我那时悲伤到崩溃，现在竟然也能相对平静地讲出这个故事。2019年的一天，我的爷爷去世了。再次想起这件事我还是会心中酸涩，眼眶通红。我从小就和爷爷十分亲近。因为我的爸爸妈妈工作忙，所以几乎都是爷爷奶奶在照顾我。我还记得被爷爷踩得“轰隆隆响”的缝纫机；记得幼儿园放学后，爷爷骑自行车载着我，我坐在铺了软垫的后座上；记得他笑着给我喂饭的样子；也记得他生气责骂我的样子。在我的印象中，爷爷是个硬朗的帅老头，他很有能力，而且非常自律。他是个裁缝，年轻时靠着这个手艺养活了一家人。他起早贪黑，努力干活，直到把孩子养大成人。他很热爱生活，从不允许自己浪费时间。退休后，他又去上了老年大学，学了他很喜欢的摄影。他为了保持健康,吃得很清淡,而且每天坚持锻炼。因此，谁也没想到他会患上癌症。

当时我上高三，爸妈为了不影响我学习，并没有告诉我真相。但是他们的演技过于拙劣,强颜欢笑之下的悲伤非常明显。我意识到爷爷生的病一定很严重。直到后面再也瞒不住了，他们才告诉我是癌症。我当时眼前一黑，因为我实在想不到一向健康的爷爷，竟然会生病，而且还是这么严重的病。爸爸妈妈说爷爷也不想因为这个事情影响到我学习。我嘴上说着不会影响，但到底还是被影响到了。当时的我学习成绩不太理想，与几个好朋友也闹了很大的矛盾，爷爷的事就像是压垮我的最后一根稻草，我几近崩溃。没想到最后将我拉出这片沼泽的还是我生病的爷爷。得知爷爷生病后，我意识到每一次见面的机会都弥足珍贵，虽然学业忙碌，但还是常抽出时间去看望爷爷。第一次见到他时，我差点没认出他，他已经被病痛折磨得瘦骨嶙峋，脸上也有病气，根本没有了当初光彩照人的样子，我的眼泪唰的一下就流了下来。虽然爸爸说不要在爷爷面前伤心，但我真的忍不住。爷爷看我这样子，把我叫到他身边问我“怎么了？”我只得说是因为学习上的事。他听完故作轻松地说:“没有什么事情是过不去的，我没有时间了，你还有时间。”我听完愣住了，张张嘴不知道如何回应。我有很多话想说，我想说爷爷你不要乱说你不会死的，我想说我还想要你陪我很久，但最后我只是说我会好好努力的。他拍了拍我的头，欣慰地露出笑容。

回去的路上我想开了点：面对生命长河中时间的流逝，我这些事其实不算什么。就像爷爷说的一切都会过去的，我相信一切都会好起来的！

什么事都会有个结果，先进的医疗手段并没能治愈爷爷的病。当我在学校接到爸爸电话的那一刻，我就知道爷爷要离开我了。都说亲人去世的那一刻并不是最悲伤的，最悲伤的时刻往往隐藏在之后的日常中。我走进老家的房间，意识到爷爷再也不会喊我吃饭了，这让我非常悲伤，但我什么都做不了，只是无声落泪。

爷爷教会了我许多。当亲人的生命凋零之时，我们会更加明白生命的意义。本以为对于爷爷的离世，我已经看淡了，但是讲这些故事的时候，有太多回忆涌上心头，我还是忍不住落泪了。希望爷爷在另一个世界一切都好。

老师：盈盈，虽然爷爷离开了，但你要学习爷爷的自律与担当，也要记住爷爷的话：没有什么事情是过不去的！

生命无常，生老病死是人生的常态。找个机会好好处理一下自己的哀伤，跟爷爷做一个告别。放下过往，做好自己的事，多关心亲人。

好好生活，要相信一切都会过去的，一切都会好起来的。

住　院

2016 年的 5 月，或许将来它会淡出我的脑海，但现在对我来说，它过于深刻。它改变了我对人生的认识，也让我获得很大的成长。

那年我上大二，五一假期，按照学校的惯例，是我要去见习的时间，我综合考虑各种条件后走进了自己初中的母校。见习伊始，还没来得及听课，坏消息突如其来。我从以前的英语老师那得知，当年对我十分照顾的班主任患病了，他正在北京接受治疗。英语老师说病不太严重，只是希望我能组织同学暑假时前去探望。然而，见习期间的某一天早晨，却传来了班主任救治无效不幸去世的消息，我当时整个人都愣在那儿，一时真的无法接受。办公室里的老师也都难以置信，我的眼泪顿时夺眶而出。我只依稀记得最后看见班主任，好像已经是四五年前的毕业会。哎，还没来得及去探望，他就这样离开了，四十多岁，明明正是人生最好的时期。他的意外离开令人措手不及，我只剩下震惊和惋惜。

追悼会上，面对师母，还有他们上初一的女儿，大家都泣不成声。看着这一切，我深刻地感受到了生命的无常。然而，接着发生的这件事更让我感受到生命的脆弱，我从来没有想过的事情竟然会发生在自己身上，一切都像发生在梦中似的。参加完追悼会的那天下午，跟闺密出去散心时，我还在感叹世事无常，意料之外的事却又发生在了我的身上。

当时我们在廊桥园逛了一会儿，想去马路对面骑车，我的视线里只有走在前面的闺密和没有车的马路……

最后我也不知道自己是怎么晕过去的，迷迷糊糊地醒来时，我发现自己已经躺在医院了。当时天色已晚，爸爸妈妈、亲戚朋友们都簇拥在我的床前，我脑子里只有最后过马路的画面。我怎么到了医院？我当时只感觉头痛，整个人晕晕的。我后来才慢慢知道，是出了交通事故，而且肇事车主也在这。我的脖子被颈托固定着，也记不得是谁告诉我，我的脸、脖子全肿了，颅骨出现了骨折，脑袋里有血块儿。

我戴着氧气罩，挂着吊瓶，额头缠着绷带。从早到晚的变化，让我怀疑人生，这是我吗？我似乎在穿越，可我再也回不到参加追悼会时的自己了。

这一切来得太突然，我什么都不知道，也没有任何记忆，病房里是担心我的家人、朋友，以及迷糊错愕的我。我每天打十多瓶吊针，戴着氧气罩和颈托，还一直受头部的疼痛折磨。就这样，我躺在床上，没有思考，没有想法，迷迷糊糊地躺着。我吃不下东西，吃了就吐，感觉自己身体消瘦了不少，肉也变得松弛了。

现在想起来，我也不知道自己是怎么躺这么多天的，仿佛时间都凝固了，我也记不得是躺了多久，只觉得用的药开始减少，我慢慢地能坐起来了，然后慢慢地站立，走路。我有几分兴奋，我知道自己慢慢地好起来了。

因为躺了太久，刚开始坐起来、站起来头都很晕，开始走路时简直就像一个刚学走路的婴儿，每一步都是那么费劲。人生啊，我从来没有想过走路原来也这么难。庆幸的是，我慢慢可以稍微正常一点儿地走路，可以正常地生活了。真的，一切都像是一个梦，让我有点儿蒙，我不敢相信自己身上出现变故的事实。不过，也正是有这样的一个意外，它让现在的我对生活有了很多新的思考。

其一，生命是无常的。以前的我没想过这样的意外竟会出现在我的生活里，而且就发生在自己的身上，这对我而言从来只是“听说那儿又发生了事故”。我以前太过天真，对生活有太多理所当然的想法，往往忽略了生活中有时会出现的艰难。当生活无波无痕地过着的时候，我们或许嘴上也会未雨绸缪、居安思危，然而当事情真的发生了，才会意识到一切好像只停留在嘴上了。经历了这次意外的事故，我看到了生命的脆弱和世事的无常。有些事情的发生是突然的，不会给你准备的机会，所以啊，当你能控制自己的生活、享有对生活主动权的时候，你真应该好好地去珍惜，好好地去享受。从今以后，有什么想做的，不要因为拖延症或者其他小小的阻碍，就不去做了。要知道，时间不会等你，意外到来前也不会通知你。

其二，患难见真情。可以说是在这样危急的关头，也就在这样的时候，我深刻地感受到了自己被家人、朋友以及这个世界深深地爱着。尤其当躺在病床上，看着家人的焦急与担心，看着每天来探望的朋友、闺密，还有从学校赶来的室友，真的，那个时候我感受到的是温暖，是幸福。爷爷奶奶不放心，一定要从老家过来亲眼看看我病情好转了没有。那是我第一次认真看他们的脸，感觉他们更加的苍老，从来没有注意过，原来他们的皱纹已经这么深了。真的，我从来没有见过这样的表情，担心是那样明显地写在脸上。感觉因为我，他们瞬间苍老了许多。其实那一刻，我的眼泪也在眼眶里打转。快一个月的时间，父母在身边照顾着我，他们丢下了工作，每天在医院、家之间来回跑。我真有些惭愧，在自己还没有能力孝敬父母的时候，却让他们为我这样担心，为我这样倾其所有。唉，我想说的是，树欲静而风不止，在亲人还在的时候，好好对待这世上最爱你的他们。

我第一次离死亡这么近，深刻感受到“生命诚可贵，且行且珍惜”。同学们，请善待身边的所有人，想做什么就大胆去做吧，因为意外往往就是这样突如其来，让人始料不及。

同学们，在一切都还很好时，珍惜现在的时光吧！真的，人活着不易！

老师：妙婷，你从车祸中收获了许多成长！知道吗？最能让人成长的是悲剧，是苦难，是死亡。这些负面事件会让我们思考人生的意义，也会让我们放下许多纠结与恩怨。

经历是最好的学习方法。关注家庭的变化，多想想为什么。

感动带来体验，体验带来思考，思考带来智慧。

人生无常，珍惜生命，努力充实自己的生活吧。

探 望

舅妈在桂林 181 医院住院的第一天，我去看她，认识了她同病房的一位病人。他是开拖拉机的，五十多岁，见我们进去，他很热情地问舅妈得的是什么病。我说还没查出来是什么病，虽然之前在另一家医院做过检查，但并没有明确的结果。他便安慰舅妈说，这医院不错，他出车祸了，在急诊室里待了三天都没有醒来，直到现在也就十来天，不也快好了。他脸上有些笑意，说过两天就可以出院了。他边说还边活动着手，以此说明治疗效果不错。他的儿子和女儿就在旁边，劝说他出去以后，可千万别再喝酒开车了。他连说，当然不会了，经历了这一次，从鬼门关走了一趟，当然会好好珍惜生命。他很认真地看着我说，现在才感受到生命是最重要的，没有了生命，什么都是空的了！

两天之后，病房里又来了新的病人。我看到一个女子抱着一个几个月大的小孩走进病房，她脸上还有些笑意，我不解，别人进病房总是很焦急，可她却很淡然。我和她交谈了一会儿，才知道我们一个省的。患病的是她的儿子，只有八个月大。这个小孩长着一双大大的眼睛，他对周遭的一切很好奇，老是盯着我看。我逗他，他咧着嘴就笑了起来，真的很惹人喜爱！可就是这样一个可爱的孩子，却住了快两个月的院了，他出生才八个月。我看到他头上、手上全是针眼，一问才知道，他们开始不知道孩子得了病，只是见他一直咳。起先当感冒来治，后来发现他有肺炎，再后来才检查出了他有先天性心脏病。小孩的父亲对我说，他们到过好几家医院，是刚从儿科转过来的，准备做心脏手术。我说“大一些再做不行吗？”他说医生说不行，他们也问过“不做行不行？”医生说不做就没什么希望，活不过三个月了，如果做还有百分之八十的希望。他说这话的时候有些无奈，不仅仅是这些，他们已花了好几万元医治了，加上这次手术的费用，可能会达到十万元，并且没有一分钱可以报销。可他眼神坚定地说，只要有一线希望就决不放弃。我看着他和他那淡然的妻子，有些感动，安慰他们说医生说有百分之八十的希望，其实就基本没问题了。他说，不管有没有问题，到了这一步，只能做手术了。

那天护士来给那孩子抽血，因为他第二天就要做手术，我看到那手臂细细的，很难找到静脉血管，护士连扎了好几针都没抽出血来。小孩哭的声音不大，但感觉他是那样的痛苦，那双无助的眼睛盯着妈妈，我想那是他对生的渴望吧！护士问我能不能帮个忙，我又不是医护人员，当然不知该如何做。后来，她就叫我按了铃，又来了一个护士。可抽了许久也没抽够血，我不知道要抽出多少血，不忍心看就出去了。

走廊上站着许多的人，对面就是急诊室，或许又有哪个人在做手术，我看到的是一双双焦急的眼睛。旁边有个人，口音很耳熟，一问是我们县的，是因为喝酒同别人的车相撞了，我听他说手掌可能保不住了！我这会儿心情极差，想换一下心情。我就转到四楼去问赵医生，因为舅妈的病有好几方面的，有关内科的病他不敢下药。当我走进赵医生的办公室的时候，他正同一位病人的家属在谈话，我不好打扰，就站在那听。赵医生对那女家属说，不做心脏手术她老公可能活不了几年，只有做手术了。女家属还是很不甘心地问：“不做行不行？”赵医生说，不做可能只能活两三年了，只是做了手术一般是不能做重活的。旁边有一个年长一些的人，可能是病人的父亲，他说，保命要紧，做不了事就做不了事，活着是最重要的！那女的听了就不再说什么，她很坚决地签了字。

当你走在车水马龙的大街上，当你漫步在花儿盛开的公园里，当你躺在柔软的草坪上，你可能不会感觉到生命的脆弱，只会感受到生活的美好。当你走进医院，当你看到生与死只有一步之遥的那种场面，你才会真正感受到生命与健康的可贵。除了健康与生命，其他的一切都不重要，苦也好累也好，开心也好烦恼也好，无论再艰难，人活着比什么都重要！

人活着比什么都重要，过好你的每天，好好珍惜你的每时每刻吧！

老师：秀秀，你在医院陪舅妈看病，听说了周围患大病的病人们的故事，等于进行了一次生命的教育。这是人生最好的教育，它有体验，有感悟。虽然自己没患病，但看到、听到、触摸到，就仿佛自己经历了一样。它刻骨铭心，激发人思考人生，拷问生命的终极价值。

生命脆弱，有些人先天有病，有些人后天不幸。

活着比什么都重要。敬畏生命，要有健康的生活习惯。

第二节

向死而生

老师：同学们，欢迎大家来到生命会客厅，这是我们最后一次相聚在这里，我们今天分享“我要向死而生”主题中“向死而生”的话题。这是一个中国人比较忌讳的话题，但也是生命教育中最重要的话题。

人们害怕死亡，死亡是我们生命完全的终结。只有活着，我们所有的财富、地位才有意义，如果失去了生命，我们所有的名利也都将成为泡影。然而，认识死亡，能让我们更加理解生命，从而放下对死亡的恐惧，以一种“经营生命”的全新观念生活。面对生命的短暂，我们将能发现一种更深层的心智，那就是思考死亡，这也是我们对生命的真正本质的探寻。人们若能站在死亡角度思考人生，便能使我们获得生命的永恒。

分享死亡的话题，是生命教育的终结话题，只有理解了死亡，才会珍惜生命。说出你们心底的故事吧，我们会认真聆听！

孙 师 傅

也许，昨天还在一起谈笑风生的那个人，今天他可能就不在了。

一天，我和一位小学同学聊起小学的门卫孙师傅，才得知他不久前不幸因车祸去世了。

印象中的孙师傅是个慈祥的大叔，他为人随和，乐于帮助别人。作为学校的门卫，他做事认真仔细。每天早上，他都站在门卫室里微笑地向我们道早，我们也都会回一句“老孙早上好”。

他认识每一位老师，总是力所能及地帮助老师做这做那。即使是一些与他无关的活，他也积极伸手，努力帮着做好，比如体育课跳远用的平沙板，他修了又修。他关心学生，怕我们冷，常让学生进到屋里等家长来接。等得久了，他还会烧些饭留我们吃饭，一直等到家长来了把我们接走。晚上，他会细心地检查每一间教室，看看电器是否都关了，是否还有学生滞留在教室等。

他这样兢兢业业，总是受到大家的夸奖。当然，也总有人劝他不需要这样累。可他满脸笑容，说：我喜欢这些小家伙。

孙师傅无儿无女，也许他把他无处安放的父爱都给了我们这群小孩子。

我们学校，每个班级都会轮到清扫校园。每当这时，他都会主动帮我们清理树叶。他总是用宠溺中带点抱怨的语气说：“你们这些小屁孩都没扫帚高，快待到一旁去。”我们就乐呵呵地站在一旁看着老孙干活，嘻嘻哈哈地聊着天。学生家长来给孩子送一些遗忘在家里的书本之类的东西时，他会主动给送到学生的手里。总之，对任何学生和家长，他总是抱有耐心和细心。

那样的校园日子，自从离开小学就再也没有过了。

近十年了，我对小学的许多事都已不太记得，然而我对孙师傅，还是会有较深的印象，也许孙师傅带给我们的爱仍然温暖着我们吧！小学之后，我再也没遇到哪个保安会如孙师傅这般让人想亲近了。

孙师傅走了，我的心突然变得好沉重，这样的一个好人就这样走了，我默

门卫孙师傅走了，令我唏嘘不止。死亡是我必须要考虑的话题。即使我们再注意健康，拥有再先进的医疗条件，也会与死亡不期而遇。生命是有限的，珍惜每一天，我们要向死而生。我们不能延长生命的长度，但我们可以提升生命的品质。

默为孙师傅祈祷。

回忆了小学时孙师傅的种种往事，我想到了我的父母，我已经有一个星期没有和他们联系了，不知道这一个星期里，家里有什么事发生呢？于是，我赶紧往家里拨了一个电话，接电话的是老妈，她说家里都好，让我好好学习，她还问我要不要转点钱给我。听到这些关心的话，我心头一暖，眼泪快要出来了。

朋友们，我们要珍惜和家人在一起的时间，还要珍惜和朋友在一起的每一天。我们活着的人，要好好地活着，别为了一些小事和家人或是朋友闹矛盾。

当你快乐的时候，有人陪你一起快乐，是一种幸福；当你流泪的时候，有人陪你一起流泪，也是一种幸福。

在你痛苦地哭泣时，身边有朋友真诚的劝慰；在你工作中遭遇挫折时，身边有同事热情的帮助。

也许你的生活道路是布满了荆棘，可是身边却永远有人支持你。

爱是一种很奇妙的东西，它让我们惦记，它给我们慰藉，它给我们在黑暗中前行的力量。

老师：微微，我和你一起，祝孙师傅一路走好！我们都希望好人平安，然而世事无常，不知道明天或意外哪个先来到。我们要活在当下，及时表达我们的感受，不要什么事都拖到以后。

好好地活着，珍惜生命，善待身边的人。

无论什么事，都不能等，要及时表达自己的情感。

爷　爷

每个人的一生中，都会发生许多的事情，在这些事中，有的让人高兴，有的让人悲伤。有的事会随时间的流逝而被忘记，但也有些事是一生都无法被忘记的。在我的记忆里，就有一件让我难忘的事。

那天，我还是一如既往地吃完早饭去跟爷爷打招呼，说我去学校了。然而，爷爷并没有像之前那样回应我。我以为他睡着了，也就没有再说话，安静地走出了房间。我扭头，随口跟奶奶说了声爷爷睡着了，就上学去了。到学校后我还是认真地听课，可是到了第二节课，大约十点左右的时候，班主任突然来叫我出去。我出去后，她十分平静地说："你爸爸刚打电话叫你回去。"我就问什么事。因为我爸妈从来不会把我从学校叫回家的，印象中这是第一次。我想肯定是出了什么大事了。我顿时紧张起来，脑子里像过电影一样，把各种好的、不好的事都捋了个遍，随即我冒出了一个想法，有可能是爷爷去世了。在我自己乱想期间，班主任好像回答了我问的问题。可我当时不知道是不是没有听得很清楚，还是怎么样，只觉得那个答案清清楚楚地在我的耳边盘旋，但我只接收到了"爷爷"两个字，这跟我之前的想法对上了。顿时，我腿一软，感觉自己已经不会走路了。霎时，我的周围全都变暗了，可明明那天的天气很好。我接着就开始怀疑会不会是我自己先入为主的想法，导致我出现了幻觉，听到的也是这个。

就这样我抱着不肯相信但又不得不相信的心情往家里去。

在从学校回家的这段路上，我整个人都是蒙的状态。在这平时走路也只用七分钟的路上，那天我不知道走了多长时间，也不知道在这期间自己有过多少次肯定与否认。

当我离家还有五十米的时候，发现家门口还是跟往常一样，并不像有事发生，我的心终于平静下来了。我有几分窃喜，心里不住安慰自己，肯定是我听错了、想错了，于是我就慢慢地往家里走去。然而，当我推开门的瞬间，我的心情又落到了谷底。我没有听错，自己也没有想错，只见院子里全部是人。看着这群人，我有些天旋地转，感觉自己不会动了。直到爸爸说去屋里吧，我这才反应过来，向屋里慢慢走去。当我进入屋里时，看到了眼前的场景：爷爷躺在屋里的正中间，他被一层白布盖着，周围坐满了人。不知为什么，那时的我心里反倒很平静，没有任何波澜，但我却不知道该如何是好。就在我发愣的时候，姑姑叫了我一声，示意我过去到她身边，于是我就往姑姑身边走去。

在这期间我并没有掉一滴眼泪，直到有人来吊丧。看着他们在哭，那一刻，我紧绷的神经好像断了，也开始大哭起来，直到哭不动。即便我已没有力气哭了，身体还是一直在抽动。

在爷爷下葬前以及下葬的那几天，我几乎没有睡过觉，大多数的时间都是以泪洗面，但还要去安慰家人。毕竟，虽然当时的我也就十三岁，但是家里的小孩就数我最大。

直到爷爷下葬后，我还是没有实感的，感觉这几天的经历只是个梦，只要自己醒过来就好了。可是现实就是这么残酷，残酷得让我措手不及，残酷得让我来不及说句告别的话。

爷爷真的走了，屋内空落落的。几天后，我才慢慢接受这个现实。偶尔空闲，我经常会想起与他相处的片断，有时也会暗自神伤。

生命脆弱，人生无常，我们应该向死而生，过好每一天。

老师：丽园，你钟爱的爷爷走了，那么突然，你都没有丝毫的准备。生命无常，有些事情就是这样。我们真的不知道，明天和意外哪一个先来到。

人生无常，我们要好好活着，珍惜生命，珍惜每一天！

要多表达对亲人的关心和爱。

伙　伴

“死亡”是一个多么可怕的词语，它意味着失去生命，失去现在拥有的一切。

对于死亡，我之前并没有深刻地思考，毕竟它太遥远，又是我想回避的，更是我所不能接受的。

我觉得死亡大体上可以分为两种：一种是衰老死亡，即自然地死亡；另一种是飞来横祸，也就是非正常地失去生命。当然，我们更倾向于第一种死亡，它属于寿终正寝，以这种方式结束生命也是一种幸福，因为大多数人都是珍爱自己生命的。

当我十岁的时候，我第一次直面了死亡，它离我是那么近。还记得那是一个学期的期末，一向强壮的爷爷突然生病了，家里人都忙前忙后照顾着他。冬天的一个上午，天气很冷，我和爷爷坐在自家的院子里晒太阳，可是风很大，我本能地给爷爷围上了他的围巾，然后我和他一起看书。学期结束，考完试的那天晚上，我还给爷爷喂了一小杯的牛奶。大家都很高兴，觉得爷爷开始吃东西了，这代表着爷爷的身体开始好转了。没想到第二天下午，爷爷就突然去了另外一个世界。当我听到这个消息时，我一时是发蒙的，我还以为过段时间我就能和以前一样，和爷爷比赛看谁吃饭吃得快了。然而，他真的走了。泪水划过脸颊，我才意识到爷爷离开了。生老病死是自然规律，人们无法打破，只有去接受。不过，慢慢地老去，疾病慢慢地加重，可能是让人比较容易接受的死亡。

然而，还有另外一种死亡，是我们无法预料、也难以接受的。我在放暑假时听到一个坏消息，邻村一个和我一般大的大学生，一天晚上，打完工回家，在路上走的时候，突然一辆车迎面撞了过来，那个大学生和两个同行的伙伴当场丧命。调查结果是驾车的中年男人喝了酒，他有些神志不清，没及时调整方向，导致了车祸。当我听到她的名字时，我想起来还和她做过一个多月的同学。那是小学时期的一个暑假，我和她一起在一个老师家补习外语。补习结束后，我还拿了一份同学录，她很高兴地给我写了留言。没想到才过了几年，她竟然就这样离开了，那张纸也成了一页留有她话语的遗迹。不用说，她的父母应该是何等心痛。父母千疼万宠的一个女儿，一夜间没了，这是一个多么大的打击啊，足以让人精神崩溃。作为一个陌生人，我也为之惋惜，为她感到遗憾，她可是正处于花样年华啊！

我唯有感慨生命的无常与不可预测，禁不住对死亡充满了恐惧。

死亡，是一个值得我们深刻思考的话题。生老病死是自然规律，我们没办法改变，只能坦然地接受，勇敢去面对。对于那些突如其来的灾难，我们只有想尽方法去躲避，努力地保护好自己。当真正避无可避的时候，我们只能接受，毕竟生命是如此脆弱不堪。这也是人生的一种结局，只不过这样的人生比较短暂而已。

我们不要逃避死亡，思考死亡是为了更好地去活。我们要明明白白、实实在在地过好每一天。

老师：玮玲，你讲得很好！爷爷的离开给予了你深刻的生命教育，伙伴的意外死亡，促使你认识死亡、思考死亡。

我认为生死是一个哲学问题，我们一出生，死亡就如影随行，人生就是生死相伴。虽然及时行乐也可以作为一种生活原则，但我认为年轻人不要虚度人生，不要醉生梦死，要做一些积极的有益于社会的事。我认为，只有你毫无遗憾地度过了人生的每一天，当你与死亡不期而遇时，你才能坦然，才能不再害怕与畏惧。

弟兄俩

这是我独有的故事，是关于生离死别的故事。

我的太奶奶生了六个儿子、一个女儿，这种情况在那个年代很正常。她现在还健在，已经九十几岁了。在我读初中的时候，她就亲自送走了自己的第三个儿子。

我爷爷排在第二位，他是个很勤快、很有威严的人。在他们弟兄几个中，他做的事最多，挣的钱也最多，其他兄弟们只是随便玩玩。虽然那个时候他任劳任怨，太奶奶对他也不好，但是他还是会拿出自己的财物给其他兄弟用。他心中自然也不高兴，那么多兄弟里面与他关系好的也就是三爷爷了，那个时候唯一能让他感到亲情的也就是三爷爷了，三爷爷的去世带给他的打击很大。怎么说呢？似乎一种亲情的寄托没了，他因此也憔悴了许多。

我记得最后一次见三爷爷是他来看我爷爷，三爷爷对我们小孩子很好，他们两个也交谈得很愉快。不过那个时候我们已经知道他得了癌症，只是大家都不表现出来，想要开开心心的。

没过多久，他就去世了。

我们聚在一起，追悼他，当时有个人念了一段悼词，很悲情，配悲伤的音乐，大家都痛哭起来。我仿佛听到一个声音说，不要走，不要走。然后，每个人都会走到棺材前再看他最后一眼。大家哭声阵阵，我爷爷再也忍不住，流下了眼泪，接着跟三爷爷呢喃了几句话。我看见三爷爷的脸上化了妆，脸瘦得不成样子，我又不禁哭了出来。我明白爷爷那个时候有多心痛，他心痛三爷爷很不幸得了和他爸爸一样的病，也心痛三爷爷还没看见自己的女儿结婚就早早地去了，还心痛三爷爷去了那边无法和他的爸爸交代，更心痛这个世界上没有了和自己聊得来的兄弟。那个年代的人都是苦过来的，能吃饱就已经是很满足的事情，所以能够相互依靠的兄弟，一世都忘不了。

幸好三爷爷在世的时候他们经常往来，虽然一个在上海，一个在桐乡，那个时候没有动车、高铁，车程很远，但是三爷爷会时常看望他的老哥哥。

我希望三爷爷在那边可以过得潇洒满足，也保佑我的爷爷可以健康长寿，安度晚年。

讲了这个故事，我只是想要告诫自己，要珍惜家里人，要紧紧抓住亲情。

老师：磊萍，你讲得很感人！亲人很重要，尤其是有能聊得来的、有亲密关系的亲人，他会让人更珍重身边人。珍惜人生中遇到的每一个人，尤其是值得想念的人和能聊得来的人。

人生不易，生死无常，好好重视美丽的相遇吧！也许，永别就在下一次你想见面的前一天。

安　全

生命的定义很广泛，每个人都只有一次生命，我们应该倍加珍惜。我们都知道生命与幸福、欢乐、友谊同在，生命与健康、安全、希望同在；我们每个人的生命都像鲜艳的花朵那样美丽、芳香。从诞生之日起，我们就被亲人精心呵护着，他们用行为和爱保护我们健康地生活、安全地成长。

自从来到世间，安全就与我们紧紧相连。生命仅有一次，它是那么短暂，又是那么值得我们去珍惜和留恋。

安全是我们的生命线，悲欢离合往往都在一瞬间。

车辆密密麻麻地行驶在狭窄的马路上，如果稍不注意交通规则，就有可能酿成悲剧。我曾目睹了一场车祸，那惨烈的场面，让我至今无法忘却。

地点就在我家门口不远处的一个十字路口，由于没有红绿灯，这个路口很容易发生车祸。

那一天，天气非常热，我去离家不远处的小商店买冰棍，就在快走到那个十字路口时，突然有一辆小轿车快速驶过，这时正有一辆摩托车从另一个路口飞驶过来。小轿车显然没有注意到摩托车，摩托车就一头撞在了这辆小轿车上。

刹那间，摩托车司机飞到了不远处，摩托车也被撞飞了。小轿车司机来不及刹车，车轮直接压过了摩托车司机的头，他脑浆迸裂。由于惯性，小轿车也一头撞在了公路旁的一颗大树上，车头变形了。小轿车司机一头砸在车前面的挡风玻璃上，立刻血流满面。原来车辆川流不息的马路突然间凝固了。

十字路口都是血，在炎热的温度下，浓烈的血腥味弥漫开来。

当时，看到满地的血和被压扁的头，我立刻吐了。之后的好长时间，每到晚上我都能梦到这个场景，还有之后他们的亲人在马路上的哭喊声。这次事故就是十字路口没有红绿灯、车辆行驶速度过快导致的，这真令人心惊肉跳！

唉！若心存侥幸违反交通规则，就会有许多人遭殃，甚至还有其他人也要跟着遭受痛苦。

生命脆弱，我想以此故事告诫大家：一定要珍惜自己的生命，开车一定要遵守交通规则。不管是否有红绿灯，十字路口一定要减速慢行。爱惜别人的生命也等于珍惜自己的生命。人生短暂，只有珍惜生命，我们才能快乐地享受生活，我们的亲人才不会因为我们的离去而难过伤心一辈子。

人在旅途，无论出行还是做事都要遵守规则，安全规则牢记于心，不要心存侥幸。

老师：耀辉，安全最重要！你讲得太好了，对我们大家都是一个很好的警醒。珍惜生命，不存侥幸，要遵守交通规则，不要认为危险离自己很远。

如果开车，我们要有防御性驾驶的意识，要防患于未然。

奶　奶

我的人生中，经历过两次亲人离世，她们是我的太婆和奶奶。

高二时，我的太婆已是九十岁的高龄，身体机能退化，安乐地离开了这个世界。那时候我还不太懂事，太婆离开的时候也没有什么痛苦，对太婆的离去较为坦然地接受了。

接着就是在上个学期，我的奶奶因为胃癌去世了。家人们怕我担心，一开始没有告诉我，我只知道奶奶生病了。当接到妈妈打来电话叫我回家的时候，我就呆住了，我难以相信这个消息。在我的印象中，奶奶一直身体硬朗，几乎从不生病。

小时候因为爸妈出去经商，我住在奶奶家。奶奶就是家里的主事者，她聪明能干，性情随和，总是笑眯眯地对待每个人。小时候我性格比较胆小懦弱，总被有些小伙伴戏弄，这时候奶奶会立马冲过来训斥他们，将我护在身后。在我的心中，她就是一个高大勇敢的女强人，她会在炎热夏天的树荫下为我扇风，她会在每天早晨目送我去学校并交代表哥要照顾好我。她总是夸我懂事，她拉着我的手走遍村子的角角落落。

小学二年级时，我被爸妈经商接到的地方去上学。离开了奶奶，一开始我总是哭着喊着要奶奶，后来随着父母的呵护，也结交了新的伙伴，我逐渐适应了新环境。也许是因为自己太急着长大，只生活在自己的小环境里，我忽略了最重要的东西，那就是回去看奶奶的次数渐渐减少了。记得每次回去，奶奶都要念叨：“弟弟老是说大姐怎么还不回来，说很想你。”我会害羞地笑笑，长大以后我才知道，其实她想表达的真正意思是她很想我。她总是跟我说：“在这儿住一晚上吧！”那时的我大多数情况下会婉拒说下次来住，但现在已没有那样一个人会这样惦念我，又那么渴望我留下住一晚了。

上学期被妈妈叫回去，到了医院我才发现，奶奶正在化疗。不过，那时候她精神还不错，看到我进来，她十分高兴，让我坐到她身边。她拉着我的手回忆我小时候的种种，我陪了奶奶一个星期。那时候家里的人轮流看护，鼓励她积极配合治疗，我们都认为肯定会好的。

不幸的是，后来她的病情恶化了。

当我走近昏睡的奶奶，站在她的病榻前，低头看着她时，刹那间我觉得奶奶变得好小好小。原来富态的身体现在瘦得只剩皮包骨了，脸上的肌肉也塌陷了，颧骨显得有一点高，嘴唇更薄了，还紧紧地抿着。我俯视着奶奶，觉得自己好高，好有力量。我很想再像小时候一样，拉着奶奶的手，把脸贴在她的呢子大衣上。

听说久病的人身上会有一种特殊的气味，但当我把头靠近奶奶的肩膀、摸着她那青筋毕露的手时，却没闻到什么异样的气味，只有小时候那种熟悉的、令我感到温暖和安心的味道。我相信奶奶一定听到了我的声音，因为她的眼皮在微微跳动，好像很努力地想睁开眼看看她的孙女，或者起码答应她一声，但却身不由己。

奶奶去世前不久的一个夜里，我再也抑制不住，大哭了一场。人们都说，长辈在的时候要好好孝顺，不要等到无可孝顺的时候再去后悔。奶奶，为什么你等不及我攒够钱，给你买件新衣服？为什么不等到哥哥和嫂子结婚？为什么我不能再快一点儿长大，好用成熟的臂膀搀起虚弱的你？我是多么害怕，即使再获得了奖学金，你也无法看见了。我是多么害怕，我想牵你手的时候，却怎么也摸不到了。我是多么害怕，这世界上真心疼爱我的人就这样一个一个慢慢地消失不见了。

不管我有多后悔，多害怕，却还是拉不住奶奶，她太累了，需要好好歇歇。

奶奶是在家里走的，在我打盹儿的一瞬，她静悄悄地去了。当时，楼下传来大姑和小姑的哭声，我一步一步走向那个房间，仿佛停止呼吸了。我猜奶奶一定是忍着痛苦和疲惫，一直坚持着最后几个星期。她想多陪陪她的孩子们，但她还是没能坚持下去。

最终告别的时候，我很虔诚地给奶奶磕了三个头。想到以后都不能再大声地喊：“奶奶，我来啦！”我就觉得心好像被狠狠地拧了一下似的，特别酸楚。但想起奶奶留给我的回忆都是特别快乐温暖的，我的心又渐渐地轻松了，像被热热的水浸过一样。

直到现在，我仍坚信，奶奶没有离开，她仍在守护着我们这个家，只是她搬到天堂去住了，和其他疼爱我却离开了的人一起！

老师：琳琳，你讲得让人很伤感。这样的回忆让人痛苦，但也让人心态成熟。你的奶奶不在了，你最爱的人走了。人生一大痛，就是死别。

纵然你有许多不舍，但奶奶还是离开了你。人生无常，我们只能珍惜生命，活好人生的每一天。

对家人好些，多陪陪长辈。记住，尽孝不能等，你不知道离别和明天哪个先来。

要活在当下。

重　生

生活中的那些点点滴滴，有些会让我们终生难以忘记，它们就像天空中一闪一闪的星星，始终存在于天空，不会消失。让人感到神奇的是，它们会在某些时刻，被人们所记起，重温那份感动。生与死的瞬间更是如此，它会让人刻骨铭心。

那天傍晚，天空的晚霞如往常一样的美丽，瓯江一如既往地流淌着，田野里的作物郁郁葱葱，道路两旁的树木绿油油的，火红的天空照映着地上忙碌的人们和放学归去的孩子，一切都是那么的祥和与美好，宛如一幅画卷，描绘着小镇里人们轻松而又幸福的生活。

夕阳西下，人们在落日下述说着今天所发生、发现的有趣的事，孩子们在夕阳下打闹、玩耍。我正好在那群放学归去的孩子中，在归家路上的我表现得和往常一样。我一如既往地等公交车，准备回家。然而，有所不同的是，我的内心早已发生了巨大的改变，虽然现在的我早已难以回忆和表述出当时的内心活动了，但是之后所发生的事情则值得我永远铭记。虽然我当时的表现和平常一样，但是精神状态已经不一样了，现在想想这可能是抑郁的先兆吧！

那天晚上，我如往常一般和奶奶一起吃了晚饭，完成了作业，去找朋友一起玩耍。我骑着自行车在村里飞驰，在田野旁驶过，在村子里看着夕阳落下和群星闪耀。表面的快乐却怎么也掩饰不了内心的苦闷，我觉得自己是那么的孤独，是那么的渺小。虽然我表现出来的所有的一切都非常正常，但是我的内心早已经沉浸在孤寂的汪洋中了。

长期在乡下和奶奶生活，我与父母分隔两地，心里没有安全感，内心自卑也不够强大。那天晚上，在冥冥之中我悄悄地爬上了二楼，坐在了窗户上，看着漆黑的夜空，回忆着从小发生的一切事情，心情十分沮丧。自己的身体是那么差，给父母造成了许多的困扰，我又是那么任性，总是想要玩具，我的存在只会让父母不开心……不管怎么想，我总感觉自己是多余的。

仔细回忆之后，我真的感觉自己没一点价值感，更觉得自己的人生过得一塌糊涂，毫无趣味。我越想越觉得人生没有什么意义，内心也越来越觉得孤寂、悲伤。我心情差极了，周围的一切都是灰色的，门口那棵挂满了清脆大枣的枣树看起来毫无生机，鸟儿的叫声听起来那么刺耳，就连天上的星星也好像在嘲笑我一无是处。我想去别的世界，想要逃离一切烦恼。就在我准备一跃而下，结束自己生命的时候，我被赶来的大伯拉住了。再之后，我被从市区赶回来的父亲大骂一顿，还被打了一顿。我虽然身体很痛，但是庆幸自己活了下来。

不管如何，我也是在死亡的门口走了一遭，感受到了死亡的气息。

那天晚上，我躺在床上，辗转反侧，思考着生命的意义。生命的意义到底是什么？当时的我的理解大概就是活下去，努力在这个世界里活下去。活着貌似是人的一种本能，一种超越了思想的本能。

在掉落的那一瞬间，为什么人的身体会不由自主地去抓住一切可以抓住的东西，渴望着活呢？这对于幼年的我来说，是那么不可思议。明明自己已经决定要跳下去结束自己的生命，但是身体却依旧想要活着，不受自己意识的控制去抓住了大伯的手，这种困惑使我忘却了父亲的毒打。这次劫后余生，让我想了很多，也重新认识了生命的价值。

即使在睡梦中，我依旧无法忘记那一瞬间所发生的事。那是一种难以忘怀的感受，它是那么让人恐惧，让我至今都还害怕。

人必然会面临死亡，人生的意义不在于终点，而是在于过程。人生就像一场旅行，每个人的过程各不相同，也各有各的精彩，当然，也各有各的困苦。

但是人们都是向着一个方向前进，那么我们可以怀抱着去体验不同事物的心态去面对这个世界，去感悟生命的意义。

世界很美好，我们要努力去做自己喜爱的、对社会有意义和价值的事情。

生命虽然是短暂的，但是我们却可以让有限的生命创造出无限的价值，我们要发挥自己的创造性，努力使生命超越时空，成为永恒。

人的生命只有一次，父母给予我们的生命是多么的宝贵啊！我们生活在这个世上，也会遇到许许多多的苦难。然而有的人轻易舍弃了自己的生命，也有的人面对苦难却造就了辉煌的人生。我会铭记这次重生，会珍惜生命，让有限的生命活出无限的价值，让自己的人生活得更加光彩有力。

老师：鑫鑫，很庆幸，大伯救了你，给你重生的机会，让你和我们一样活在这个美好的世界里！想想，如果那晚你真的走了，你的家人会多么痛苦啊！人生有那么多美好的事，你还没有来得及体验，这会是多大的遗憾啊！从死亡的边缘走回来，你会更加热爱生命。

珍惜生命吧，好好活着，做你喜欢做的事。

也希望你能现身说法，帮助其他人热爱生命，发自内心地告诉他们：活着真好！

告　别

雨淅沥沥地下着，滴在石子路上，我蹲着，看着路边溅上泥浆的小草。那一天，是外婆“进山”的日子。我努力回想过，可是实在记不清具体是哪天了。

那年我五岁，因为下雨加上山路太陡，我并没有上山，只看见妈妈拼了命地抹眼泪的样子。我坐在老屋的小石墩上，心里知道是外婆去世了，却不明白“再也见不到了”这几个字的分量。

后来，每年的清明我们都会去扫墓。墓穴是“两室”的，有一边还空着，那是以后外公的“居所”。每次，我看着妈妈面无表情地清理坟墓周围的杂草和枯叶，外公则拿着香，一边让香火燃烧，一边嘴里嘟念着：你在天上要保佑女儿她们赚大钱，外孙们以后考上好大学，在天上保佑着他们，让他们平平安安的。我们这些小辈，拿着纸钱往火盆里丢，表情也是凝重的。小表弟不懂事，他总是喜欢一口气全部丢进去，然后看着燃烧起来的熊熊火焰，免不了要被小姨揪着耳朵数落一顿。纸钱烧完了，外公总会叫我和哥哥姐姐们去拜拜外婆。小时候的我，哥哥姐姐怎样做，我就学着怎样做。后来渐渐大了，14 岁的时候，我在墓前，忽地想起外婆留给我的记忆。

黄灿灿的耀眼的光落在大马路上，路很宽，大概是普通马路的两倍宽。外婆站在路的前方，她穿着橙色的环卫服，拿着扫把，对着我笑，她笑得特别高兴。我坐在小小的三轮车上，看着外婆，外婆真的笑得特别高兴，笑起来的样子很好看。

当脑子里闪过这些片段时，我突然很想哭，禁不住低下头。我觉得胸口闷闷的，像是有岩石压着，气息也变得急促起来，像是某种情绪马上要从胸口迸发出来。然后，我慢慢抬起头，看着近在眼前的冷冰冰的墓碑，我“腾”地跪下了，一下、两下、三下，给外婆磕了三个响头。站起身来的时候我哭了，哇哇大哭。明明不是第一次扫墓了，我却觉得这才是第一次，是真正意义上的、被我放进心里的第一次。

后来，我回了家，妈妈问我“刚刚是怎么了？”当我向妈妈仔细地讲述那些闪过的记忆，妈妈咬了咬嘴唇，长吁一口气，表情凝重，意味深长地给我讲了一个故事。

那是我四岁的时候，外婆当时干的是扫大街的活，每天四点多就要出门，晚上十一点多才能回来。外婆这一辈子都活得很辛苦，以前老家的人重男轻女，由于外婆连着生了三个女孩，加上外公为人老实、不争不抢，家里总会遭村里一些人的白眼。那时是计划经济，由于孩子多，布票、粮票总是不够，外婆每天都努力干活。她还装出一副不好说话的样子，为的是不轻易被别人欺负。外婆这样做都是为了养活这三个女儿，她一心扑在这个小家上。

后来，日子还没来得及变好，外婆就被查出患了癌症。没过多久，就病得很重了，外婆死之前一直想去杭州看一看。说到这，妈妈终于还是忍不住，大声地哭了出来，边哭边叫："老天，杭州多么近哇，现在高铁那么方便，你大姨、小姨、咱们家，都有两三辆车了，随随便便一辆就开去了哇，但是那个时候，家里没有，没有啊！杭州真的很近，真的很近，很近，真的很近……"

我的脑子里回旋着"外婆""杭州""很近"三个词，只愣着说不出话来，而妈妈碎碎念着头疼，快步回了房间，关上门。

这是我以前不知道的事，还有很多我不知道的事，几乎都是外婆的心愿，也是我们的遗憾。斯人已去，岁月如梭，我再也见不到那个穿着橙色环卫服对我微笑的人，我再也见不到那个咧嘴笑着、脸上满是褶子的人，我再也见不到那个人了，我再也见不到我的外婆了。

我终于明白了"再也见不到了"的含义，懂得了"再也见不到了"这几个字的分量了。外婆教会我面对离别的姿态，教会我要好好告别。从此，我明白告别是我们通往成长的苦行之路。在我心里，磕的那三个头，是对外婆的告别。在我还不理解"再也见不到了"的幼稚年龄，外婆离开了，我们从未有过正经的交谈。我记不得外婆的声音，记不得很多很多的事，只那一件，马路上的外婆和我，那短暂的、小小的一件事，对我来说便是今生今世最大的宝藏了。虽然没有多少记忆，但外婆在我心里的分量是永远不会消减的。

清明节就快要到了，我想去外婆的坟前，再磕三个头。想告诉外婆，外孙女来看你了。

其实，这世间所有的文字，千年百年都在做着"生离死别"的文章。离别是结束也是开始，是痛苦也是希望，面对离别最好的态度就是好好地告别。

老师：晨晨，你讲得很好！死亡就是一种完全的丧失。人们关注死亡，不知道死亡的结果。实际上，死亡也是在另一个世界的重生。我们告别，就是处理自己的悲伤，汲取他人的遗志，继往开来，更好地走向明天。

坦然地面对死亡，好好地告别。

告别不是结束，是走向另一种人生，这里有对生命的感悟，也有珍惜生命，努力履行自己使命的责任。

老师：同学们，很高兴大家在生命会客厅分享了“我要向死而生”主题。这是我们的最后一个主题，也是人生走向终极的一个归宿。我总结一下。

死亡是必然会到来的。有生就有死，这是自然的规律，我们要思考如何在有限的生命中提升我们存在的价值。了解死亡，对我们来说也具有一定的积极意义。

死亡让人具有公平性。一般而言，世界上的公平都是相对的，但死亡有一个绝对公平的准则存在：每个人都会死，这一事实不会因地位、财富、种族或任何因素而改变。

死亡让人具有坦然性。正如人体细胞的新陈代谢，人类生命体也在一个更大的环境圈里更新换代、进化发展。生命的本性就是生命体的新陈代谢、更新换代，死亡也是另一种新生，是为新生者让路。接触死亡以及对死亡的了解，有助于人们面对死亡以及肯定生命的意义。

死亡让人具有感恩性。由死观生，让我们意识到：生到这个世间时，我们一无所有地来；离开这个世间时，也将赤裸裸地去。这让我们能够从日常的生活中超脱出来，学会感恩，从而让我们放下恩怨，不必执着；让我们能够珍惜与各种人结成各种关系，生命中的遭遇都是唯一、不可重复的，故而更加弥足珍贵，从而让我们更好地生活。

死亡让人具有脆弱性。人虽然是万物之灵，但生命自身却相当的脆弱，十分容易受到外在的和自我的伤害。人的生命只有一次，死亡意味着人们此生的完全结束，这就时刻提醒我们要保护自己脆弱的生命，不要使之受到损伤，更不要使之遭受非正常的毁损。

总之，思考死亡是为了活得更好。死亡教育不是教人们如何去结束生命，不是美化死亡，而是引导人们正确认识死亡，领悟死亡的本真价值。换句话说，是由死观生，反思人何以生、以何生，从而激励人们热爱生命，积极创造有限生命的无限价值。

我的名师工作室

习近平总书记在全国高校思想政治工作会议上的讲话中指出："思想政治工作从根本上说是做人的工作，必须围绕学生、关照学生、服务学生，不断提高学生思想水平、政治觉悟、道德品质、文化素养，让学生成为德才兼备、全面发展的人才。"习近平总书记的讲话指明了高校思想政治工作的出发点和落脚点。从 2018 年起，丽水学院为加强思政课程与课程思政的建设，成立了多个名师工作室，强调育人工作，培养年轻教师，以及助力课程思政的研究。

这是我那一年最振奋的一件事——我领受了"名师工作室"的牌匾，我感到了责任与自豪。那一天，我很激动，暗地里摩拳擦掌，要把学校交给我的任务完成好，努力地做出自己的特色。

名师工作室成立以来，在校党委的领导下，我结合自己的专业优势，从心理健康的视角，积极关注学生的思想教育，努力呵护学生心理成长，力争创生"心理育人、思想提升、关爱生命"的品牌工作室。为此，我带领工作室的年轻教师主要围绕四个方面展开工作：

（1）培养一批骨干年轻教师。利用工作室的条件，通过"传、帮、带"，为年轻教师提供成长的平台。

（2）引领学校学生思政工作新格局。在完成学校规定的讲座、微课和研究论文等任务外，积极探索心理育人的新思路和新的实践活动，并整合为特色模式进行推广。

（3）以生命教育为主线，整合思想和心理健康教育，构建学校学生思政工作新模式，为学校培养新时代的大学生提供富有成效的可推广育人模式。

（4）实行目标驱动管理模式。做到月月有例会、季季有任务、年年有创新，力争一年建雏形，二年成模式，三年出成果。

为了全方位育人，我牵头工作室其他教师，围绕思政工作室的目标以及大学生自身心理成长的需求，有机地结合心理学的有关理论，确立了工作室特殊的工作思路：以生命教育为出发点，融入社会主义核心价值观，通过绘画治疗的方式，唤醒人生的初心——幸福与快乐。

我以此为逻辑起点，有机地渗入爱、感恩、道德、诚信、友善、敬业等观念，最后以珍惜生命为终点。

名师工作室是我退休前最重要的工作了，成立名师工作室是很大的荣誉，

方舟工作室进行绘画团体辅导：轮画。借助辅导走进学生内心，修补学生价值观的漏洞，让他们树立起爱国、友爱、诚信、敬业、责任等社会主义价值观。

这是学校对我作为教师的极大信任，我以极大的热情投入这项育人的事业。为此，我们在学校党委的领导下，立足社会主义核心价值观，聚焦课程思政，开展了针对大学生的“生命教育”“绘画团体辅导”“大学生生命快乐系列讲座”，以及个别生命辅导的一系列活动。

春风化雨，时光如梭。伴随着名师工作室活动的逐一展开，我在校党委的关怀下，走过了砥砺奋进的三年历程。我们团队把珍爱生命、学会感恩的火种播进了学生的心田。我很激动，很想把自己的感悟和成长分享给其他的学生。于是，我想出一本关于“不忘初心、珍惜生命”的人生故事书，它扎根大地，也很接地气，不仅学生能从中找到自己，还能舒缓成年人的乡愁，慰藉他们遭遇人生困境的心灵。

为此，我结合以往的工作，努力收集之间的资料，以访谈、讲故事等主题分享的形式，整合原始材料。为了让年轻的学生对此书感到亲切，让此书利于他们的成长，我从平凡的生活日常出发，如出生、孩童上学，乃至户外活动，发掘能唤醒感动他们的人和事。

不可否认，父母是他们生命的摇篮，也是他们的第一任老师。人性中的真善美满含打动他们的情感，他们由此带着亲人的嘱托，怀抱中国梦的理想，踏上了从家乡走向广阔的社会舞台之路。

伴随着生命的成长，年幼的孩童开始上学，逐渐学会独立面对人生的酸甜苦辣。我相信，我与读者一样，那些刻骨铭心的事，尤其是苦难感动着我们。有人说悲剧的力量是感人的，苦难也能促进人们思考人生，这是人们成长的契机。

父母是给予我们生命的，也是让我们最初感受到爱与奉献的。人的成长也是逐渐体验生命、领悟人生真谛的过程。无论遇到什么样的事，都是帮助我们来成长的，它们让我们人格完善，身心健康。有道是：“一切都是最好的安排。”

我认为这几年，自己最幸福的事就是能听到每个学生刻骨铭心的故事，它激发了我的满腔热忱，召唤我从 2018 年到 2021 年先后开展讲座 8 次，每学期开设“生命教育”“心灵成长”等通识课，我还去部分学校为学生提供心理咨询活动。可以说三年来，名师工作室的活动让 3 000 余学生受益。这些心理健康活动及课程提高了学生生命自觉的意识，弘扬了社会主义核心价值观，也唤醒了学生的奋斗之心、报国之情令他们积极投身到民族复兴的时代大潮中。

令我欣喜的是，参加过名师工作室活动的学生，他们对人生有了新的理解和认识。他们人生目标得以明确，社会责任感增强，他们身心蜕变，这让他们的人生真似“再一次”出发。当然，教学相长，于我也是生命的“再一次”出发。

岁月悠悠，光阴荏苒，我宣誓：思政育人、心理助人是我的名师工作室努力的方向。名师工作室的宗旨以及充满激情的育人活动，塑造了我助人的人格，激发了我热爱生命的精神，我想无论以后到了哪里，无论我做什么工作，我都会秉承名师工作室的精神，传播社会正能量，践行社会主义核心价值观，努力帮助更多的人。

路漫漫其修远兮，吾将上下而求索！

感恩我的名师工作室，这是一个刻骨铭心的人生故事！

感恩我的名师工作室，这是一段激情燃烧的难忘岁月！

2022 年 12 月于丽水